Copyright desta edição © 2015 Editora Filocalia
Título original: *De Opificio Mundi*

Editor
Edson Manoel de Oliveira Filho

Coordenação da Coleção Grandes Comentadores
Carlos Nogué

Produção editorial, capa e projeto gráfico
Editora Filocalia

Preparação de texto
Zé Couto

Reservados todos os direitos desta obra. Proibida toda e qualquer reprodução desta edição por qualquer meio ou forma, seja ela eletrônica ou mecânica, fotocópia, gravação ou qualquer outro meio de reprodução, sem permissão expressa do editor.

Dados Internacionais de Catalogação na Publicação (CIP)
Angélica Ilacqua CRB-8/7057

Alexandria, Fílon de
   Questões sobre o gênesis / Fílon de Alexandria ; tradução de Guilherme Ferreira Araújo ; apresentação de Carlos Nogué. -- São Paulo : Filocalia, 2015.
   216 p. :   (Coleção Grandes Comentadores)

   ISBN 978-85-69677-06-2
   Título original: *De Opificio Mundi*

1. Filosofia 2. Judaísmo 3. Hermenêutica 4. Alegoria I. Título II. Araújo, Guilherme Ferreira III. Nogué, Carlos IV. Série

15-1185   CDD: 100
                                                            CDU: 100

Índices para catálogo sistemático:
1. Filosofia

Editora Filocalia Ltda.
Rua França Pinto, 509 · São Paulo SP · 04016-002 Telefax: (5511) 5572 5363
atendimento@filocalia.com.br · www.editorafilocalia.com.br

Este livro foi impresso pela Gráfica Rettec Artes Gráficas em novembro de 2015.
Os tipos são da família Baskerville e Geist. O papel do miolo é o off white norbrite 66g, e o da capa, cartão cartão ningbo star 250g.

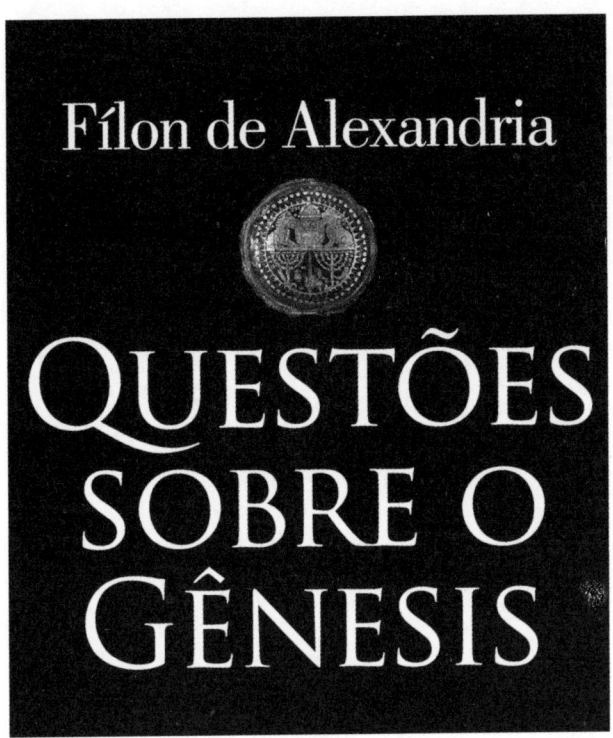

Fílon de Alexandria

Questões sobre o Gênesis

Tradução
GUILHERME FERREIRA ARAÚJO

Apresentação
CARLOS NOUGUÉ

COLEÇÃO "GRANDES COMENTADORES"

Com esta coleção, a Editora Filocalia vem preencher uma grave lacuna no panorama editorial brasileiro: a que diz respeito aos GRANDES COMENTADORES, EM LÍNGUA GREGA E EM LÍNGUA LATINA, DA BÍBLIA, DE PLATÃO E DE ARISTÓTELES. E, se estes comentadores são grandes, é justamente por não se terem restringido a um mero comentar ao modo professoral, e por terem contribuído de modo decisivo para o próprio desenvolvimento da Filosofia e da Teologia. Têm eles efetivo lugar na história das duas ciências supremas.

As obras da coleção, coordenada por Carlos Nougué, nunca foram publicadas em nosso idioma. São dos seguintes comentadores: ALEXANDRE DE AFRODÍSIAS, AMÔNIO DE HÉRMIAS, BOÉCIO, FÍLON DE ALEXANDRIA, PROCLO, SANTO AGOSTINHO, SANTO TOMÁS DE AQUINO e SIMPLÍCIO.

Com aprofundado estudo introdutório e cuidada tradução, os livros da Coleção Grandes Comentadores serão obras de permanência e farão parte da biblioteca definitiva do mais alto saber.

SUMÁRIO

Apresentação
Fílon de Alexandria: Um Cruzamento de Caminhos
| 9 |

QUESTÕES SOBRE O GÊNESIS

Livro I
| 59 |

Livro II
| 107 |

Livro III
| 165 |

APRESENTAÇÃO

Fílon de Alexandria: um cruzamento de caminhos
Carlos Nougué

Preâmbulos

Lê-se em Jeremias 9, 24: "Aquele que se gloria glorie-se em conceber-me e conhecer-me". Ora, não só Deus não nos mandaria fazer algo impossível, mas tal gloriar-se seria pura vanglória se não o pudéssemos efetivamente conceber e conhecer. Logo, não há dúvida de que o podemos fazer. Mas há que saber se podemos fazê-lo naturalmente, mediante unicamente nosso intelecto, ou necessitamos do auxílio da revelação divina para concebê-lo e conhecê-lo.

As duas coisas são verdadeiras por ângulo diverso.

1. Com efeito, diz o Concílio Vaticano I: "Deus, princípio e fim de todas as coisas, pode ser conhecido com certeza pela luz natural da razão humana a partir das coisas criadas; porque 'o invisível dele, depois da criação do mundo, compreendendo-se pelas coisas feitas, tornou-se visível' (Rm 1, 20)".[1] Ou seja, tal conhecimento possível "com certeza" não é, porém, de algo que nos seja evidente, assim como são evidentes, por exemplo,

---

[1] Concílio Vaticano I, *Constituição Dogmática sobre a Fé Católica*, cap. 2 ("Da Revelação"); Denzinger, 1785. – E é de tal ordem esta verdade, que São Paulo pôde afirmar não só o acima referido, mas o que o antecede e o que se lhe segue: "Com efeito, a ira de Deus manifesta-se do céu contra toda a impiedade e injustiça daqueles homens que retêm na injustiça a verdade de Deus, porque o que se pode conhecer de Deus lhes é manifesto porque Deus lho manifestou. Pois o invisível dele, depois da criação do mundo, compreendendo-se pelas coisas feitas, tornou-se visível; e assim seu poder

o princípio da contradição ("o ente é e não pode não ser ao mesmo tempo e pelo mesmo aspecto") ou o de que o todo é maior que a parte. Não que Deus não seja maximamente cognoscível e, pois, evidente; é-o, mas em e por si mesmo (*quoad se*), não para o intelecto humano (*quoad nos*), em razão das limitações deste mesmo intelecto. Por isso é que, para conhecer a Deus, o intelecto humano tem de partir das coisas criadas, em raciocínio *quia*, quer dizer, *a posteriori* ou pelos efeitos. Como escreve Santo Tomás de Aquino, "a proposição Deus é, enquanto tal, é evidente por si, porque nela o predicado é idêntico ao sujeito. Deus é seu próprio ser. Mas, como não conhecemos a essência de Deus, tal proposição não é evidente para nós; precisa ser demonstrada por meio do que é mais conhecido por nós [...], isto é, pelos efeitos".[2] E completa o nosso Santo: "Todo objeto é cognoscível enquanto se encontra em ato. Deus, que é ato puro sem mistura de potência alguma, é portanto maximamente cognoscível. O que porém é maximamente cognoscível em si mesmo não é cognoscível [evidentemente] para determinado intelecto por exceder em inteligibilidade a esse intelecto, [do mesmo modo que] o sol, conquanto maximamente visível, não pode ser visto pelos morcegos em razão de seu excesso de luz".[3]

Pois bem, se assim é com respeito a se Deus é, também o é, *mutatis mutandis*, com respeito à criação. Com efeito, se São Paulo pôde dizer que o invisível de Deus, "depois da criação do mundo, compreendendo-se pelas coisas feitas, tornou-se visível", e que "são inescusáveis" os homens que, pelas coisas criadas, não reconhecem o criador, é precisamente porque se pode conhecer, a partir do próprio mundo sensível, que ele foi criado por Deus – e *ex nihilo*, do nada, ou, melhor ainda, *de nada*.[4]

---

eterno e sua divindade; *de modo que* [tais homens] são inescusáveis" (Rm 1, 18-20; destaque nosso).

[2] S. Th., *Summ. Theol.*, I, q. 2, a. 1, c.

[3] Ibidem, I, q. 12, a. 1, c. – Já o dissera Aristóteles: "Assim como os olhos dos morcegos reagem diante da luz do dia, assim também a inteligência que há em nossa alma se comporta diante das coisas que, por sua natureza, são as mais evidentes" (*Metafísica*, α 1, 993 b 9-10).

[4] Falando propriamente, *criar* é fazer algo *ex nihilo*, sem matéria alguma precedente, o que só não excede à potência de Deus.

Não necessitamos estudar profundamente aqui os procedimentos pelos quais conhecemos que o mundo foi criado. Para os fins que aqui buscamos, basta-nos insistir em que, como o conhecimento de que Deus é, também o conhecimento de sua atividade enquanto criador do universo, incluída a matéria prima, *não pertence à fé em sentido estrito*. Há, sim, verdades reveladas por Deus que são absolutamente inacessíveis à razão humana e que não podem conhecer-se senão por meio das Sagradas Escrituras, como mostra Santo Tomás no *Compêndio de Teologia* (l. 1, c. 246), na *Suma contra os Gentios* (l. 4, c. 1) e em outros lugares: todo o relativo à Trindade, todo o relativo à Encarnação, todo o relativo aos decorrentes sacramentos, etc., ou seja, as verdades a que só assentimos em razão da autoridade do autor das Escrituras,[5] e que, no entanto, como demonstra cabalmente Santo Tomás, absolutamente não são contrárias à razão natural.[6] Ora, não se contam entre tais verdades a de que Deus é e a da criação do mundo por ele,[7] as quais, como vimos, conquanto não evidentes para nós, não excedem a capacidade de nossa razão.

2. Não obstante, se isso é assim, se estas verdades são efetivamente proporcionadas à razão humana, o fato – inquestionável – é que historicamente os homens, em sua imensa maioria, só as alcançaram parcialmente ou não as alcançaram, e mesmo os pouquíssimos que as alcançaram mais elevadamente não o fizeram de maneira perfeita ou suficiente. Tal fato histórico é sem dúvida efeito do pecado original: o intelecto humano já não submete cabalmente as potências inferiores da alma e o corpo (longe disso), e correntemente as paixões o enceguecem e obnubilam, impedindo, assim, não só a perfeita captação dos princípios da lei natural, mas ainda a apreensão de verdades especulativas acessíveis a ele. Com efeito, a imensa maioria dos homens, entregue a si mesma, ou seja, sem o auxílio da revelação divina, sempre esteve engolfada quer no politeísmo, quer em alguma forma de "religião" naturalista, quer no mais puro materialismo.

---

[5] "Probanda enim sunt huiusmodi auctoritate sacrae Scripturae, non autem ratione naturali", diz o Aquinate no lugar citado.

[6] Ibidem.

[7] E outras.

Excetuam-se especialmente, *de algum modo*, os maiores filósofos pagãos: Anaxágoras, Sócrates, Platão, Aristóteles, Plotino.

• Platão, no entanto, o mesmo Platão que em impressionante passagem do *Fédon*[8] diz que "acerca destes temas é preciso conseguir uma das seguintes coisas: ou aprender com outro como eles são, ou descobri-los por contra própria, ou, se isto for impossível, tomando dentre as explicações humanas a melhor e mais difícil de refutar, deixar-se levar nela como numa balsa para sulcar a existência, já que não podemos fazer a travessia de maneira mais estável e menos arriscada num veículo mais seguro, ou seja, com uma revelação divina" – esse mesmo Platão, dizemos, não só porá seu Demiurgo um degrau abaixo das Ideias mas, sem notar a profunda contradição de tão insustentável dualismo, *de certo modo* porá num mesmo plano a própria ideia do Uno-Bem e a Díada indefinida, fonte da matéria e do mal.[9]

• Aristóteles, por seu lado, superando as principais aporias de seu mestre, não chegou porém a conceber a criação,[10] ainda que a *creatio ex nihilo* tampouco esteja em contradição com seus princípios metafísicos: muito

---

[8] 85 c-d.

[9] Cf. Platão, *Carta VII*, 344 d; Aristóteles, *Metafísica*, A 6, 987 b 18-21. – De modo que, se Platão cometeu o devido "parricídio" de Parmênides (no *Sofista*, 241 d-242 a), poderia dizer-se que Parmênides deveria ter cometido o "filicídio" de Platão, porque, com efeito, o Eleata tinha descoberto, *de certo modo*, a identidade inextricável entre o Ente e o Uno e *Único* – o que volta a perder-se com o Ateniense.

[10] Não podemos concordar plenamente, porém, com a afirmação de Giovanni Reale (em *História da Filosofia Antiga*, vol. II. São Paulo, Edições Loyola, 1994, p. 371) de que o monoteísmo aristotélico seja "mais de exigência que efetivo", especialmente porque o θεός de Aristóteles não se distinguiria suficientemente das outras 55 substâncias espirituais motoras. Em sentido contrário a isso, cf. Carlos Augusto Casanova, *El Ser, Dios y la Ciencia*. Santiago, IAP/C.I.P./Ediciones Universidad Católica de Chile, 2077, p. 71-94. Nestas páginas, que correspondem ao cap. "¿Está superada la teología aristotélica por el colapso de la teoría de las esferas celestes?", Casanova, recorrendo aos próprios textos aristotélicos, a Santo Tomás e a outros, e reconhecendo embora que "Aristóteles não é muito claro nestes pontos", conclui, com alto grau de probabilidade, que o Deus aristotélico é não só *a* causa final, mas *a* causa eficiente, e que, portanto, as 55 substâncias separadas "dependem em seu ser da primeira de algum modo" (ibidem, p. 86).

pelo contrário, está como que implícita neles, como uma conclusão que todavia ele próprio, Aristóteles, não tirou por não ter levado até ao fim sua própria doutrina do ato e da potência. Fá-lo-ia por ele, de modo cabal e sobre-excedendo-a, Santo Tomás de Aquino. Mais que isso, todavia, Aristóteles tampouco pôde alcançar, em razão de um como cansaço metafísico, que Deus é por essência o mesmo Ser subsistente, o que será, como veremos, o núcleo da metafísica tomista.

• E semelhantemente com respeito aos demais expoentes da filosofia pagã.

3. Pois bem, se assim é, se, conquanto acessíveis à razão humana, a verdade da existência de Deus e a da criação do mundo por ele não foram alcançadas perfeitamente pelo homem entregue a suas próprias luzes naturais, então por isso mesmo é que, para que as pudéssemos conhecer e como quereria Platão, veio em nosso socorro a revelação divina. A esta, com efeito, não se deve atribuir tão somente o ensinamento gratuito de verdades *per se* inacessíveis à razão humana,[11] mas também o daquelas que, conquanto não excedam a esta, tampouco foram historicamente alcançadas por ela com suficiência: como diz a suprarreferida Constituição do Concílio Vaticano I,[12] "aprouve à [...] sabedoria e bondade [de Deus] revelar [estas verdades] ao gênero humano por outro caminho, *e este sobrenatural*" (destaque nosso). Di-lo com mais amplitude o Aquinate na *Suma contra os Gentios*, razão por que o citaremos *in extenso*:

> [...] se essas verdades [ou seja, as que não excedem a razão humana] fossem abandonadas à só razão humana, surgiriam três inconvenientes.

---

[11] "A esta divina revelação deve-se certamente atribuir que as coisas divinas não inacessíveis de si à razão humana possam ser conhecidas por todos, mesmo na atual condição do gênero humano, de modo fácil, com firme certeza e sem mistura de erro algum. [...] No entanto, nem por isso se deve dizer que a revelação seja absolutamente necessária senão porque Deus mesmo, por sua infinita bondade, ordenou o homem a um fim sobrenatural, ou seja, a participar de bens divinos que sobrepujam totalmente a inteligência da mente humana; pois em verdade *nem o olho viu nem o ouvido ouviu, nem jamais passou pelo pensamento do homem o que Deus preparou para aqueles que o amam* [1 Cor 2, 9; Can. 2 e 3]" (*Constituição Dogmática sobre a Fé Católica*, ibidem, 1786).

[12] Ibidem, ibidem, 1785.

O primeiro é que, se tal se desse, poucos homens alcançariam o conhecimento de Deus. Muitos seriam impedidos de descobrir a verdade – que é fruto de investigação assídua – por três razões. Antes de tudo, alguns devido a defeito da própria constituição natural que os dispõe para o conhecimento; estes por esforço algum poderiam alcançar o grau supremo do conhecimento humano, que consiste no conhecimento de Deus. Outros, depois, devido aos trabalhos necessários para o sustento da família. Convém, sem dúvida, que entre os homens uns se entreguem ao cuidado das coisas temporais. Estes, porém, não podem despender o tempo necessário para o ócio exigido pela investigação contemplativa para alcançar o máximo nesta investigação, [máximo] que consiste justamente no conhecimento de Deus. Outros, por fim, são impedidos pela preguiça. Ora, para o conhecimento das verdades divinas investigáveis pela razão, são necessários muitos conhecimentos prévios: como o labor especulativo de toda a filosofia se ordena ao conhecimento de Deus, a metafísica – que versa sobre as verdades divinas – é a última parte no aprendizado da filosofia. Não se pode, pois, chegar à investigação das verdades supramencionadas senão com grande esforço especulativo. Poucos todavia querem dar-se a tal trabalho por amor à ciência, apesar de Deus ter inserido na mente humana o desejo natural de conhecer aquelas verdades.

O segundo inconveniente consiste em que os que chegam à invenção das verdades divinas não o fazem senão após longo tempo de investigação. Isso acontece em razão da profundidade delas, e só um longo trabalho torna o intelecto apto para compreendê-las pela via da razão natural. Isso acontece também porque, como dissemos acima, se exigem muitos conhecimentos prévios. E, finalmente, também porque no período da juventude, quando a alma é agitada por impulso de tantas paixões, o homem não está maduro para tão elevado conhecimento da verdade. Por isso é que se diz no livro VIII da *Física*: "É na quietude que o homem se torna prudente e sábio". O gênero humano, portanto, permaneceria nas mais profundas trevas da ignorância se para o conhecimento de Deus só tivesse aberta a via da razão: porque só poucos homens, e só após longo tempo, chegariam a este conhecimento, que os faz maximamente perfeitos e bons.

O terceiro inconveniente consiste em que a falsidade se introduz largamente na investigação da verdade a que procede a razão humana, por causa da debilidade de nosso intelecto para julgar e da mistura dos fantasmas [ou imagens sensíveis]. Muitos, com efeito, por ignorar o valor da demonstração, põem em dúvida as verdades verissimamente demonstradas.

Isto aliás se dá sobretudo quando se veem muitos que se dizem sábios a ensinar coisas diversas. Ademais, entre as verdades que se vão demonstrando, imiscui-se por vezes algo de falso que não pode ser demonstrado, e que, no entanto, é afirmado com argumentação provável ou sofística, mas tida por demonstração clara.

Por todos esses motivos foi conveniente que pela via da fé se apresentassem aos homens a firme certeza e a pura verdade das coisas divinas.

Foi por conseguinte vantajoso que a clemência divina determinasse fossem tidas como de fé também as verdades que a razão pode por si mesma investigar. Dessa maneira, todos podem com facilidade, sem dúvida e sem erro ser partícipes do conhecimento das verdades divinas. Daí que esteja escrito: "Já não andais como os povos que andam segundo a vaidade dos sentidos, tendo obscurecido o intelecto" (Ef 4, 17); e: "Todos os teus filhos serão instruídos pelo Senhor" (Is 54, 13).[13]

4. Refaçamos, pois, esquematicamente, o caminho percorrido até aqui:
• Certas verdades relativas a Deus, como a de que ele é e a da criação do mundo, não excedem a razão humana, que tem capacidade para atingi-las;
• Não obstante, historicamente o homem nunca as atingiu senão mais ou menos imperfeitamente. O gênio de um Platão ou o de um Aristóteles, é verdade, atingiram-nas em grau bem superior, mas também eles só o fizeram mais ou menos imperfeitamente ou mais ou menos insuficientemente;
• Por esse motivo, Deus, em virtude de ter destinado o homem a um fim sobrenatural, não só lhe revelou verdades divinas de todo inacessíveis à razão humana, mas também lhe revelou verdades naturalmente acessíveis a esta que, todavia, ela de fato nunca alcançara senão com as ressalvas feitas acima;
• Ora, o que é revelado divinamente é-o *de modo sobrenatural* e é *de fé*, como, após tão farta fundamentação da necessidade da revelação de

---

[13] *Suma contra os Gentios*, I, c. 4 (grifo nosso). – Repete-o Santo Tomás, mas mais sintética e lapidarmente, na *Suma Teológica* (I, q. 1, a. 1, *c.*): "A verdade sobre Deus investigada pela razão humana seria alcançada apenas por um pequeno número, após muito tempo, e cheia de erros. Mas do conhecimento desta verdade depende a salvação do homem, a qual se encontra em Deus. Por isso, para que a salvação chegasse aos homens com mais facilidade e com mais garantia, era necessário fossem eles instruídos a respeito de Deus por uma revelação divina".

verdades naturalmente acessíveis ao homem, conclui o longo trecho de Santo Tomás acima citado.[14]

• Logo, a revelação vem melhorar a razão humana, fazendo-a alcançar verdades que ela, pelos motivos apontados, não conseguiu alcançar, conquanto pudesse tê-lo feito.

5. É preciso, no entanto, dar mais um passo. Sim, porque tal revelação de verdades divinas naturalmente acessíveis à razão humana não só se ordena ao fim sobrenatural a que Deus destinou o homem, mas, mais que dá-las por via sobrenatural, dá-as junto a, ou antes, no bojo de verdades inacessíveis naturalmente à razão humana. No Antigo Testamento, contam-se entre estas a do estado de justiça original e a do pecado original, além da promessa de um Messias; no Novo, a da virgindade de Maria, a da Redenção pela Cruz, a da Eucaristia. Pois bem, tanto no Antigo como no Novo Testamento, aquelas verdades reveladas naturalmente acessíveis ao homem não só não contradizem as verdades propriamente sobrenaturais (nem vice-versa), mas são antes iluminadas e elevadas por estas. Com efeito, saber, como se soube pelo Antigo Testamento, que o homem foi criado por Deus em graça porque em ordem a um fim sobrenatural lança poderosa luz sobre Deus mesmo enquanto Sumo Bem e Causa Final; e saber, como se sabe pelo Novo Testamento, que Deus se encarnou e morreu na cruz em ordem àquele mesmo fim sobrenatural eleva ao máximo nossa capacidade de conhecimento dele enquanto Amor.[15] Vê-se, portanto, que nosso

---

[14] Com efeito, tais verdades reveladas, embora não sejam *estritamente* de fé, são-no, todavia, *de certo modo* – como afirma o mesmo Santo Tomás.

[15] Bem sabemos quão corrente é a afirmação de que, segundo Santo Tomás, nosso conhecimento de Deus é *puramente* negativo. Não podemos estar de acordo. Se é verdade que, com todo o acerto, o Doutor Angélico não só nega a possibilidade de conhecer nesta vida a essência de Deus mas diz que nosso conhecimento dele é *antes* negativo, também é verdade que se opõe a uma *cognitio tão somente* negativa dele. Com efeito, nos atributos de Deus (cf., por exemplo, na *Suma Teológica* I, todo o tratado de Deus único) conhecemos, conquanto muito imperfeitamente, algo *quiditativo* seu. Mas não o fazemos senão: a) pela conclusão de que, dados tais efeitos, não só há de haver uma Causa, senão que esta não pode deixar de ter tais e tais atributos; b) mediante, mais genericamente, a *analogia*. Em verdade, o apofático é apenas um dos

conhecimento da existência de Deus, de atributos seus e da criação depende da luz sobrenatural da revelação não só para escapar às insuficiências, às obscuridades e às excentricidades que marcaram a história intelectual do homem e, em particular, a própria história da Filosofia: também para elevar-se a patamares superiores.

6. Apenas o dizemos, porém, e já se ergue uma objeção de peso. Com efeito, pelo dito até aqui parecem ser a mesma a distinção entre fé e razão e a distinção entre Filosofia e Teologia Sagrada, ou seja, parecem identificar-se, por um lado, razão e Filosofia e, por outro, fé e Teologia Sagrada – e, de fato, em tal identificação incorrem não poucos importantes tomistas. Se, porém, se dá tal identificação, a Filosofia e a Teologia Sagrada deixam de ser hábitos científicos. Mas isto, por absurdo, não se segue, razão por que é necessário estabelecer que a relação entre a Filosofia e a Teologia não é a mesma que a que se dá entre a fé e a razão, ainda que as duas relações também estejam estreitamente relacionadas entre si. E não são as mesmas, antecipe-se, até porque, quando se dá, a ordenação da razão à fé é *essencial*, ao passo que, quando se dá, a ordenação da Filosofia à Teologia é *acidental*. Antes de o mostrarmos, todavia, demos um quadro esquemático das diversas visões sobre a relação entre a fé e a razão.[16]

• OPOSIÇÃO INCONCILIÁVEL ENTRE ELAS. Defendem-na:

→ do lado católico, os fideístas (condenados pelo magistério da Igreja), para os quais todo e qualquer saber racional é ou impossível ou pelo menos perigoso para a fé;

→ do lado não católico, os racionalistas sistemáticos, para os quais a fé representa um perigo para o saber racional;

---

degraus da escada analógica para conhecer, segundo o possível nesta vida, a Deus. (Cf. *Sent.*, I, d. 8, q. 1, a 1.; d. 19, q. 5, a. 2; *Pot.*, 7, 5 e 7; *Verit.*, 2, 1 e 11; *Cont. Gent.*, I, 30 e 34; *Summ. Theol.*, I, q. 13, a. 2, 3 e 5; q. 28, a. 2, ad 3; *et alii loci.*)

[16] Para um quadro histórico mais amplo da questão, cf., com ressalvas, Dr. P. G. M. Manser, O. P., *La Esencia del Tomismo*, trad. (da 2ª. ed. alemã) de Valentín García Yebra. Madri, Consejo Superior de Investigaciones Científicas/Instituto "Luis Vives" de Filosofia, p. 121-50.

→ entre essas duas correntes, a medieval e pré-renascentista de Siger de Brabante (1240-1280) e em especial de João de Janduno († 1328) e de Marsílio de Pádua (1270-1343), que propugnavam a existência de uma *dupla verdade*, princípio segundo o qual pode haver algo demonstrável pela razão mas rejeitável pela fé.

• HARMONIA ENTRE ELAS:

→ harmonia fundada na *separação* entre as duas: como a fé e a razão não teriam nada que ver entre si, por isso mesmo tampouco poderiam contradizer-se mutuamente; é a posição que foi amadurecendo desde Guilherme de Ockham até ao modernismo (condenado pelo magistério da Igreja e ele próprio essencialmente racionalista), passando por Kant, pelo protestantismo em geral, etc.;

→ harmonia fundada em certa *confusão* entre as duas: como a fé e a razão se harmonizam entre si, aquilo em que se crê e em que se tem de crer também poderia demonstrar-se (ao menos em resposta à questão *an sit* [se é ou existe]); em razão de tal posição, esta corrente tende essencialmente a admitir uma transformação da fé em saber natural; é precisamente a corrente iniciada pelo teólogo judeu Fílon de Alexandria (10 a.C.-50) e continuada, de modo diverso:

✓ por alguns Padres da Igreja;

✓ pelo neoplatonismo;

✓ pelos dois principais filósofos árabes, Avicena (980-1037) e Averróis (1126-1198);

✓ por impressionante sucessão de teólogos cristãos que atravessa a própria escolástica, dominando-lhe os quatro primeiros séculos: São Pascásio Radberto († c. 860); Escoto Erígena († 877); Berengar de Tours (999-1088); em certa medida o próprio Santo Anselmo (1033-1109); Pedro Abelardo (1079-1142); Hugo de São Vítor (1096-1141) e Ricardo de São Vítor († 1173); Gilberto Porretano († 1154); Thierry de Chartres († 1155); João de Salisbury († 1180); Alano de Insulis († c. 1023); Henrique de Gante († 1293); Roger Bacon († 1294); Raimundo Lúlio († 1315);[17]

---

[17] Não aderiram a esta corrente, por uma sorte de sadia precaução ou por efetivo pressentimento do perigo que representava, Anselmo de Laon († 1117), Guilherme de

✓ por teólogos da escolástica tardia, como o Cardeal Nicolau de Cusa (1401-1464).[18]

→ Harmonia fundada na *distinção* entre as duas: é a posição de Santo Tomás de Aquino. Vejamo-la de mais perto.

"Tomás", como escreve Manser, "é e será sempre, digamo-lo resolutamente, o *fundador científico da harmonia com base na distinção clara entre fé e saber* [melhor se diria 'razão'], da solução que é a única que não leva ao racionalismo, por um lado, nem a um cego fideísmo, por outro".[19] Lutou o Angélico toda a vida tanto contra os defensores da oposição inconciliável entre a fé e a razão como contra os partidários da harmonia entre as duas com base em sua separação ou em sua confusão.

◊ Contra os defensores da oposição inconciliável, afirmava: "Quod veritati fidei Christianae non contrariatur veritas rationis" (A verdade racional não contraria a verdade da fé cristã).[20] Tanto a razão como a fé nos foram dadas por seu autor, Deus, motivo por que não podem contradizer-se e são ambas fontes fidedignas da verdade. Sucede apenas que da parte de Deus são uma só e mesma coisa, enquanto de nossa parte são duas, segundo nossa mesma maneira de conhecê-la.

◊ Contra os partidários da harmonia com base na separação, sustentava que o fundamento último do saber racional e da fé é o mesmo: a Verdade subsistente. A fé não é um sentimentalismo. Como escreve ainda Manser, "tudo aquilo em que cremos [...] é verdade; a verdade eterna e primeira é aquilo pelo qual cremos [...]: 'non enim fides [de qua loquimor] assentit alicui nisi quia est a Deo revelatum' [a fé de que falamos não dá seu assentimento a algo senão por ser revelado por Deus (*Suma Teológica*,

---

Champeaux († 1121), Pedro Lombardo († c. 1164) e Guilherme de Auxerre († 1234), entre outros. Opôs-se firmemente a ela São Bernardo de Claraval (1090-1153), não sem exageros opostos, mas de modo efetivamente benéfico e profícuo (como em sua vitoriosa luta contra as teses de Pedro Abelardo).

[18] A confusão entre fé e razão pode dar-se com respeito à origem de ambas, e/ou com respeito ao conceito de ambas, e/ou com respeito à esfera de ambas.

[19] Dr. P. G. M. Manser, O. P., ibidem, p. 134.

[20] S. Th., *Cont. Gent.*, I, 7.

II-II, q. 1, a. 1, c.)]".[21] E foi em decorrência deste entendimento que o Angélico pôde definir de modo irretocável: "credere est *actus intellectus assentientis veritati divinae ex imperio voluntatis a Deo motae per gratiam*" (crer é um ato do intelecto que assente a uma verdade divina por império da vontade movida por Deus mediante a graça).[22]

◊ E aos propugnadores da harmonia com base na confusão ou na identidade opunha Santo Tomás sua própria solução global: *harmonia com base na distinção entre fé e razão.*

7. Quanto a um ponto, porém, deixamos propositadamente vago até aqui: o que se entende por relação entre a fé e a razão. Mas é preciso dizer agora se se trata desta relação tal qual se dá no intelecto de qualquer crente, ou se se trata desta relação tal qual se dá no intelecto dos teólogos. Ora, parece que tal relação na Teologia Sagrada há de estar incoada, mais ou menos perfeitamente, na alma de qualquer crente, pelo simples motivo de que não pode haver "ruptura" entre a sã razão e a verdadeira fé deste e as de um sábio, porque, com efeito, sempre se darão no mesmo intelecto humano. Entre aquela relação e esta não pode não haver, *de algum modo*, continuidade. Mas também parece que é na sabedoria teológica, e não na alma de qualquer crente, que mais *formalmente* a razão e a fé se unem de modo estreito. Como quer que seja, porém, o que importa destacar aqui e agora é que, ao contrário da subordinação da razão à fé na alma de qualquer crente ou na Teologia Sagrada, a subordinação da Filosofia à Teologia Sagrada não é essencial, mas *acidental*, "não constituindo com ela algo *simpliciter* uno".[23]

8. Pois bem, identificar a relação entre a razão e a fé e a relação entre a Filosofia e a Teologia Sagrada implica não só negar a estas o caráter de hábitos científicos, mas ainda não ordená-las adequadamente entre si, ou seja, segundo a efetiva ordenação acidental que é a sua. É pois de reter o

---

[21] Dr. P. G. M. Manser, O.P., ibidem, p. 135-36.
[22] S. Th., *Summ. Theol.*, II-II, q. 2, a. 9, c.
[23] Padre Álvaro Calderón, *El Reino de Dios en el Concilio Vaticano II*, versão provisória e em PDF, p. 39.

que diz o Padre M. Teixeira-Leite Penido:[24] "é como se Moisés regentasse a física, e Platão a Escritura"; e o efeito disso é transformar a Filosofia numa

> serva à qual não assiste o direito de trabalhar para si; uma escrava que, como a do Salmo, não pode levantar os olhos das mãos de sua senhora: *"sicut oculi ancillae in manibus dominae suae"*. Para [a consolarem], dizem-lhe que é rainha, e julga tudo o que há no homem, mas apressam-se em acrescentar que esta realeza consiste em compreender a fé: *quod credimus intelligere*.

Evitada todavia tal confusão, permanece que "a ciência sagrada", como diz Santo Tomás,[25]

> pode tomar emprestada [sim] alguma coisa às ciências filosóficas. Não [porém porque tal] lhe seja necessário, mas para melhor manifestar o que ela própria ensina. Seus princípios não lhe vêm de nenhuma outra ciência, mas imediatamente de Deus, por revelação. Por conseguinte, ela não toma empréstimos das outras ciências como se estas lhe fossem superiores, senão que se vale delas como de inferiores e servas, assim como as ciências arquitetônicas se valem das que lhe são auxiliares; ou a política, da arte militar. Que a ciência sagrada se valha das outras ciências não se dá por falha ou deficiência sua, mas por falha de nosso intelecto: a partir do que se adquire pela razão natural (donde procedem as demais ciências), nosso intelecto é mais facilmente conduzido ao que está acima da razão, e que é tratado nesta ciência [a Sagrada Teologia].

9. Mas de quanto se acaba de dizer resulta uma dupla nota. Por um lado, todas as demais ciências se subalternam, de certo modo, à Teologia Sagrada; por outro, porém, não o fazem do mesmo modo que o fazem à Metafísica. Explique-se.

• Antes de tudo, deve considerar-se se a Teologia Sagrada é de fato uma ciência. E o é, com efeito.[26] Mas há duas classes de ciências. As da primeira procedem de princípios conhecidos segundo a luz natural do intelecto, e entre estas estão a Aritmética ou a Geometria. As da segunda, de

---

[24] Em *A Função da Analogia em Teologia Dogmática*. Petrópolis, Editora Vozes, 1946, p. 205-07.
[25] *Summ. Theol.*, I, q. 1, a. 6, ad 2.
[26] Cf. ibidem, I, q. 1, a. 2, c.

princípios conhecidos segundo a luz de uma ciência superior, como a Perspectiva com respeito à Geometria, ou a Música com respeito à Matemática e à Acústica, ou ainda a Teologia Sagrada com respeito à Ciência dos bem-aventurados e de Deus mesmo. Em outras palavras, os princípios de que parte a Teologia Sagrada são os dados da fé, porque, com efeito, o que os bem-aventurados conhecem de Deus e que Deus conhece de si mesmo não nos pode chegar por essência, mas só por revelação, e por trás dos véus da fé. Mas os princípios de todas as outras ciências, próprios ou de ciência superior, chegam-nos pela própria razão. Entre elas está a Metafísica, a ciência do ente enquanto ente, e cujos princípios, que são os primeiríssimos do ente, ela e só ela pode defender.

• Ademais, contudo, a Teologia Sagrada é a única ciência tanto especulativa como prática.[27] A Metafísica ou a Física são só especulativas, enquanto a Ética ou a Política são só práticas. Mas a Teologia Sagrada, por *simpliciter* una,[28] estende-se às coisas tratadas pelas outras ciências enquanto cognoscíveis sob a luz divina e *sub ratione Deitatis*. Por isso, a Teologia Sagrada será tanto especulativa como prática, assim como Deus se conhece a si mesmo e conhece suas obras enquanto se conhece a si mesmo.[29]

• Por tudo isso, portanto, a Teologia Sagrada é a excelentíssima das ciências.[30] A uma só vez especulativa e prática, sobreleva-se a todas as outras. Com efeito, entre as ciências especulativas é mais excelente a que tanto é mais certa como tem matéria mais digna, assim como a Metafísica, por estes mesmos motivos, é a excelentíssima das ciências cujos princípios nos chegam segundo a luz da razão: sem dúvida, é a mais certa porque tem por próprios os primeiríssimos princípios da razão natural,

---

[27] Cf. ibidem, I, q. 1, a. 4, c.
[28] Cf. ibidem, I, q. 1, a. 3, c.
[29] Assim porém como Deus conhece suas obras enquanto se conhece a si mesmo, assim também a Teologia Sagrada é antes especulativa que prática, porque, com efeito, não considera os atos humanos senão enquanto por eles o homem se ordena ao conhecimento perfeito e por essência de Deus – até porque é nisto último que consiste o fim de nossa vida, ou seja, a beatitude ou bem-aventurança eterna (cf. ibidem, I, q. 1, a. 4, c.).
[30] Cf. ibidem, I, q. 1, a. 4, c.

e a mais nobre porque seu sujeito é o ente enquanto ente, motivo por que se ocupa da Causa mais alta. Mas a Teologia Sagrada, por aquele mesmo duplo aspecto, excede a todas as demais ciências, incluída a Metafísica. Em primeiro lugar, portanto, porque todas as outras recebem sua certeza da luz da razão humana, que pode errar, enquanto a Teologia Sagrada a recebe da ciência de Deus, que não pode errar. Em segundo lugar, porque sua matéria é sem dúvida a mais excelente, pois tem por sujeito a Deus enquanto Deus – a mesma sublimidade –, e trata tudo o mais enquanto efeito dele e ordenado a ele.

• Se não houvesse nada mais que o ente móvel (e pois sensível ou corpóreo), a Física seria a Sabedoria. Mas há algo além do físico, razão por que, entre as ciências sob a luz da razão natural, a Metafísica é a Sabedoria. Sabedoria *simpliciter*, porém, entre nós e nesta vida, não pode ser senão a Teologia Sagrada, cujo sujeito, como dito, é Deus mesmo enquanto Deus, do qual procedem todas as outras coisas – a criatura corpórea e a criatura intelectual – e ao qual se ordenam. Logo, todas as demais ciências se subalternam à Teologia Sagrada, mas, como dito, de modo distinto de como se subalternam à Metafísica. Com efeito, a Metafísica não só pode defender os princípios das ciências subalternas (o que elas mesmas não podem fazer), senão que pode corrigi-las se se desviam deles. Ora, a Teologia Sagrada não pode fazê-lo com respeito às outras ciências, como vimos o Padre Penido dizer mais acima. Mas pode delimitar-lhes a todas seu campo, e, se não as ordena direta ou imediatamente a Deus, o fim último do homem, fá-lo ao menos indireta ou mediatamente. Assim, pode a Física moderna pôr a hipótese do *big bang*; não pode porém pô-lo como o primeiro princípio das coisas, que é Deus. Pôde ademais a Física Geral pôr a eternidade do mundo; não pode a Teologia Sagrada negá-la *rationabiliter*, mas pode antepor-lhe o dado da fé entregue no Gênesis. *Et reliqua*, analogamente.

10. Resta-nos porém uma última dificuldade. Com efeito, a Metafísica chama-se também não só Filosofia Primeira, mas ainda Teologia. Diz-se Metafísica enquanto, como dito, se ocupa do que está além do físico e pois da Física; mas Filosofia Primeira enquanto se ocupa dos princípios e das causas mais altas; e Teologia enquanto a causa das causas, a causa mais alta, é Deus, do qual pois a Metafísica também se ocupa. Mas nesta vida não podemos conhecer a Deus por essência, e por isso mesmo é que a Metafísica ou Teologia Filosófica não pode ter por sujeito a Deus enquanto Deus, senão que só pode tratá-lo enquanto é o Ente dos entes e a causa destes. Ora, vimos já que a Teologia Sagrada tem por sujeito justamente a Deus enquanto Deus, e considera a tudo o mais como efeito dele. Sabê-lo, porém, não elimina a objeção: justo porque Deus enquanto Deus não é o sujeito da Metafísica, é abusivo o título de Teologia, ainda que Filosófica. Mas é possível solver a objeção. Com efeito, falando absolutamente, Teologia é a ciência que Deus tem de si mesmo. Ora, como mostra Santo Tomás no *Compêndio de Teologia* (l. 1, c. 9) e em tantos outros lugares, Deus é *simpliciter* simples. Se o é, então nele o ser não pode ser uma coisa e a essência outra, nem pode haver acidentes, e a ciência entre as criaturas é acidental. Logo, Deus não só é seu mesmo ser e sua mesma essência, senão que é sua mesma ciência. Se assim é, *a Teologia é Deus mesmo*. E, assim como todas as criaturas não têm ser senão pela participação de Deus, que, como dito, é o mesmo Ser, assim também a ciência que as criaturas intelectuais têm de Deus têm-na por participação de Deus, ou seja, por participação da mesma Teologia *simpliciter*. Logo, as demais teologias participam da Teologia como em analogia de atribuição: a Teologia dos bem-aventurados participa dela muitíssimo mais e de modo especialíssimo, por deiformação e aderência; a Teologia Sagrada vem depois, porque participa dela, como dito, por trás dos véus da fé; enquanto a Teologia Filosófica participa dela segundo a só luz da razão – mas a luz da razão é já uma participação do Intelecto divino.

Posto tudo isso, e como nosso assunto é a teologia de Fílon de Alexandria, há que distingui-la desde já da teologia católica, porque, com efeito, seus princípios são os dados revelados tão só da Antiga Aliança. Mas é justamente isto o que dá *o marco* em que devem observar-se tanto as qualidades como os defeitos[31] de sua doutrina, e o que explica, em última análise, o fato de esta ser o cruzamento de caminhos a que se refere o título

---

[31] "Defeitos" em duplo sentido: o de "carências", "deficiências", "insuficiências", e o de "falhas", "erros", "enganos".

desta Apresentação: o cruzamento de onde partiram tanto a teologia que vai dar em Maimônides como a gnose,[32] o neoplatonismo e, conquanto apenas acidentalmente, a própria teologia cristã.

É precisamente o que veremos nesta Apresentação.

A ÁRDUA BIOGRAFIA DE FÍLON DE ALEXANDRIA

ANTE O EMARANHADO de hipóteses contraditórias sobre a vida de Fílon, poderia dizer-se algo semelhante ao que dizia Sócrates a respeito da *phýsis*.[33]

É verdade que algo de sua vida se sabe.[34] Nasceu, obviamente, em Alexandria, provavelmente entre 15 e 10 a.C., de rica e influente família judia estabelecida naquela cidade. Tendo recebido instrução do mais alto nível, assimilou tanto a cultura helenística como a hebraica. Conquanto deva ter-se dedicado majoritariamente ao estudo e à escrita da Teologia, tampouco se furtou a compromissos públicos, como o que o levou a viajar a Roma como chefe de uma embaixada para protestar contra as perseguições a seu povo.

Chegaram-nos, de alguma forma, quase todas as suas numerosas obras. Eis, ordenados tematicamente, seus respectivos títulos tais como conhecidos em latim e com as respectivas abreviaturas com que se citam:

1) As de comentário ao Gênesis:
- *De Opificio Mundi* [*Opif.*];
- *Legum Allegoriae* (livros I-III) [*Leg.*];
- *De Cherubim* [*Cher.*];

---

[32] Naturalmente, trata-se aqui da gnose posterior à vinda de Cristo.

[33] Cf. Xenofonte, *Memoráveis*, I, 1, 11-16. – Com efeito, assim como, ante a teia de teses opostas acerca da natureza, o fundador da estrada real da filosofia dizia que se devia deixar de lado a pesquisa do que seria um segredo da Divindade, assim também, ante o enredo de afirmações antagônicas que envolvem a vida do Alexandrino, se poderia suspender a investigação de algo grandemente coberto pelo manto dos tempos.

[34] Cf. Giovanni Reale, ibidem, p. 217-218; e Roger Arnaldez, "Introduction Generale". In: *Les Œuvres de Philon d'Alexandrie*. Paris, Éditions du Cerf, 1961.

- *De Sacrificiis Abelis et Caini* [*Sacrif.*];
- *Quod Deterius Potiori Insidiari Soleat* [*Deter.*];
- *De Posteritate Caini* [*Poster.*];
- *De Gigantibus* [*Gig.*];
- *Quod Deus Sit Immutabilis* [*Deus*];
- *De Agricultura* [*Agric.*];
- *De Plantatione* [*Plant.*];
- *De Ebrietate* [*Ebr.*];
- *De Sobrietate* [*Sobr.*];
- *De Confusione Linguarum* [*Confus.*];
- *De Migratione Abrahami* [*Migr.*];
- *Quis Rerum Divinarum Heres Sit* [*Her.*];
- *De Congressu Eruditionis Gratia* [*Congr.*];
- *De Fuga et Inventione* [*Fug.*];
- *De Mutatione Nominum* [*Mutat.*];
- *De Sominiis* (livros I-II) [*Somn.*].

2) As de exposição da lei mosaica:
- *De Abrahamo* [*Abr.*];
- *De Iosepho* [*Ios.*];
- *De Decalogo* [*Decal.*];
- *De Specialibus Legibus* (livros I-IV) [*Spec.*];
- *De Virtutibus* (*de Fortitudine, De Humanitate, De Paenitentia, De Nobilitate*) [*Virt.*];
- *De Praemiis et Poenis* [*Praem.*];
- *De Vita Mosis* (livros I-II) [*Mos.*].

3) As de exegese e/ou de catequese bíblica:
- *Quaestiones et Solutiones in Genesim* [*Quaest. Gen.*];
- *Qaestiones et Solutiones in Exodum* [*Quaest. Ex.*].

4) As mais propriamente filosóficas:
- *Quod Omnis Probus Liber Sit* [*Prob.*];
- *De Providentia* (fragmentos) [*Prov.*];
- *De Aeternitate Mundi* [*Aet.*];

- *Alexander* (fragmentos) [*Alex.*];
- *Hypothetica* (*Apologia pro Iudaeis*) (fragmentos) [*Hypoth.*].

5) As relativas à sua atividade política e/ou ao ambiente hebraico:
- *In Flaccum* [*Flacc.*];
- *Legatio ad Caium* [*Legat.*];
- *De Vita Contemplativa* [*Contempl.*].[35]

Mas de fato, ao contrário da bibliografia de Fílon, sua biografia nos chegou em fragmentos na maior parte sem reconstituição possível. Para que o vejamos, sigamos de perto o longo esforço de Roger Arnaldez[36] por dar alguma coerência a tais fragmentos segundo a opinião dos mais abalizados especialistas no Alexandrino.

1) *Há relação entre os tratados filonianos de exegese das leis mosaicas e a vida social e política dos judeus de Alexandria?*

- Em geral, a resposta a esta pergunta é negativa: Fílon seria um filósofo puro, um meditativo fora de seu tempo, e especularia tão somente sobre um judaísmo ideal sem nenhuma realidade histórica. É a opinião de E. Bréhier e de I. Heinemann, entre outros.
- Mas há os que defendem a tese oposta. É o caso de Z. Frankel e, nuançadamente, de E. Goodenough, para os quais Fílon tinha conhecimento profundo do direito penal, do direito matrimonial e do direito de sucessão judeus.

---

[35] A mais recente edição crítica das obras de Fílon é a preparada por L. Cohn e P. Wendland, *Philonis Alexandrini Opera Quae Supersunt*, 6 vols. Berlim, 1896-1915 (acrescida de Índices por H. Leisegang em 1926-1930). Das traduções das obras completas do Alexandrino, registrem-se as seguintes: em inglês, as editadas sob a direção de F. H. Colson e G. H. Whitaker na coleção "Loeb Classical Library", Londres-Cambridge, 1929-1962; em francês, sob a direção de R. Arnaldez, J. Pouilloux e C. Mondésert para as Éditions du Cerf, Paris, 1961 ss.; e, em alemão, as editadas por L. Cohn e I. Heinemann, Breslau, 1909 ss. (Berlim, 1962-1964). Em italiano, publicaram-se em cinco volumes as 19 obras de comentário alegórico à Bíblia sob a direção de Giovanni Reale, com a colaboração de C. Kraus Reggiani, C. Mazzarelli e R. Radice, pelas Ed. Rusconi, Milão, 1981-1988.

[36] Cf. sua "Introduction Generale", in op. cit., p. 2-112.

• Roger Arnaldez, sempre disposto a encontrar um justo meio entre as opiniões extremas em pugna, diz que "a resposta a esta questão depende do que era o judaísmo alexandrino com relação ao judaísmo palestino, problema complexo que reencontraremos [mais adiante]".[37]

2) *Há relação entre as ideias religiosas, morais, filosóficas de Fílon e o judaísmo alexandrino?*

• Partindo da opinião de que é impossível saber até se Fílon sabia hebraico, Leisegang, entre outros, nega-o taxativamente. Para ele, o Alexandrino é de todo estranho ao judaísmo, assim como, aliás, a própria comunidade judia alexandrina em conjunto.

• Mas Wolfson, também entre outros, pensa exatamente o contrário. Para este historiador, Fílon, apesar de servir-se da tradução dos Setenta (a Septuaginta),[38] conhecia perfeitamente o hebraico, o que refletiria o inegável laço entre a comunidade judia alexandrina e a palestina, de que aquela seria um ramo.

• Já Arnaldez diz com lucidez que, "diante dessas duas opiniões contrárias, é-nos difícil tomar posição e carecemos de argumentos determinantes, pois os fatos que os adversários alegam são em si mesmos mínimos e é preciso interpretá-los".[39]

3) *A formação de Fílon era grega helenística ou judaica?*
Para responder a esta questão, deve distinguir-se em Fílon, por um lado, seu método e, por outro, suas ideias e sua maneira de expressá-las.

3a) Quanto a suas ideias e sua maneira de expressar-se, também se dividem as opiniões.

---

[37] Ibidem, p. 24.
[38] Tradução grega começada precisamente em Alexandria, sob o reinado de Ptolomeu Filadelfo (285-246 a.C.), para atender a uma necessidade da comunidade judia que ali se formara apropriando-se da língua grega. Para alguns, como se viu, o próprio Fílon talvez não soubesse o hebraico, ao menos não perfeitamente – questão perfeitamente insolúvel e de que não nos ocuparemos.
[39] Ibidem, p. 47.

• Para uns, como Leisegang, Fílon, estranho de todo ao judaísmo, é essencialmente estoico, e nem sequer conhece o nome de Deus; e, embora o Alexandrino, ao longo de sua obra, deixe de ocupar-se exclusivamente da filosofia grega, nunca deixa de conceber e tratar as questões judaicas de modo grego.

• Para Th. H. Billings e outros, porém, Fílon era perfeitamente platônico, o que é matizado por um Ritter, para quem o Alexandrino mesclava Platão, Pitágoras, os peripatéticos e os estoicos, e os princípios organizadores de seu pensamento eram religiosos e provenientes de fontes orientais.

• Já Zeller considera que Fílon oscila entre o estoicismo e o platonismo, que são, porém, como lembra Heinze, doutrinas inconciliáveis. Billings, por seu lado, apoiando-se em Heinze, critica em especial a Mathilde Apelt, que faz remontar a Posidônio todas as doutrinas "místicas" do Alexandrino.[40]

• Para outros, Fílon era, caracteristicamente, um eclético ao modo de Antíoco de Ascalão – o que se deixaria ver, por exemplo, pela combinação no pensamento do Alexandrino de transcendência e de imanência, ou pela identidade nele da noção de Potência, da de Logos e da de Sabedoria, tal como, justamente, já se dera no filósofo de Ascalão.

• Por seu lado, Wolfson tenta compreender Fílon pelo *terminus ad quem* do movimento inaugurado por ele – o Alexandrino seria o ancestral dos filósofos da Idade Média, o que se poderia ver por sua concepção de que a religião é "um conjunto de princípios revelados que deviam servir de pedra de toque para as produções da razão humana".[41]

• Já Bousset ressalta especialmente que a piedade de Fílon, o "primeiro teólogo" e "o primeiro místico e extático no terreno [...] especificamente monoteísta",[42] é todavia de fundo grego: o fundo da oposição

---

[40] Aliás, para Billings, como mostra Arnaldez (na "Introduction Generale", in *op. cit.*, p. 77), "Fílon crê em Moisés e em Platão. As ideias de Platão são verdadeiras; elas, portanto, têm de encontrar-se no livro de Moisés" – tese (a de Billings) absolutamente correta. Voltaremos a este ponto.

[41] Roger Arnaldez, ibidem, p. 83.

[42] Ibidem, p. 86.

entre o espírito e a matéria. Por isso o Alexandrino seguiria de preferência a ética popular estoico-cínica e encontraria seu ideal no modo de vida dos terapeutas.[43]

• Freudenthal, Frankel e Siegfried vinculam Fílon a influências vindas da Palestina e, pelo cotejo de passagens paralelas da *aggadah* helênica e da *aggadah* palestina, chegam à conclusão de uma influência recíproca, mas de caráter unilateral. "A prioridade dos comentários (*midrashim*) palestinos", anota Arnaldez, "é suposta [nesses autores] como evidente".[44]

• Critica esse procedimento E. Stein, para quem "a simples justaposição de textos e de fórmulas é insuficiente para concluir".[45] Só o faz, porém, para melhor tentar provar, explicando o alegorismo filoniano com base nos mitos do *midrash* palestino, a dependência de Fílon com respeito à *aggadah* histórica palestina.

• Quanto ao próprio Arnaldez, sem abraçar nenhuma das opiniões anteriores (nem, aparentemente, nenhuma outra), aproveita a tese de Stein para passar ao próximo ponto: precisamente o método de Fílon.

3b) Pois tampouco quanto ao método filoniano há acordo sequer razoável entre seus historiadores.

• Para Leisegang, os métodos alegóricos particulares a Fílon (de que falaremos amplamente mais adiante) são os mesmos que os estoicos empregavam, a saber, a alegoria física (a interpretação dos deuses como forças da natureza) e a alegoria moral.

• Tem opinião diferente E. Stein, para quem, em conclusão, a alegoria usada por Fílon resulta de três fontes: a) de uma *aggadah* judia histórica; b) de um modo grego de utilizar a metáfora que, porém, a ultrapassa e faz desaparecer da Teologia o Deus que age na história; c) mas também de uma fonte própria, filoniana, que não só desenvolve um mundo mitológico

---

[43] O próprio Fílon refere-se não só aos terapeutas, comunidade hebraica que se tinha estabelecido no Egito (cf. *De Vita Contemplativa*), mas também aos essênios (cf. *Prob.*, 75 ss.), a respeito das exegeses alegóricas da Bíblia em ambientes judaicos – das quais, como veremos, o Alexandrino era herdeiro.

[44] Ibidem, p. 87.

[45] Idem.

de entidades personificadas, mas acaba por absorver, finalmente, toda a imaginária em Deus mesmo.

• Já Goodenough, fundado na existência de um Mistério judeu, apresenta a alegoria filoniana menos como um método de exegese do que como uma iniciação que tem lugar em certo nível do culto e do ensinamento místicos.

4) *Que formação escolar teve Fílon?*

• Como afirma Arnaldez, é incontestável que Fílon recebeu profunda formação grega.

• Tcherikover mostra que, no início do período romano, os gregos negaram aos judeus o direito de enviar seus filhos aos estabelecimentos nacionais de educação. Mas Massebieau pensa que, dada a fortuna dos pais de Fílon, este deve ter tido professores gregos e não somente judeus helenizados.

• Quanto à formação judaica de Fílon, Leisegang considera que ele não se instruiu na Lei senão tardiamente, no próprio curso de seu trabalho de exposição e de comentário dela. Mas Wolfson, ao contrário, defende que foi instruído na sinagoga desde a mais tenra idade.

• E conclui Arnaldez que no meio intelectual onde Fílon se formou – fosse ele de cunho antes grego ou antes judaico – a retórica tinha considerável importância e reunia a maior parte dos conhecimentos de então, razão por que se poderia comparar Fílon a Cícero.

Recentemente apresentaram-se novos pontos de vista com respeito ao pensamento filoniano:[46] o de W. Kunth, em torno do conceito de pecado; o de M. Peisker, em torno do conceito de lei; o de H. Neumark, acerca das relações entre a fé e a firmeza; o de W. Völker, sobre a piedade, sobre a alegoria, etc.; o de S. Sandmel, quanto ao lugar do Alexandrino no próprio judaísmo; e assim por diante. Nenhuma dessas novas contribuições, porém, serve para desfazer a obscuridade que cerca a vida e, em algum grau, a doutrina de Fílon.

Não obstante, mesmo em meio a tantas contrariedades e a tantas obscuridades, em vez de agirmos como fez Sócrates com respeito à *phýsis*, tentemos

---

[46] Cf. Roger Arnaldez, *op. cit.*, p. 97-112.

ordenar ao menos parte da, digamos, "biografia intelectual" de Fílon segundo a progressão de sua própria doutrina. Para isso, ser-nos-á de grande utilidade acompanhar o estudo de Giovanni Reale sobre o Alexandrino,[47] ainda que cheguemos, não raro, a conclusões diversas das do pesquisador italiano.

O PAPEL DE FÍLON DE ALEXANDRIA
NA HISTÓRIA DA FILOSOFIA E DA TEOLOGIA

DE ALGUM MODO, Fílon de fato representou, como diz Reale,[48] uma "ruptura".

Situado entre duas épocas (a pagã e a cristã) da história geral e entre duas épocas da própria cultura helênica, é caudatário da filosofia desta não só quanto à terminologia científica mas também quanto aos mesmos quadros conceptuais. Sucede, porém, que no momento e no contexto geral – o helenístico – em que Fílon vive predomina o materialismo, que de alguma forma deita raízes no âmbito da própria escola de Platão e no da de Aristóteles após sua morte, e se acentua imensamente com as escolas subsequentes, tornando-se absoluto em todos os sentidos. O imanentismo livra-se do transcendente, e reduz a realidade ao corpóreo. Para que outra coisa aponta, por exemplo, o estoicismo? Ora, Fílon vem resgatar exatamente o incorpóreo e o transcendente, assentando-os, por certos ângulos, como veremos, de maneira ainda mais firme que Platão (embora, como também veremos, não raro represente com relação a Aristóteles um retrocesso). Ademais, sua doutrina significa sem dúvida um avanço, ainda que pleno de contradições, quanto à ética, ao fazê-la relacionar-se a Deus de modo impossível para os gregos carentes de revelação divina.[49] Em todos esses avanços, era caudatário da Revelação antiga – assim como todas as suas lacunas e todas as suas contradições se podem enquadrar no mesmo marco. Mas Fílon, como se disse, também se valeu do universo conceptual grego. Era platônico? estoico? eclético?

---

[47] Giovanni Reale, ibidem, p. 215-67.
[48] Ibidem, p. 217.
[49] Recordemos a impressionante passagem do *Fédon* (85c-d.) transcrita mais acima.

Vimos que os estudiosos do Alexandrino absolutamente não estão de acordo a este respeito. Mas podemos legitimamente pender para a opinião de Reale:

> Entre as várias correntes da filosofia grega, duas eram particularmente idôneas para garantir a mediação entre o racionalismo helênico e a religiosidade e o misticismo orientais [*sic*; melhor se diria "entre a filosofia helênica e a religião judaica"]: o pitagorismo e, sobretudo, o platonismo. E justamente essas duas filosofias, exatamente em Alexandria, começaram a ressurgir, tentando sair [do] magma eclético estoicizante [...] que se tinha formado a partir do século II a.C. [...], poucos decênios antes de Cristo.[50]

Com efeito, Fílon é, filosoficamente, antes de tudo platônico, mas também pitagórico,[51] o que porém não quer dizer que não se tenha valido, algo ecleticamente, de todos os sistemas precedentes. Os influxos da filosofia pré-socrática (Fílon admirava grandemente não só a Parmênides mas ainda a Empédocles), do estoicismo, do cinismo e até do ceticismo nos escritos do Alexandrino são inegáveis. Mas isso não constituirá em si prova de ecletismo, ou melhor, do ecletismo, do "magma" predominante em seu tempo? A razão continua com Reale:

> Predomina em Fílon [...] o espírito do platonismo. Os numerosos conceitos estoicos [de que] se valeu [e diga-se o mesmo dos conceitos das demais escolas] são sistematicamente separados dos seus fundamentos materialistas e imanentistas e reinseridos no contexto de uma metafísica espiritualista. O próprio pitagorismo só é utilizado em certa medida, explorando sobretudo a interpretação simbólica dos números a serviço da exegese alegórica de certas passagens da Sagrada Escritura [...].[52]

Incorre Reale, todavia, em contradição: se, com efeito, "não é acolhida [por Fílon] a identificação [pitagórica] das Ideias com os números e é mantido o aspecto eidético-paradigmático da doutrina platônica das Ideias *em*

---

[50] Giovanni Reale, ibidem, p. 219.
[51] Já o afirmava Clemente de Alexandria. Cf. *Stromata*, I, 15, 72, 4; II, 19, 100, 3.
[52] Ibidem, p. 221-22. – Veremos ao longo desta Apresentação por que Reale tem razão nisto.

todo o seu alcance" (grifo nosso), como é possível, então, que o filonismo seja "uma nova forma de platonismo, *reformado em alguns pontos essenciais*" (grifo do autor)?[53] "Em todo o seu alcance" não convém, de fato, com "reformado em alguns pontos *essenciais*". Por que consignamos tal contradição? Porque tudo indica que tem que ver estreitamente com uma ilusão ou limitação de perspectiva de Reale com relação a Fílon, decorrente por certo de sua confessa simpatia por determinado campo filosófico, o platônico-plotiniano-agostiniano.[54]

Ora, Reale tem, sim, razão em indicar que Fílon

> constitui um acontecimento de alcance excepcional não só no âmbito da história espiritual da grecidade e na do hebraísmo, mas também em geral, enquanto *inaugura a aliança entre fé bíblica e razão filosófica helênica, destinada a ter tão amplo sucesso com a difusão do discurso cristão* [...]. Com [Fílon] começa, em certo sentido, a história da filosofia [melhor se diria *teologia*] cristã [...].[55]

Diz mais o Italiano: "Também no âmbito do desenvolvimento da história da filosofia grega ulterior, que rejeitou o discurso cristão e permaneceu ligada à mentalidade pagã, [Fílon] teve um papel importante".[56] (Refere-se Reale à escola de Alexandria fundada por Amônio, da qual surgiria o neoplatonismo, e a Numênio, que leu e admirou Fílon, e que tanta influência exerceria sobre Plotino.) Pois bem, essas duas afirmações são verdadeiras. Mas expô-las enquanto verdadeiras não é suficiente para explicar por que e como puderam as doutrinas de Fílon influir tão profundamente em coisas tão antagônicas como o são o pensamento cristão e a filosofia neoplatônica.

---

[53] Cf. ibidem, p. 222.

[54] Cf. Giovanni Reale, *História da Filosofia Antiga*, vol. I, *op. cit.*, p. 4. (E di-lo Reale para negar que sua "posição fosse aristotélico-tomista".) Podemos dizer porém que, ao contrário daquilo em que não raro se quer crer, o liame que uniria Platão, Plotino e Santo Agostinho é *teologicamente* tão tênue, que impede se constitua efetiva continuidade entre a doutrina dos três. Mas isto é assunto para outro lugar.

[55] Giovanni Reale, *História da Filosofia Antiga*, vol. IV, *op. cit.*, p. 220. E acrescenta em nota: "Toda a nossa exposição será a prova dessa tese". Como mostraremos, tal exposição precisamente não prova de modo cabal essa tese, que é, sim, verdadeira, mas apenas *em certo sentido*.

[56] Idem.

Reale, naturalmente, não atentou para tal insuficiência porque para ele tal antagonismo não existe (se assim não fosse, ele não poderia dizer-se plotiniano-agostiniano). Mas, como dissemos, essa é uma ilusão ou limitação de perspectiva, porque de fato tal antagonismo é patente.

Bastaria arguir, para prová-lo, não só a luta *a muerte* que historicamente travariam os cristãos e os neoplatônicos, mas a própria "divisão de águas" que se deu desde os primórdios. "Num centro cultural como Alexandria", escreve Bernardino Llorca, S. I.,

> formou-se uma ideologia especial, que não era outra coisa senão uma mescla de judaísmo e de helenismo que veio a ter grande influência. O porta-voz desse sistema foi Fílon [...]. Das ideias de Platão e das dos estoicos, ele formou o conceito de um Deus incapaz de qualquer contato com a matéria. Daí a necessidade de intermediários, o principal dos quais é o Logos ou Verbo. Na doutrina de Fílon já se achava a base do gnosticismo [melhor se diria: "já se achava uma das bases do gnosticismo e a base do neoplatonismo"]. O segundo efeito [da diáspora judia] foi a influência benéfica que um núcleo muito conspícuo de judeus teve no mundo pagão que o rodeava. Com isso foi-se criando em todas as partes um círculo de admiradores e de neófitos da religião judaica, [cuja] importância para o cristianismo foi extraordinária, pois dentre eles os Apóstolos recrutaram a maior parte dos primeiros cristãos.[57]

Mas penetremos o miolo da questão, para mostrar que, se é verdade que as doutrinas de Fílon influíram tanto, por um lado, no pensamento cristão como, por outro, no gnóstico e sobretudo no neoplatônico, não o fizeram senão do seguinte e preciso modo:

• no cristão – em grande parte *negativamente*, ensejando a constituição de toda uma corrente em que se confundem razão e fé e, ademais, Filosofia e Sacra Teologia; conquanto se possam atribuir a Fílon, como veremos, contribuições benéficas com respeito à *creatio ex nihilo* e à transcendência divina;[58]

---

[57] Bernardino Llorca, S. I., *Manual de Historia Eclesiástica*. 5. ed. Barcelona, Editorial Labor S.A., 1960, p. 24.

[58] Afirmação que, porém, há de matizar-se: não só porque, como veremos, tais sementes benéficas têm mescla de maleficios, mas porque, conquanto inegável, também

• sobretudo no neoplatônico – *radicalmente, constitutivamente*; conquanto também seja inegável que o neoplatonismo logo se desembaraçou do que em Fílon se vinculava claramente à revelação do Antigo Testamento.

Antes ainda, porém, de o mostrarmos mediante estudo mais detido da doutrina filoniana, diga-se, para resolver algumas das aporias em que incorrem os estudiosos do Alexandrino: o teólogo sacro, ou seja, aquele cuja ciência depende da luz da Revelação – e Fílon o era –, é precisamente *teólogo* e não filósofo, e só filosofa e se vale de sistemas filosóficos pagãos em ordem à sua ciência sagrada. Assim Fílon, assim Santo Agostinho, assim Santo Tomás de Aquino. Qual a diferença entre eles? Fílon estava sob a luz de uma Revelação parcial e valeu-se sobretudo de filosofias pagãs defeituosas; Santo Agostino estava sob a luz da Revelação cabal, mas valeu-se sobretudo de filosofias pagãs defeituosas; e Santo Tomás estava sob a luz da Revelação cabal e valeu-se sobretudo da filosofia pagã definitiva – o aristotelismo.

Ocupemo-nos agora, então, mais intimamente de Fílon, o que servirá para provar e para ilustrar tudo quanto dissemos até aqui.

O ALEGORISMO FILONIANO

"O MÉTODO DO FILOSOFAR [melhor se diria 'teologar'] filoniano", diz com acerto Reale, "coincide com o alegorismo, o qual consiste, particularmente, em encontrar e explicar o significado oculto sob as figuras, os atos e os acontecimentos narrados no *Pentateuco*."[59]

Relembre-se, antes de prosseguirmos: o texto do Antigo Testamento a que Fílon se remete não é o original hebraico, mas a Septuaginta. Ora, esta versão grega era já uma primeira mediação entre o hebraísmo e o helenismo, o que facilitava muito a tarefa do Alexandrino, que, como diz Reale,

> estava convencido de que [...] também a Bíblia em língua grega, ou seja, a própria tradução, era inspirada por Deus [...]. Deus, diz expressamente

---

é verdade que tal influência filoniana só se deu na esteira da influência certa das próprias Sagradas Escrituras.

[59] Ibidem, p. 225.

[Fílon, em *Mos.*, II, 12-40], "inspirou" os tradutores na escolha das palavras gregas com que transpuseram as originárias, de modo que, propriamente falando, eles não foram tradutores, mas "hierofantes e profetas".[60]

E de fato era extenso o conhecimento e o estudo do Antigo Testamento por Fílon;[61] mas ele concentrou-se muito particularmente no Pentateuco ou "a Lei".[62] Considerava a Moisés não só o maior dos profetas, mas o maior dos "filósofos", razão por que para o Alexandrino ao menos grande parte das doutrinas fundamentais dos filósofos gregos tinham antecedentes justamente no profeta hebreu. Diz Reale que "a qualificação de 'filosofia mosaica' [...] é a que melhor parece caracterizar a especulação filoniana", o que não podemos aceitar integralmente, porque, como vimos, Fílon era antes teólogo, e Moisés não era filósofo nem fundou filosofia alguma. Mas, com efeito, grande parte das obras do Alexandrino constitui-se de comentários ao Pentateuco ou tem-no por referência última, e é aí que Fílon exercita especialmente seu alegorismo.

Ora, o alegorismo ou método de interpretação alegórica, Fílon já o encontrou quer no ambiente pagão, quer no ambiente judaico. Naquele, os gramáticos alexandrinos assim interpretavam Homero e Hesíodo, afora o fato de que os estoicos interpretavam as mitologias como conjuntos de símbolos de verdades "físico-teológicas". Mas, como lembra Reale, a ideia de que a verdade se oculta sob símbolos e o conseguinte método alegorista para desvendá-los devem ter surgido no âmbito dos "mistérios", em especial os do orfismo.[63] Nestes, a iniciação consistia não só no conhecimento dos mitos e na participação em suas representações cerimoniais, mas no desentranhamento e compreensão de seu significado oculto. No entanto, também em outros âmbitos de mistérios se desenvolvera o alegorismo. É o caso do neopitagorismo, como se vê em particular na pseudoepígrafe

---

[60] Ibidem, p. 223. – Como veremos, o próprio Fílon considerava-se um "hierofante" ou "profeta".

[61] Ao longo de suas obras, ele cita trechos de ao menos dezoito livros das Escrituras antigas.

[62] *Torá* (*Torah*) em hebraico, e *Nómos* em grego.

[63] Cf. Giovanni Reale, ibidem, p. 225-27.

chamada *Tábua de Cibeles*, "provavelmente o documento pagão [em que] se encontra o método alegórico aplicado e desenvolvido da maneira que mais se aproxima [do] procedimento filoniano".[64] Mas não menos influência sobre Fílon devem ter exercido as fontes judaicas do alegorismo. E não se trata apenas dos paralelos que se possam encontrar entre o Alexandrino e, por um lado, os fragmentos ditos de Aristóbulo e, por outro, o autor (ao que parece um falsário) da *Carta de Aristeia* e o da *Sabedoria de Salomão*. O próprio Fílon informa-nos da existência de exegeses alegóricas das Escrituras nos círculos judaicos: fala[65] de "homens inspirados" que interpretavam grande parte das coisas contidas na Bíblia como "símbolos exprimíveis de realidades inefáveis". Ademais, o Alexandrino atribui à comunidade palestina dos essênios a meditação das Escrituras por meio de símbolos,[66] e aos terapeutas uma constante interpretação alegórica das palavras sagradas.[67]

Mas quase certamente ninguém "aplicara o método alegórico com tanta amplidão e profundidade quanto [Fílon]".[68] A trama de tal interpretação alegórica da Bíblia é-nos mostrada, resumidamente, por Bréhier. *In extenso*:

> O Gênesis, [em] seu conjunto, até o aparecimento de Moisés, representa a transformação da alma antes moralmente indiferente, que, depois, se abandona ao vício, e que, enfim, quando o vício não é incurável, retorna gradualmente à virtude. Nesta história, cada etapa é representada por um personagem. Adão (a alma neutra) é atraído pela sensação (Eva), por sua vez seduzida pelo prazer (serpente); por consequência, a alma gera em si o orgulho (Caim) com todo o seu séquito de males; o bem (Abel) é excluído, e assim a alma morre para a vida moral. Mas, quando o mal não é incurável, os germes do bem que estão nela podem desenvolver-se mediante a esperança (Enós) e o arrependimento (Henoc), até alcançar a justiça (Noé) e, depois, malgrado as recaídas (o dilúvio, Sodoma), até alcançar a santidade definitiva.[69]

---

[64] Ibidem, p. 226.
[65] Em *Spec.*, I, 8; e III, 178.
[66] Cf. *Prob.*, 75 ss.
[67] Cf. *Contempl.*, passim.
[68] Giovanni Reale, ibidem, p. 227.
[69] *Les Idées Philosophiques et Religieuses de Philon d'Alexandrie*. Paris, 1908, p. 43, apud Giovanni Reale, ibidem.

Com razão diz Reale que o pensamento cristão será devedor de Fílon no tocante ao alegorismo.[70] Como negá-lo se temos diante de nós as obras exegéticas, por exemplo, de um Orígenes, o Cristão (precisamente Alexandria, Egito, c. 185-Cesareia ou Tiro, 253)? O que não diz o pesquisador italiano é que tal método, conquanto tenha tido certa fortuna longeva no ambiente cristão, acabou por ser relegado pelo "literatismo" de Santo Tomás de Aquino. Devemos explicá-lo.

Antes, porém, para que ponhamos a questão em suas justas medidas, leiamos as acertadas palavras de Reale: há ainda por observar

> dois pontos muito importantes para a correta compreensão do alegorismo filoniano. *a)* [Fílon] considera que mesmo a letra da Bíblia [tem] um sentido; de fato, ele rejeita, como norma, a identificação do relato bíblico com o puro mito. O sentido literal se situa, contudo, a seu ver, num plano nitidamente inferior, permanecendo, por assim dizer, extrínseco à mensagem mosaica, enquanto a interpretação alegórica [se] situa num plano decididamente superior, alcançando a própria alma da mensagem. Ambos os significados devem ser considerados divina Revelação. *b)* O próprio [Fílon], como intérprete alegórico, considera-se partícipe da divina inspiração.[71]

Se o ponto *b)* só nos interessa aqui incidentalmente, como possível prova indireta da participação de Fílon em algum mistério hebraico ou helenístico-hebraico, o *a)*, porém, interessa-nos sobremaneira, porque toca o cerne da questão em seu aspecto propriamente teológico.

Com efeito, Fílon, como aliás um Orígenes, era um espírito suficientemente superior – e religioso – para crer que as palavras das Escrituras não tivessem nenhum valor de verdade. Crer em tal nulidade seria negar, propriamente, a veracidade da mesma religião judaica. Acontece, porém, que não só os grandes doutores católicos nunca cederam aos excessos de tal alegorismo, mas Santo Tomás de Aquino vai pôr as coisas em seu devido lugar:

> O autor das Sagradas Escrituras é Deus. Está em seu poder, para significar algo, empregar não somente palavras, o que também o homem pode

---

[70] Cf. idem.
[71] Idem.

fazer, mas também as próprias coisas. Assim, em todas as ciências as palavras são portadoras de significação, mas as Sagradas Escrituras têm como próprio que as mesmas coisas significadas pelas palavras significam algo por sua vez. A primeira significação, segundo a qual as palavras designam certas coisas, corresponde ao primeiro sentido, que é o sentido histórico ou literal. A significação pela qual as coisas significadas pelas palavras designam ainda outras coisas é o chamado sentido espiritual, *que se funda no sentido literal e o supõe.*

[...]

Como, por outro lado, *o sentido literal é aquele que o autor quer significar*, e o autor das Sagradas Escrituras é Deus, que compreende simultaneamente todas as coisas em seu intelecto, não há inconveniente em dizer, como diz Agostinho nas *Confissões* [e em *De Genesi ad Litteram*], que, *de acordo com o sentido literal*, mesmo num único texto das Escrituras se encontram vários sentidos.[72]

Sem deixarmos de reconhecer que o tema é árduo e requer profundo estudo particular, o fato é que o dito pelo Aquinate é concludente, e *de algum modo* sempre estivera suposto na doutrina dos maiores teólogos católicos, o suficiente para que não se deixassem incorrer ao menos nos patentes exageros do alegorismo filoniano-origenista.

As relações entre fé e razão, e entre Teologia e Filosofia, em Fílon de Alexandria

Como indicamos mais acima, efetivamente partiram de um mesmo ponto da doutrina de Fílon – o respeitante às relações entre fé e razão – diversas vertentes filosófico-teológicas: não só a neoplatônica e a árabe, mas também a cristã que seria combatida por alguns no âmbito mesmo do cristianismo: um São Bernardo, por exemplo, e definitivamente Santo Tomás. Por isso absolutamente não basta dizer, como Reale, que com Fílon estamos "diante de uma virada essencial do pensamento ocidental"[73]

---

[72] *Suma Teológica*, I, q. 1, a. 10, c. (os grifos são nossos.) – Cf. também I *Sent.*, Prol., a. 5; IV, d. 21, q. 1, a. 2; *De Pot.*, q. 4, a. 1; *Quodlib.* III, q. 14, 2.1; VII, q. 6 *per tot.*; *Ad Gal.*, c. 4, lect. 7.

[73] Giovanni Reale, ibidem, p. 229.

no tocante às relações entre fé e razão, virada que comportava desdobramentos impensáveis para a anterior filosofia grega. Apenas constatá-lo não nos faz sair dos limites do historicismo. É preciso julgar tal virada do ângulo de alguma doutrina, e em verdade assim a julga o pesquisador italiano, conquanto nem sempre claramente: julga-a assentindo a ela.

Naturalmente tem razão Reale ao dizer que os gregos anteriores a Fílon não podiam ter nenhuma experiência de revelação divina como a tida pelo povo judeu, e que o que, como visto no *Fédon* (85 c-d), podia ser para Platão uma aspiração era para Fílon realidade.[74] Sucede porém que Reale, no momento de dar suas razões para assentir à doutrina filoniana sobre as relações entre fé e razão, não as dá senão incorrendo na mesma confusão em que incorre Fílon: a confusão ou identificação ao menos implícita entre as relações entre fé e razão na Teologia e as relações entre Teologia e Filosofia, além da já indicada harmonia fundada na *confusão* entre as duas ou, ao menos, numa *identidade do sujeito* das duas.

Mas não entenderemos mais perfeitamente a doutrina filoniana se não lhe perscrutarmos de maneira mais detida as diversas partes.

O NÚCLEO DA DOUTRINA DE FÍLON

RESPONDE ASSIM FÍLON, em *De Specialibus Legibus*,[75] aos que negavam a existência das Ideias incorpóreas:

> Uns afirmam que as *Ideias incorpóreas* são um nome vazio, privado de verdadeira realidade, eliminando dos seres a sua essência mais necessária, ou seja, o modelo arquetípico de todas as qualidades essenciais, segundo o qual todas as coisas recebem forma [no sentido de *figura*] e medida. As sagradas tábuas da lei os denunciam como "mutilados". De fato, como quem foi mutilado perdeu a qualidade e a forma e não é senão, para dizê-lo

---

[74] Cf. ibidem, p. 231. E tinha razão o Ateniense em julgar negativamente a "inspiração divina" tal como lhe era dado vê-la: aquele tipo de "inspiração" que punha o indivíduo "fora de si", "fora da razão". Para ele, e corretamente dada todas as suas circunstâncias, o saber propriamente filosófico (ou *dialética*) não podia não ser o saber superior e, de fato, o único propriamente chamado tal.

[75] I, 327-329, apud Giovanni Reale, ibidem, p. 83-93.

propriamente, matéria informe [o que é falso, dizemos nós], assim a doutrina que suprime as Ideias desorganiza todas as coisas e as conduz à realidade anterior à distinção dos elementos, ou seja, [à] realidade privada de forma e de qualidade. E o que poderia ser mais absurdo? Segundo a doutrina das Ideias, de fato, Deus gerou todas as coisas, sem contudo ter contato direto – não era lícito, com efeito, que o Ser feliz e bem-aventurado tocasse a matéria ilimitada e confusa –, mas valeu-se das Potências incorpóreas, cujo verdadeiro nome é Ideias, para que todo gênero de coisas assumisse a forma que lhe convinha. Ao invés, a doutrina que suprime as Ideias introduz muita desordem e confusão; de fato, eliminando as Ideias das quais derivam as qualidades, elimina também a qualidade.

O trecho que acabamos de ler gira em torno das seguintes teses, fundamentais na doutrina de Fílon:

a) sem Ideias arquetípicas, exemplares, não seria possível que as coisas do mundo tivessem forma e medida, ou seja, qualidades, e reinaria nele o caos – como pouco mais ou menos diria Platão; e note-se que para Fílon, como para Platão, é como se a matéria não fosse criatura de Deus;

b) tais Ideias distinguem-se de Deus: são Potências, mas são inferiores a ele, que as usa como a instrumentos para a criação das coisas do mundo – o que é contrário à doutrina platônica, para a qual pelo menos a Ideia do Bem-Uno está acima de Deus ou Demiurgo, que forma [não cria] as coisas do mundo ele mesmo, tomando as Ideias como a modelos e valendo-se da matéria informe para matéria-prima.

Nesta breve passagem, portanto, está cifrado todo o pensamento filoniano sobre Deus, sobre o Logos, sobre as Potências e sobre a criação, com todos os seus acertos e com todos os seus erros. Estudemo-lo mais de perto, por partes.

I. Deus segundo Fílon

Antes e apesar de tudo, é neste ponto que a doutrina do Alexandrino nos parece mais sólida (parece-nos natural, ademais, que assim seja num teólogo sob a luz da Revelação, ainda que incompleta). Com efeito, com respeito a isto distingue Fílon dois problemas: *primeiro*, o da demonstração da existência de Deus; *segundo*, o do entendimento de sua essência ou natureza.

1) Quanto ao primeiro, di-lo solúvel mediante determinadas provas que considero de fundo sobretudo socrático,[76] sem deixar porém de ser platônico.[77] Eis duas delas, ao que parece das mais importantes:

>As obras são sempre, de algum modo, indícios dos artífices. Quem, de fato, à vista de estátuas ou de quadros não pensou no escultor ou no pintor? Quem, à vista de roupas, naves, casas, não pensou no tecelão, no armador, no arquiteto? E quando alguém entra numa cidade bem ordenada, na qual os negócios civis são muito bem organizados, que poderá pensar senão que esta cidade é governada por boas autoridades? Assim, o que chega à cidade verdadeiramente grande, que é o cosmo, vendo os montes e as planícies repletos de animais e de plantas, as torrentes dos rios e dos riachos, a extensão dos mares, o clima bem temperado, a regularidade do ciclo das estações, e depois o sol e a lua [,] dos quais dependem o dia e a noite, as revoluções e os movimentos dos outros planetas e das estrelas fixas de todo o céu, não deverá [formar] como verossimilhança e, antes, com necessidade a noção do Criador, Pai e também Senhor? De fato, nenhuma das obras de arte se produz a si mesma, e o cosmo implica suma arte e sumo conhecimento, de modo que deve ter sido produzido por um artífice dotado de conhecimento e de perfeição absolutos. Desse modo formamos a noção da existência de Deus.[78]

>É impossível que exista em ti um intelecto disposto de modo a ter a função de cabeça, à qual obedece toda a comunidade dos órgãos do corpo e à qual se submete cada um dos sentidos e que, ao invés, o cosmo, que é a obra mais bela, maior e mais perfeita e do qual todas as outras coisas constituem simples partes, seja sem soberano que o tenha unido e o governe com justiça. E, se o soberano é invisível, não deves admirar-te. Nem mesmo o intelecto que existe em ti é visível. O que reflete sobre essas coisas tentando explicá-las sem partir de longe, mas de perto, de si mesmo e das coisas que lhe estão ao redor, chegará de modo claro à conclusão de que o cosmo não é o primeiro Deus, [senão] que é obra do primeiro Deus e pai de todas as coisas, o qual, mesmo sem ter ele mesmo forma [no sentido, uma vez mais, de *figura*], torna visíveis todas as coisas, pequenas ou grandes, e torna manifestas as naturezas. Não considerou digno deixar-se compreender pelos olhos do corpo [*sic*], talvez porque não seria coisa santa que um mortal tivesse

---

[76] Cf. Xenofonte, *Memoráveis*, I, cap. 4, *passim*, e IV, 3, 1-14; e Platão, *Filebo*, 28d ss.
[77] Do Platão das *Leis*, X, *passim*.
[78] *Spec.*, I, 32-35, apud Giovanni Reale, ibidem, p. 239.

contato imediato com o eterno, talvez também por fraqueza de nossa vista [*sic*]. De fato, ela não teria podido acolher a luz que provém do Ser, pois não é nem mesmo capaz de olhar diretamente os raios do sol.[79]

Dê-se por descontado o mais grosseiro destas duas provas, a saber, este final da segunda. Com efeito, não se trata de dignidade, nem de santidade, nem de coisas que tais. Sim, porque embora o argumento do "não ser nem sequer capaz de olhar diretamente o sol" tenha ascendência ilustre, não vale senão analogicamente quando se trata de Deus: porque, de fato, a impossibilidade de os olhos carnais verem a Deus (e a qualquer substância separada de matéria, ou seja, os anjos e as almas humanas separadas do corpo) não é acidental, mas essencial e absoluta. Não só isto, porém: é igualmente essencial e absoluta a impossibilidade de qualquer intelecto criado ver a essência divina sem a luz da glória.[80] Descontado este erro grosseiro, diga-se que as duas provas aqui apresentadas, de fundo, como dito, socrático-platônico, não são destituídas de interesse. Fundam-se de fato em argumentos *quia* ou *a posteriori*, ou, como dizia Fílon, "de baixo para cima",[81] como requeria já São Paulo, e como fazem as cinco vias de Santo Tomás,[82] contrariamente à tendência neste assunto de um Santo Anselmo (a qual, digamos, é ultrarrealista à partida, mas idealista ao termo).[83] Não obstante, o certo é que não são concludentes: porque, efetivamente, o que estas duas provas filonianas fazem é mostrar que o mundo não pode passar sem um Demiurgo formador e governante; mas não preparam, como as cinco vias de Santo Tomás, para a prova de que este mundo não pode ter sido criado senão *ex nihilo*, de nada. Decorrerá isso da incerteza de Fílon quanto à eternidade da matéria informe? Muito provavelmente.

---

[79] *Abr.*, 74-76, apud Giovanni Reale, ibidem, p. 239-40.

[80] Cf. Santo Tomás de Aquino, *Suma Teológica*, I, q. 12 toda, mas especialmente artigos 1-5 e 11-12.

[81] Cf. *Praem.*, 23, apud Giovanni Reale, ibidem, p. 240.

[82] Em *Suma Teológica*, I, q. 2, a. 3.

[83] Cf. Santo Anselmo de Canterbury, *Proslogium*, cap. II-III, e Santo Tomás de Aquino, *Suma Teológica*, I, q. 2, a. 1.

2) O segundo problema é de fato espinhoso: se podemos conhecer a essência ou natureza de Deus. O ponto de partida de Fílon é correto: não, não podemos; a essência de Deus é incompreensível para o homem.[84] Também o dirão todos os grandes doutores católicos, e mais claramente que nenhum Santo Tomás. A transcendência de Deus, diz ainda o Alexandrino, é absoluta: transcende não só à natureza humana, mas também à do céu e à de todo o universo. "Não há nada que seja semelhante a Deus", insistia: Deus está acima da Ideia do Uno e da do Bem, está acima da vida, está acima da ciência, está acima da virtude.[85] É a fonte de toda a realidade, e não está em lugar algum, mas ao mesmo tempo a tudo preenche e a tudo contém.[86]

Mas só seu ponto de partida é correto. Sim, porque daí a doutrina filoniana deriva para dois equívocos graves.

a) o afirmar que a transcendência ontológica de Deus implica uma transcendência gnosiológica absoluta, o que o torna não só completamente inefável, mas ainda inexprimível e indesignável por nomes;

b) o negar que Deus tenha atributos, na linguagem filoniana, "qualitativos" (ou seja, ele é "sem qualidade").

Com isso lançava uma semente poderosa de que brotaria a chamada "teologia negativa ou apofática", que teria fortuna tanto no âmbito da mesma teologia cristã como no da teologia judaica (Maimônides) e no da filosofia pagã tardia (a teologia das *Enéadas* de Plotino).[87] No entanto, o conhecimento de alguns atributos de Deus é possível, ainda que não univocamente, mas tampouco de todo negativamente: e sim analogicamente. Em palavras mais precisas: trata-se antes de tudo, em ordem ao conhecimento dos atributos de Deus e da criação *ex nihilo*,[88] dos seguintes quatro passos analógicos:

---

[84] Cf. *Spec.*, I, 331 ss., e também *Decal.*, 52 ss., apud Giovanni Reale, ibidem, p. 238.
[85] Cf. *Opif.*, 8. Cf. também *Praem.*, 40; *Fug.*, 198; *Contempl.*, 2, apud Giovanni Reale, ibidem, p. 242.
[86] Cf., por exemplo, *Leg.*, I, 44; III, 4; III, 51; *Confus.*, 136 ss.; *Somn.*, I, 61 ss., apud Giovanni Reale, idem.
[87] Fortuna sempre conducente, em especial quanto ao conhecimento de Deus, à *aequivocatio* em lugar da analogia. São frutos disso, por exemplo, o nominalismo, o idealismo, o empirismo.
[88] Conhecimento que permite, ademais, que fundadamente possamos dar nomes a Deus.

- **há** uma causa (afirmação):
- **in**causada (negação);
- **super**causa (sublimação); e
- caus**ante** (relação).[89]

É bem verdade que, aparentemente, Fílon não o negaria, porque, com efeito, contrariando sua mesma doutrina, em vários lugares atribui a Deus diversas "qualidades": di-lo incorpóreo, único, autossuficiente, imóvel, imutável, eterno, onipresente, onisciente, onipotente, criador e providente, como, aliás, decorre das mesmas Escrituras – o Antigo Testamento – à luz das quais "teologa" o Alexandrino. Não obstante, "trairia a concepção filoniana de Deus", diz acertadamente Giovanni Reale, "quem desse a esses atributos, e a outros que se poderiam ainda elencar, uma excessiva importância: a natureza de Deus está *acima* de todos esses atributos".[90] Não se pode escapar à convicção de que Fílon incorre em autocontradição: se em Deus atributos e natureza não se identificam, como o podia dizer maximamente simples?

É ainda verdade que, quanto ao nomear a Deus, Fílon tem um grande acerto: bebendo, aqui, na mesma fonte que a teologia cristã e especialmente Santo Tomás – o livro do Êxodo –, diz que um nome expressa propriamente a Deus: *Ser*, ou *Ente*, ou *O que possui Ser*. Sim, porque em célebre passagem do Êxodo (3,14) Deus mesmo diz a Moisés, segundo também a própria Septuaginta: "Eu sou Aquele que é". Embora sem levar a expressão às últimas consequências metafísicas, o fato é que o Alexandrino a usa sistematicamente, e até, vez por outra, parece tangenciar a conclusão de que a essência de Deus é Ser:

> "Moisés tomou a tenda e a plantou fora do campo" (Ex 33,7): ele a pôs longe do acampamento do corpo, esperando poder ser desse modo apenas um suplicante e um perfeito servo de Deus. Ele disse que essa tenda [se chamava] tenda do Testemunho, e com toda [a] precisão:

---

[89] Cf. Santo Tomás de Aquino, *Suma Teológica*, I, q. 3, a. 5, ad 2; e Pe. M. Teixeira-Leite, ibidem, p. 94-95.
[90] Giovanni Reale, ibidem, p. 243, n. 27.

a tenda d'Aquele que É existe e não só é denominada. Entre as virtudes, de fato, a que é própria de Deus existe verdadeiramente, porque *só Deus subsiste no ser* (...); por essa razão necessária Moisés dirá [no Êxodo]: "Eu sou Aquele que é" (...).[91]

Ficasse por aí, muito bem. Sucede todavia que, como é comum em Fílon, a um acerto se segue também aqui um equívoco: termina ele o parágrafo que acabamos de ver com: "[...] enquanto as coisas que vêm depois d'Ele não são segundo o ser, mas [se considera que subsistem] apenas por opinião."[92]

Nega-se assim entidade aos entes, numa revivescência do pior da filosofia pagã.

II. A criação segundo Fílon

Naturalmente, o Alexandrino "teologa" sobre a criação sob a luz do Gênesis; mas recorre para tal ao auxílio do *Timeu* platônico. E, se os estudiosos se dividem entre os que consideram que Fílon deu mais peso à narração do *Timeu* que à da Bíblia e os que consideram que o teólogo judeu foi muito além da obra de Platão, cremos que estaremos no certo se nos situarmos entre tais extremos. Vejam-se de perto os sucessivos passos da doutrina filoniana da criação:

• entre os atributos ou propriedades de Deus – que, todavia, como vimos, Fílon contraditoriamente reputava incognoscíveis –, a principal é o *agir*;[93]

• este agir é propriamente a atividade demiúrgica, que se dá segundo o já visto: Deus criou o mundo mediante Potências instrumentais.

Demos outra vez a palavra a Fílon:

> Alguns compreenderam que a arte com [que] Deus criou todas as coisas, sem sofrer tensão nem distensão, mas permanecendo sempre a mesma no supremo limite da perfeição, produziu cada um dos seres de modo

---

[91] Ibidem, p. 244 (grifo nosso).
[92] Idem.
[93] Cf. *Cher.*, 77, e *Leg.*, I, 5, apud Giovanni Reale, ibidem, p. 245.

perfeito, tendo o Criador utilizado todos os números e todas as Ideias para alcançar a perfeição.[94]

• Quanto, no entanto, a se para Fílon Deus tudo criou a partir de nada, não é possível ter certeza. Ora parece que sim, ora parece que não. Vejamos algumas passagens do Alexandrino em que parece que sim: "Deus produziu o mundo, a sua obra perfeitíssima, a partir do não ser ao ser".[95] "Deus suscitou a totalidade das coisas do não ser."[96] "Deus, quando gerou todas as coisas, não as tornou simplesmente visíveis, mas produziu o que antes não era, sendo Ele não apenas Demiurgo, mas Criador."[97]

E agora outras passagens suas em que parece que não:

> Se alguém quiser investigar a causa por que esse todo foi criado, parece-me que não errará o alvo ao dizer, como disse também um dos antigos, que o Pai e Criador é bom e que, por isso, não recusou a graça de sua excelente natureza a uma substância que em si mesma não tem nada de belo, conquanto seja capaz de vir a ser tudo; sim, porque, se por si mesma era desordenada, desprovida de qualidade, desprovida de vida, dissimilar, cheia de heterogeneidade, de desarmonia e de desacordo, foi objeto porém de uma conversão e de uma mudança que lhe imprimiram as qualidades contrárias e mais excelentes: ordem, qualidade, vitalidade, semelhança, identidade, harmonia e acordo, tudo quanto é próprio da mais elevada das ideias.[98]

De fato, também os artesãos, os que são valorosos, quaisquer que sejam as matérias das quais se servem, boas ou más, desejam produzir obras dignas de elogio. Alguns, antes, movidos pelo amor ao belo, fizeram com matérias de menor valor obras mais engenhosas [que as] que foram feitas com materiais mais valorosos, tendo-se proposto [a] compensar com a contribuição da sua habilidade técnica a deficiência da matéria. Diante de Deus

---

[94] *Her.*, 156-157, apud Giovanni Reale, ibidem, p. 246.
[95] *Mos.*, II, 267, apud Giovanni Reale, ibidem, p. 247.
[96] *Leg.*, III, 10, apud idem.
[97] *Somn.*, I, 76, apud idem. – Segundo Giovanni Reale (ibidem, p. 247), ademais, de algumas passagens do *De Providentia* (I, 6-22; II, 48-50) talvez se possa concluir o mesmo.
[98] *Opif.*, 21 s.

nenhuma coisa material tem valor; por consequência, tornou partícipe da sua própria arte tudo de modo igual. "Deus viu todas as coisas que tinha feito, e eram todas boas" (Gn 1, 31), e tudo o que recebe o mesmo louvor tem o mesmo valor diante de quem louva. Mas Deus [ATENÇÃO] não louvou a matéria que tinha sido objeto da sua elaboração, privada de vida, desordenada e destinada a dissolver-se, e, ademais, por si corruptível, mas louvou as obras produzidas pela sua arte e realizadas mediante uma Potência única, igual e uniforme e mediante uma ciência igual e idêntica.[99]

Aristóteles resolveu parte do problema: nunca houve nem pode haver matéria sem forma. Santo Tomás completou-o cabalmente: tudo, matéria e forma, ou seja, a matéria informada, foi criado *ex nihilo*, de nada. E Fílon? Afinal, cria ou não que a matéria é coeterna a Deus, ou, com Platão, que preexiste à criação do mundo? Repita-se: parece-nos impossível decidi-lo. Terá havido oscilação ou progresso em Fílon quanto a isto? Quase certamente houve oscilação; talvez tenha havido progresso.

Uma última observação neste ponto, esta favorável a Fílon: para ele a criação é gratuita, é um dom. Leiamo-lo:

> Todas as coisas são graça de Deus, e nada é dom da criatura, porque não é sua posse, enquanto tudo é posse de Deus, e por isso também a graça só a Ele pertence. Aos que buscam o princípio da criação poder-se-ia com todo [o] direito responder que [ATENÇÃO] é a bondade e a graça de Deus, com a qual beneficiou o gênero que veio depois d'Ele: de fato, tudo o que existe no cosmo e o próprio cosmo é um dom, um benefício, uma graça de Deus.[100]

> Tudo é graça de Deus: terra, água, ar, fogo, sol, astros, céu, todos os animais e todas as plantas. Deus não faz nenhuma graça a si mesmo, porque não tem necessidade disso, mas dá o mundo ao mundo, dá as partes às próprias partes, e, reciprocamente, umas às outras, e, ademais, ao todo.[101]

Nisto avança Fílon com respeito a Aristóteles, alicerçado que está não só na Revelação mas no mesmo Platão – com efeito, o Demiurgo

---

[99] *Her.*, 157-160, apud Giovanni Reale, ibidem, p. 246.
[100] *Leg*, III, 78, apud Giovanni Reale, ibidem, p. 247-48.
[101] *Deus.*, 107, apud Giovanni Reale, ibidem, p. 248.

do *Timeu* faz o mundo por vontade e por bondade próprias. E com isso, ainda que de modo acidental, contribui inegavelmente para o desenvolvimento inicial da teologia cristã.

III. O Logos e as Potências segundo Fílon

Estamos no terreno ao mesmo tempo mais enigmático e mais perigoso da doutrina de Fílon. Tentemos entendê-lo.

Querendo criar de modo o mais adequado o mundo sensível, o Deus primeiro produz o *mundo inteligível*. Em outros termos, será este mundo inteligível o modelo incorpóreo da realidade corpórea, assim como um arquiteto forma na alma um projeto da casa antes de empreender sua construção. Pois bem, o Logos é justamente a Potência ou atividade de Deus que cria as realidades inteligíveis paradigmáticas. Leiamos, quanto a isto, as seguintes passagens de *De Opficio Mundi*:

> Também com relação a Deus se há de supor algo semelhante: tencionando construir uma megalópole, concebeu antes uma noção de seus tipos, a partir dos quais compôs o mundo inteligível, para produzir por sua vez também o mundo sensível servindo-se daquele como de um modelo. Ora, assim como a cidade previamente constituída no íntimo do arquiteto não tem lugar fora dele, mas estava impressa na alma do artesão, assim também o mundo constituído a partir das ideias não poderia ter outro lugar senão o Logos divino, que as pôs em ordem. Haveria porventura algum outro lugar para suas potências que fosse capaz de receber e conter não digo todas, mas uma só ideia pura, qualquer que seja?
>
> E, se alguém quiser fazer uso de termos mais despojados, poderá dizer que o mundo inteligível não é outra coisa senão o Logos de Deus entregue já à criação do mundo, pois a cidade inteligível não é outra coisa senão o raciocínio do arquiteto entregue já ao plano de construir a cidade.

Pois bem, nessas linhas parece que o Logos divino coincide com a Razão ou atividade pensante de Deus, ou seja, com algo não distinto dele, imanente a ele. Mas, como diz Giovanni Reale, logo Fílon

> distingue [de Deus] o Logos e faz dele quase uma hipóstase, e o denomina até [...] "filho primogênito de Deus", "Deus segundo", "imagem de Deus".

Em algumas passagens, fala dele até [...] como de causa instrumental e eficiente. Noutras passagens, ao invés, fala dele como de Arcanjo, mediador entre Criador e criatura (enquanto não é [...] incriado como Deus, mas tampouco criado como as criaturas mundanas), o Arauto da paz de Deus, o conservador da paz de Deus no mundo.[102]

Como se vê, conquanto por vezes, como quer Reale, o Logos de Fílon soe com alguma semelhança com o Logos que é a segunda pessoa da Santíssima Trindade ("filho primogênito de Deus", "causa eficiente"), não podemos de modo algum concordar com o historiador italiano nisto: como o Logos filoniano seria ao mesmo tempo a semente de onde brotaria a segunda hipóstase plotiniana (o *Noûs*) e teria nexos com o Prólogo joanino, relativo à segunda pessoa da Santíssima Trindade? Ora, o Prólogo de João, inspirado e referente a verdades inalcançáveis pela razão, não pode ter nexos com uma concepção filosófica ou deformadora do dito já no Gênesis. No máximo teríamos semelhança material, de expressão, até porque, como vimos, tais semelhanças se alternam com diferenças radicais entre o Logos filoniano ("causa instrumental", "Arcanjo") e o Logos joanino (que não só é o Verbo de Deus e a segunda pessoa da Santíssima Trindade, mas é *consubstancial* ao Pai).[103]

Ademais, as dificuldades que se apresentam com respeito ao Logos filoniano reaparecem quando se trata das Potências em geral de que fala o Alexandrino (entre as quais, afinal, se conta o mesmo Logos, a Potência da Razão). Se fossem consideradas como algo imanente a Deus, como atributos seus, nada haveria que reparar grandemente; mas o fato é que Fílon se refere a elas como a entes incorpóreos *intermediários* entre Deus e o mundo, como se se tratasse das "próprias junturas do universo físico".[104]

---

[102] Giovanni Reale, ibidem, p. 249.
[103] Além de que a ideia do Logos ou Verbo de Deus como Arcanjo provavelmente influiu na tese – que tanto fortuna teria entre os árabes (mais radicalmente em Averróis, mas também em Avicena) e até em âmbito cristão (os averroístas) – de um único intelecto geral para todos os homens como substância separada (tese vitoriosamente combatida por Santo Tomás de Aquino em *De Unitate Intellectus contra Averroistas*).
[104] Giovanni Reale, ibidem, p. 251.

Fílon fala sobretudo de duas dessas Potências, as supremas: a Potência Criadora, com que ele cria o universo, e a Potência Real, com que governa o criado. Segundo especialistas, corresponderiam tais Potências aos dois nomes bíblicos de Elohim e de Yahweh: o primeiro "exprimiria a potência e a força do bem e, portanto, da criação"; o segundo, "a força legisladora e punitiva".[105] Como quer que seja, o fato é que o Alexandrino é explícito quanto à relação entre o Logos e as duas Potências principais (às quais se subordinam as outras): ora atribui ao Logos, que é já uma Potência, a função de reunir as demais[106] (além de reunir em si, como se verá, o conjunto das Ideias); ora o considera sua fonte.

Como se conjugaria tudo isso, e sobretudo se se considera que tais Potências são entes distintos de Deus, é o que, parece, não se pode saber satisfatoriamente. Ao fim e ao cabo, aliás, a doutrina plotiniana das hipóstases não faz mais que dar certa coerência aparente – tão só aparente – a tais obscuridades. E cabe aqui, sobretudo, insistir num ponto: Fílon não teria chegado à tese do Logos e das demais Potências se não estivesse convencido de que Deus é incapaz de qualquer contato com a matéria; tal contato lhe tiraria dignidade ou nobreza, o tornaria propriamente ignóbil. Tem-no resolvido clara e cabalmente Santo Tomás de Aquino, mas, apesar da opinião em contrário de um Aubenque,[107] já o solucionara o mesmo Aristóteles: o incorpóreo que move o corpóreo toca-o com sua virtude sem, todavia, ser tocado; e assim, *como agente*, Deus move sem ser movido – e sem perder dignidade ou nobreza alguma com isso.[108]

IV. Ainda as Ideias segundo Fílon

JÁ DISSEMOS QUE Fílon assimilou de modo próprio a tese platônica das Ideias. Insistamos no assunto, e aprofundemo-lo, e veremos que este modo próprio convém perfeitamente com a doutrina do Alexandrino, a qual,

---

[105] Idem.
[106] Cf. *Cher.*, 27.
[107] Cf. *El Problema del Ser en Aristóteles*, Madri, Taurus, 1984, p. 342-54 e 371, apud, Carlos Augusto Casanova, ibidem, p. 126, n. 279.
[108] Cf. *Física*, VIII, 5, 258a 18-22; e Carlos Augusto Casanova, ibidem, p. 125-33.

como vamos vendo, é *antes de tudo* e *propriamente* uma predecessora quase imediata do plotinismo.

Aparentemente estamos na antessala da maneira como Santo Agostinho[109] salva a tese platônica das Ideias. Mostra-o o Angélico:

> Porque a razão própria de uma [coisa] se distingue da razão própria de outra, e porque a distinção é princípio de pluralidade, é necessário considerar no intelecto divino certa distinção e a pluralidade das razões entendidas, na medida em que o que está no intelecto divino é a razão própria das diversas [coisas]. Donde, como isto se dá na medida em que Deus intelige a própria relação de assimilação que cada criatura tem com ele, resulta que as razões das coisas não são muitas nem distintas no intelecto divino senão enquanto Deus conhece que as coisas podem assimilar-se a ele de muitos e diversos modos. É neste sentido que Agostinho afirma que "Deus faz o homem segundo uma razão, e o cavalo segundo outra, e assim estão as razões das coisas em pluralidade na mente divina" [*loc. cit.*]. Com isso se salva também a opinião de Platão a respeito das Ideias, segundo as quais se formaria tudo quanto existe nas coisas materiais.[110]

Acompanhemos agora a Fílon. O "Ser que verdadeiramente é", o "Ser absoluto" (são expressões do próprio Alexandrino), é Deus e somente Deus, diversamente do que dizia Platão, para o qual pelo menos a Ideia do Uno-Bem seria superior ao Demiurgo. Se assim é, segundo Fílon, também as Ideias são criadas; seguem sendo paradigmas, mas não absolutos, porque derivadas do Criador, e foram criadas por ele para que produzissem um mundo físico perfeitamente organizado. Diz até o nosso teólogo que por um aspecto as Ideias, como formas concretas de coisas concretas, são imanentes ao sensível. Pois bem, se se parasse por aqui, efetivamente a opinião filoniana acerca das Ideias apontaria para a doutrina cristã. Sucede, porém, que não se para por aqui. Vejamo-lo.

Antes de tudo, para Fílon o lugar das Ideias não é propriamente a mente de Deus, mas o Logos, que como vimos pode ser ou talvez seja

---

[109] Em *Lib. Octoginta Trium Quaest.*, q. 46.
[110] Santo Tomás de Aquino, *Suma contra os Gentios*, I, c. 54, n. 7-9.

diverso de Deus. E, se é verdade, por um lado, que as Ideias se relacionam com as Potências e diferem destas de vários modos,[111] sobretudo por terem função mais limitada e por serem antes modelos ou causas exemplares, por outro lado, porém, "é preciso observar que, na medida em que o Logos [em que] elas se encontram serve também de causa instrumental e eficiente na criação do mundo, como já dissemos, então, também [por] este aspecto particular, enquanto produzem as coisas, podem ser consideradas e ditas Potências ou atividades produtoras".[112] É preciso todavia ir além do que vai o historiador italiano: se as Potências, como vimos, e afinal o próprio Logos não são Deus, e se as Ideias residem no Logos e podem dizer-se de algum modo, elas mesmas, Potências,[113] então Fílon, ao fim e ao cabo, não só não se livrou totalmente do erro platônico, mas aponta sobretudo para a doutrina das hipóstases a que chegou Plotino – o qual, lembremo-lo, provinha justamente do ambiente alexandrino.

Conclusão breve

Ainda teríamos por estudar muitas outras partes da doutrina de Fílon de Alexandria, todas mais ou menos dotadas de interesse (a angelologia, a antropologia, a ética, etc.), e todas padecentes da mesma alternância entre acertos e erros. Mas é hora de terminar, para dar lugar à leitura das obras mesmas do Alexandrino. Ademais, parece-nos que o dito nesta Apresentação é já suficiente para provar o anunciado em seu início: que a doutrina de Fílon em conjunto, como cruzamento de caminhos que é, não pode compreender-se mais perfeitamente se se desconhece o marco religioso e teológico em que se inscreve. Foi o que buscamos dar a conhecer.

* * *

---

[111] Cf. Giovanni Reale, ibidem, p. 254 (e n. 60).
[112] Ibidem, p. 255.
[113] Afinal, como visto, Fílon mesmo escreveu que, para criar, Deus "valeu-se das Potências incorpóreas, cujo verdadeiro nome é Ideias".

Questões sobre o Gênesis foi traduzido por Guilherme Ferreira Araújo do inglês, mais precisamente da edição de Charles D. Yonge (trad.), *The Works of Philo, Complete and Unabriged*, Hendrickson, Peabody, 1993.[114] A tradução inglesa, por sua vez, fez-se de antiga tradução armênia desta obra filoniana, cujos originais gregos se perderam em grande parte. Sempre que num parágrafo numerado da obra aparecer, antes do mesmo número, um asterisco, isso quererá dizer que o original grego deste mesmo parágrafo nos chegou integral ou parcialmente.

---

[114] Tendo sempre diante dos olhos, porém, para cotejo, a edição de Harvard, Ralph Marcus (trad.), *Questions and Answers on Genesis*. London, Loeb Classical Library, 1953. – O texto inglês encontra-se também na Internet: www.earlychristianwritings.com/yonge/index.html, e é de domínio público.

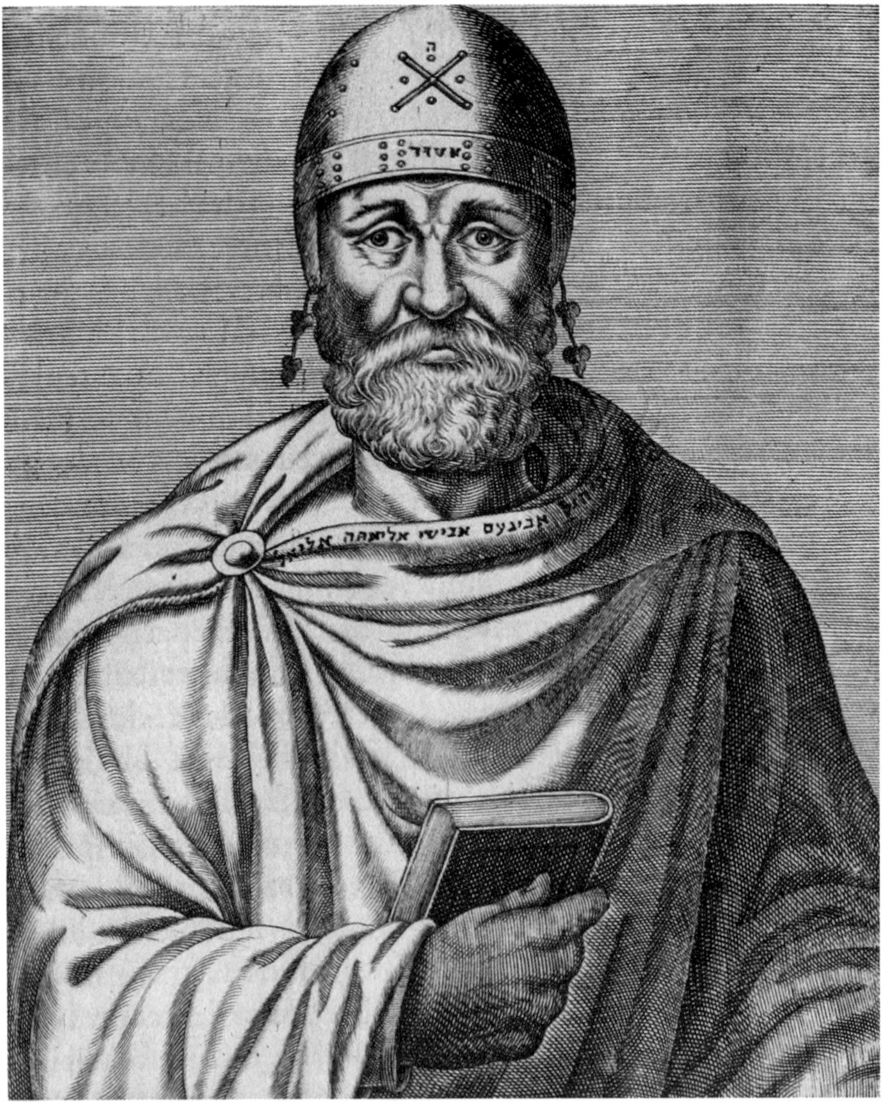
אביגעס אבישי אליאהה

QUESTÕES SOBRE O GÊNESIS

LIVRO I

1. (Gn 2, 4) Por que, quando ele (Moisés) pondera e reflete sobre a criação do mundo, diz "este é o livro da origem do Céu e da Terra, quando estes vieram a ser"?

A expressão "quando estes vieram a ser" indica, ao que parece, um espaço de tempo indeterminado e incircunscrito. Esse indício refuta os que julgam tratar-se de certo número de anos reduzidos a um, quando o cosmos deveria vir a ser. E a expressão "este é o livro da origem" pretende indicar justamente um livro que contém a criação do mundo e a comunicação da verdade a respeito da criação do mundo.

2. (Gn 2, 5) Qual é o sentido das palavras "e que criou todas as plantas do campo, antes que nascessem na terra; e todas as ervas do campo, antes que brotassem"?

Com essas palavras alude às ideias imateriais. Pois a expressão "antes que nascessem" aponta para a perfeição da grama e de tudo o que é verde, as plantas e as árvores. E, como as Escrituras dizem que antes de elas crescerem na terra Ele criou as plantas, a grama e outras coisas, é evidente que Ele criou ideias incorpóreas e inteligíveis em conformidade com a natureza inteligível que essas coisas sensíveis e perceptíveis na terra deveriam imitar.

3. (Gn 2, 6) Qual o sentido das palavras "mas da terra saía uma fonte, que lhe regava toda a superfície"?

Como é possível regar toda a terra a partir de uma fonte? E isso não apenas se se considera seu tamanho, mas também se se considera a desigualdade de montanhas e planícies. A menos que, na verdade, assim como toda a cavalaria do rei é chamada "o cavalo", assim também "fonte" signifique todos os veios da terra que produzem água potável, que sai deles como a água de uma fonte. Mas as Escrituras também dizem propriamente que nem "toda (a terra)" era regada, mas apenas "sua superfície". Assim como em um ser vivo a cabeça é a parte que comanda, assim também a parte boa, fértil e principal da terra é a que pode tornar-se portadora de frutos, e isso depende da ajuda dada pelas fontes.

4. (Gn 2, 7) Quem é o homem "formado"? E como difere do que é feito "à imagem e semelhança [de Deus]"?

O homem formado é o homem sensível-perceptível e um retrato do tipo inteligível. Mas o homem feito de acordo com a forma é inteligível e incorpóreo e retrato do arquétipo na medida em que é visível. E é uma cópia do sinete original. E isso é o Logos de Deus, o primeiro princípio, a ideia arquetípica, o pré-mensurador de todas as coisas. Por essa razão, o homem que foi formado como por um oleiro foi formado a partir do pó e da terra, com respeito ao corpo. E adquiriu espírito quando Deus lhe soprou vida na face. E a mistura de sua natureza era uma mistura do corruptível com o incorruptível. Pois o que é de acordo com a forma é incorruptível, vindo de uma natureza invisível, a partir do que é simples e puro.

5. (Gn 2, 7) Por que se diz que Ele lhe soprou vida no rosto?

Antes de tudo, porque o rosto é a principal parte do corpo. Pois o restante [do corpo] foi feito como suporte, enquanto o rosto, como um busto, está colocado firmemente sobre ele. E a percepção sensível é a principal parte da espécie animal, e está no rosto. Em segundo lugar, o homem é aceito como parte não apenas da ordem animal, mas também da ordem dos animais racionais, e a cabeça é o templo do intelecto, como disse alguém.

6. (Gn 2, 8) Por que se diz que Deus "tinha plantado desde o princípio um paraíso", e para quem? E o que é o paraíso?

Com relação ao Paraíso, no que diz respeito ao sentido literal, não há necessidade de dar interpretação explícita. Pois é lugar denso, repleto de todos os tipos de árvores. Simbolicamente, no entanto, é a sabedoria ou ciência do divino e do humano e de suas causas. Pois ele estava preparado para, depois da criação do mundo, estabelecer a vida contemplativa, a fim de que, através de uma visão do mundo e das coisas presentes nele, a glorificação do Pai pudesse alcançar-se. Pois não é possível que a natureza veja, nem é possível sem sabedoria louvar ao criador de todas as coisas. E Suas ideias, o Criador plantou-as como árvores na coisa mais soberana, a alma racional. Mas, quanto à árvore da vida no meio (do jardim), é o conhecimento não apenas das coisas sobre a terra, mas também da mais velha, da mais elevada causa de todas as coisas. Pois, se qualquer é capaz de obter clara impressão disso, será afortunado, abençoado e verdadeiramente imortal. Mas em seguida foi criada a sabedoria do mundo, já que depois da criação deste o Paraíso foi criado da maneira mesma como os poetas dizem que foi formado o coro das Musas, a fim de louvar o Criador e Seu trabalho. Pois, exatamente como disse Platão,[1] o Criador é a maior e a suprema causa, enquanto o mundo é a mais bela das coisas criadas.

7. (Gn 2, 8) Por que se diz que Ele plantou o Paraíso no Éden na direção do oriente?
Em primeiro lugar, porque o movimento do mundo vai do oriente para o ocidente; e aquilo de onde começa o movimento é primeiro. Em segundo lugar, diz-se que o que está na região do oriente é o lado direito do mundo, enquanto o que está na região do ocidente é o lado esquerdo. E assim testemunha o poeta,[2] chamando aos pássaros da região do oriente "destros" e aos que estão na região do ocidente "canhotos". Se vão para o lado direito, fazem-no para o dia e para o sol; mas, se vão para o esquerdo, para o anoitecer e para a escuridão. O nome Éden, todavia, quando traduzido, é certamente um símbolo das delicadezas, da alegria e da jovialidade; porque todas as coisas boas e todos os benefícios têm origem neste lugar sagrado. Em terceiro lugar, porque o Paraíso é sabedoria, esplendor e luz.

8. (Gn 2, 8) Por que pôs no Paraíso o homem formado, mas não o homem que foi feito à Sua imagem?

---

[1] *Timeu* 92 c. (Todas as notas são do tradutor.)
[2] Homero, *Ilíada*, XII, 239; *Odisseia*, XX, 242.

Alguns, crendo ser o Paraíso um jardim, afirmaram que, já que o homem formado é sensível-perceptível, ele, portanto, vai justamente para um lugar sensível. Mas o homem feito à Sua imagem é inteligível e invisível, e está na classe das espécies incorpóreas. Eu diria, porém, que o Paraíso deveria pensar-se como símbolo da sabedoria. Pois o homem formado do barro da terra é uma mistura e constitui-se de corpo e alma, e necessita de educação, instrução, e é desejoso, de acordo com as leis da filosofia, de ser feliz. Mas o que foi feito à imagem d'Ele não precisa de nada, senão que se informa, se ensina e se instrui a si mesmo por natureza.

9. *(Gn 2, 9) Por que as Escrituras afirmam que no Paraíso todas as árvores eram belas para a vista e boas para comer?*
Porque nas árvores há duas virtudes, o serem frondosas e o serem frutuosas, a primeira das quais existe para a satisfação da visão, enquanto a outra para o prazer do paladar. Mas a palavra "bela" não é usada ineptamente, pois era natural que as plantas estivessem sempre florescendo e sempre verdes – dado que pertenciam ao Paraíso divino –, sem correr o perigo de estar desfolhadas. Ora, as Escrituras não disseram que o fruto também era "belo", e sim "apetitoso", e isto é dito filosoficamente, pois os homens usam a comida não apenas pelo prazer, mas também pela utilidade, e a utilidade é a efusão e a essência do bem.

10. *(Gn 2, 9) O que é a "árvore da vida" e por que está no centro do Paraíso?*
Alguns acreditam que, assim como as plantas são corpóreas e estão sujeitas à morte, assim também algumas têm vida e imortalidade. Razão por que eles dizem que vida e morte são mutuamente opostas. Além disso, algumas plantas são destrutivas, de modo que é necessário resguardar-se de seus efeitos.[3] Mas não sabem que esta condição é saudável. Pois a geração, como dizem os argumentos dos filósofos, é o início da corrupção. E isso [o que está dito acima] não poderia ser de tal modo, que fosse dito alegoricamente? Pois alguns dizem que a árvore da vida é a terra, porque faz todas as coisas crescer para a vida tanto do homem como de todas as outras

---

[3] Este trecho, na versão armênia, é obscuro.

coisas. Razão por que Ele aquinhoou tal planta com um lugar central; e o centro de tudo é a terra. Além disso, alguns dizem que a árvore da vida é um nome para os sete círculos que estão no céu. E outros dizem que é o sol, porque ele está, em certo sentido, no meio dos planetas e é a causa das estações, através das quais todas as coisas se produzem. E alguns disseram que a árvore da vida é o governo da alma. Pois a alma inerva e fortifica a percepção sensível dirigindo suas energias para o que é lhe apropriado, com a participação das partes do corpo. E o centro, em um sentido, é o chefe e a cabeça, assim como o é o líder de um coro. Mas homens estimáveis e excelentes dizem que a árvore da vida é a melhor das virtudes do homem, isto é, a piedade, por meio da qual notavelmente o intelecto se torna imortal.

11. (Gn 2, 9) O que é "a arvore da ciência do bem e do mal"?

Esta expressão bastante clara, que em seu sentido literal é difícil de compreender, se nos apresenta como uma alegoria. Pois, como ele sugere, é a prudência, e esta é ciência da sabedoria, por meio da qual as coisas boas e belas são distinguidas das más e ruins, e todas as coisas que são contrárias entre si, uma das quais é de ordem superior enquanto a outra é de ordem inferior. Ora, a sabedoria que está neste mundo não é Deus, mas é verdadeiramente obra de Deus; ela vê a natureza e examina-a cuidadosamente. Mas a sabedoria que está no homem vê com olhos obtusos, confundindo uma coisa com outra, pois é débil para ver e entender pura, simples e claramente cada coisa por si mesma. Razão por que um tipo de engano se imiscui na sabedoria do homem, assim como para os olhos algumas sombras são muitas vezes impedimento para notar repentinamente a luz pura e sem mistura. Pois o olho é para o corpo o que o intelecto e a sabedoria são para a alma.

12. (Gn 2, 10) O que é o rio que sai do Éden e por meio do qual o Paraíso é regado? E os quatro rios separados, o Físon, o Giom, o Tigre e o Eufrates?

Pois se diz que as nascentes do Tigre e do Eufrates surgem nas montanhas armênias. E naquele lugar não há nenhum Paraíso, nem estão lá as outras duas nascentes do rio. A menos que porventura o Paraíso esteja em algum lugar separado, longe de nosso mundo habitado, e tenha um rio que flua sob a terra, abastecendo muitos grandes veios, de modo que, subindo, mandem água para outros veios recipientes, e então se espalhem. E, enquanto estes são forçados pelo ímpeto da água, a força que está neles continua até a superfície, tanto nas montanhas armênias como alhures. E essas são as supostas nascentes ou, antes, os escoadouros do rio, porque, de acordo com as Escrituras, a origem é um rio e não uma nascente, sendo as Escrituras divinas, nas quais se mencionam os quatro rios, completamente verdadeiras. A não ser que nesta passagem os tópicos sejam alegóricos, e os quatro rios sejam um símbolo das quatro virtudes: a prudência, chamada Físon com respeito à frugalidade; a temperança, chamada Giom porque se ocupa da comida e da bebida, que produzem os vários prazeres relativos ao estômago e às partes que ficam abaixo do estômago, e isso é mundano; a coragem, chamada Tigre porque detém a inclinação para a ira que está em nós; a justiça, chamada Eufrates porque não é senão na justiça que os pensamentos do homem se regozijam e têm contentamento.

13. (Gn 2, 14) Por que a Escritura omite a localização apenas do Eufrates, enquanto diz que o Físon torneia todo o país de Evilath, que o Giom torneia todo o país da Etiópia e que o Tigre corre para as bandas da Assíria?

O Tigre é o mais selvagem e o mais destrutivo dos rios, como afirmam os babilônios e os magos, que estabeleceram que sua natureza é um pouco diferente da natureza da água. Entretanto, é provável que as Escrituras tenham ainda outro motivo para guardar silêncio. Pois o Eufrates é muito manso, muito revigorante e muito nutritivo, razão por que os homens sábios entre os hebreus e os assírios o chamam "crescente" e "florescente". Por essa razão, é conhecido não por qualquer outra coisa, como os outros três rios, mas por si mesmo. Parece-me que a questão é simbólica e figurativa. Ora, a prudência é uma faculdade do elemento racional, no qual se encontra o mal, a coragem, faculdade do elemento irascível, e a temperança, faculdade do elemento concupiscível; mas a ira e a concupiscência são bestiais. Desse modo, as Escrituras referem-se aos três rios pelas regiões através das quais fluem, mas o Eufrates, que é símbolo da justiça, não é referido semelhantemente, uma vez que não somente parte dela está estabelecida na alma, mas ela é adquirida toda de uma vez e torna-se companhia e harmonia das três partes da alma e do mesmo número de virtudes.

14. (Gn 2, 15) Por que Deus põe o homem no Paraíso para duas coisas (trabalhar e guardá-lo) ainda que o Paraíso não tivesse necessidade de trabalho, pois era completo em todas as coisas, como foi planejado por Deus, e não tinha necessidade de guardião – pois quem estava lá para ser prejudicado?

Essas são as duas coisas que um agricultor deveria ter em mente e realizar, cultivo do campo e guarda das coisas que estão nele, pois que pode ser destruído ou pela inatividade ou pela invasão. E, conquanto o Paraíso não tivesse necessidade de nenhuma dessas coisas, era todavia necessário que aquele a quem se tinham incumbido sua supervisão e sua guarda, isto é, o primeiro homem, fosse, como o era, lei para os agricultores em todas as coisas que são convenientes para trabalhar. Ademais, era oportuno que, por estar cheio de todas as coisas, Ele deixasse para o cultivador a superintendência e as tarefas de cuidar do Paraíso, como aguá-lo, guardá-lo, cultivá-lo, cavá-lo, abrir valas e irrigá-lo. E, embora não houvesse outro homem, era necessário guardá-lo ao menos dos animais selvagens e especialmente do ar e da água, pois quando ocorre uma estiagem devemos irrigá-lo abundantemente, mas quando ocorrem tempestades devemos interromper a inundação construindo outro canal.

15. (Gn 2, 16) Por que diz Deus – quando ordena que Adão coma de todas as árvores que estão no Paraíso – "Come" no singular, mas – quando proíbe que se coma da árvore que dá o conhecimento do bem e do mal – diz, no plural: "Não comais, pois, no dia em que o fizerdes, morrereis"?

Primeiramente, porque, apesar de estender-se a muitas coisas, o bem é um [uno], e não menos por esta razão, a saber, que Ele, que deu o benefício, é um [uno], como o é também o que o recebeu. Desse "um" falo não em referência ao número que precede o número "dois", mas em referência à potência unitária, conforme à qual muitas coisas são harmonizadas e concordam e por sua concórdia imitam o um [uno], como um rebanho, uma manada, uma boiada, um coro, um exército, uma nação, uma tribo, uma família, uma cidade. Pois todos estes, estendendo-se a muitos, são uma comunidade única e se abraçam amorosamente; mas, quando não estão mesclados e não possuem nada em comum, caem na dualidade e numa turba e dividem-se. Pois a dualidade é o início da divisão. Mas dois que usam a mesma filosofia como se fossem um possuem uma virtude clara e natural que é livre do mal. Quando todavia o bem e o mal estão misturados, têm por princípio seu a mescla da morte.

16. (Gn 2, 17) Qual o sentido das palavras "morrerás de morte"?

A morte dos homens honrados é o começo de outra vida. Pois a vida tem duas partes: uma está no corpo corruptível; a outra está fora do corpo e é incorruptível. Isso é assim para que o homem mau morra pela morte mesmo quando respira, antes de ser enterrado, como se não tivesse preservado para si nenhuma faísca da verdadeira vida, e isto é a excelência de caráter. O homem decente e honrado, porém, não morre com a morte, mas depois de viver longamente parte para a eternidade, ou seja, é conduzido à vida eterna.

17. (Gn 2, 18) Por que as Escrituras dizem: "Não é bom que o homem esteja só; façamos-lhe um adjutório semelhante a ele"?

Estas palavras se referem à parceria, e esta não com todas as pessoas, mas com as que desejam ajudar e produzir benefício mútuo mesmo quando não tenham condições de fazê-lo. Pois o amor é um reforço do caráter, não mais por proveito que pela união e pela concórdia, de modo que a todos os que se juntam na parceria do amor pode aplicar-se o dito de Pitágoras: "O amado é de fato outro eu."

18. (Gn 2, 19) Por que, após dizer "façamos-lhe um adjutório", Deus cria animais selvagens e gado?

Pessoas intemperantes e gulosas diriam que as aves e os animais selvagens, sendo alimento necessário, são uma ajuda para o homem. Pois alimentar-se de carne coopera com o estômago para a obtenção de saúde e de força corporal. Eu acredito que agora, porque o mal se encontra nele, o homem tem por inimigos e adversários as aves e os animais terrestres. Mas para o primeiro homem, que estava inteiramente adornado de virtude, eram antes como forças militares aliadas, e um amigo íntimo torna-se naturalmente dócil. E para o homem solitário tornaram-se familiares, como era adequado aos servos de um senhor.

19. (Gn 2, 19) Por que agora alimárias e pássaros são criados novamente, embora sua criação se tenha anunciado anteriormente na história da criação em seis dias?

Talvez as coisas criadas em seis dias fossem incorpóreas e fossem espécies simbólicas de alimárias e de pássaros. Mas agora foi produzida em ato a respectiva imagem sua, imagem perceptível de coisa invisível.

20. (Gn 2, 19) Por que Deus traz todos os animais ao homem, de modo que este possa dar-lhes nome?

As Escrituras aclararam a grande perplexidade dos que amam a sabedoria ao mostrar que os nomes existem para ser dados, e não por natureza, uma vez que cada nome é conveniente e naturalmente apropriado por causa da hábil estimativa de um homem sábio que é preeminente em conhecimento. E nomear é algo muito apropriado ao intelecto do homem sábio solitário, ou antes, à primeira das criaturas terrestres. Pois era conveniente que o senhor da humanidade e rei de todas as criaturas terrestres obtivesse também esta grande honra. Pois, assim como ele foi o primeiro a ver criaturas vivas, assim também foi o primeiro digno de ser o senhor de tudo e primeiro introdutor e autor do ato de dar nomes. Sim, porque teria sido vão e absurdo deixá-las sem nome ou aceitar nomes de algum outro homem mais jovem, para desgraça e degradação da honra e glória do homem mais velho. Nós também devemos supor, todavia, que nomear era tão exato, que assim que ele dava o nome e que o ouvia o animal, este era afetado como pelo fenômeno de um nome familiar e afim sendo dito.

*21. (Gn 2, 19) Por que as Escrituras dizem: "Ele trouxe-os a Adão, para ver como os havia de chamar", embora Deus não tenha dúvida?

De fato, é contrário à potência divina ter dúvida. E é evidente que Ele não estava em dúvida, uma vez que deu o intelecto ao homem, especialmente ao primeiro nobre homem nascido na terra, conforme o que ele se tornou sábio e podia naturalmente raciocinar como um líder e soberano e saber como mover-se e como fazer-se conhecido.[4] E viu a admirável origem de seu espírito. Ademais, tal também tipifica tudo o que é voluntário em nós, confundindo deste modo os que considerem que todas as coisas existem por necessidade. Ou talvez porque a humanidade estivesse destinada a usá-los é que Ele concedeu ao homem [a tarefa] de nomeá-los.

22. *(Gn 2, 19) Qual o sentido das palavras "porque todo nome que Adão pôs a toda alma vivente, esse é o seu nome"?*

É necessário acreditar que ele deu nomes não apenas a animais, mas também a plantas e a todas as outras coisas sem vida, a começar pelo gênero mais elevado: e o animal é a coisa mais elevada. As Escrituras contentam-se com a melhor parte, sem ilustrar completamente para os homens estúpidos a nomeação de todas as coisas. Motivo por que a nomeação das coisas inanimadas, que não podiam mudar de lugar ou servir-se das afecções da alma, foi fácil. Foi mais difícil no caso dos animais, por causa dos movimentos do corpo e das várias manifestações dos impulsos da alma através dos sentidos e das paixões de que se originam as atividades. O fato, porém, é que o intelecto foi capaz de dar nomes aos gêneros animais mais difíceis e mais laboriosos. Donde se segue que ele nomeou as outras coisas como a coisas fáceis de nomear e que estavam ao alcance da mão.

23. *(Gn 2, 20) Qual o sentido das palavras "mas não se achava para Adão adjutório semelhante a ele"?*

Cooperaram com o fundador da humanidade e ajudaram-no todas as coisas, como a terra, os rios, o mar, o ar, e luz e o céu. Também cooperaram todas as espécies de frutas e de plantas e os rebanhos. E os animais selvagens não eram ferozes com ele. Todavia, nenhuns desses eram, em

---

[4] Também este trecho, na versão armênia, é obscuro, talvez em decorrência de um erro de tradução.

todo caso, um ajudante como ele mesmo, uma vez que não eram humanos. Portanto, as Escrituras mostram um homem como socorredor e cooperador de outro homem, e mostram assim sua completa semelhança em corpo e alma.

24. (Gn 2, 21) Qual o sentido das palavras "infundiu, pois, o Senhor Deus um profundo sono a Adão"?

Os filósofos estão perdidos e inconstantes quanto a explicar de que modo acontece o sono. Mas o profeta claramente resolveu este problema. Pois o sono em si mesmo é [propriamente] um transe, mas não o que acontece em decorrência da loucura [*manías*], e sim o que se segue do relaxamento [*hýphesin*] dos sentidos e do retraimento da razão. Pois em tal caso os sentidos se afastam das coisas sensíveis e perceptíveis, e o intelecto se afasta dos sentidos, não ativando os nervos e deixando de movimentar até as partes que têm como principal função a produção de atividade. Fica assim separado das coisas sensíveis e perceptíveis.

25. (Gn 2, 21-22) O que é a costela que Ele tirou do homem terrestre? E por que Ele formou da costela uma mulher?

O sentido literal é claro. Pois por claro uso simbólico de "parte" ela é chamada metade do todo, já que ambos, homem e mulher, sendo partes da Natureza, se tornam iguais numa harmonia de gênero que se chama homem. Mas em sentido figurativo o homem é um símbolo do intelecto, e sua costela é uma única faculdade da percepção. E a percepção de uma razão muito instável é simbolizada pela mulher. Alguns falam da costela como perícia e força, donde chamarem homem vigoroso a um atleta lutador de costelas fortes. Conforme a isso, o legislador afirma que a mulher foi feita da costela do homem, sugerindo que a mulher é metade do corpo do homem. Disso nós também temos evidência na constituição do corpo, em suas partes comuns, em seus movimentos, em suas faculdades, em seu vigor mental e em sua excelência. Pois todas as coisas se veem como se estivessem em dupla proporção. Porque a moldura do macho é mais perfeita, e o dobro, que a da fêmea, precisa apenas de metade do tempo, a saber, quarenta dias; ao passo que a mulher – imperfeita –, a qual é, por assim dizer, uma meia seção do homem, precisa de duas vezes mais dias, isto é, oitenta. De modo que há mudança na duplicação do tempo da constituição do homem (ou crescimento natural) conforme a peculiaridade da mulher. Pois quando a constituição do corpo e da alma de algo é de dupla proporção, como no caso do homem, então a formação e a moldura deste algo é de meia proporção. Mas quando a constituição do corpo e a construção de algo são de meia proporção, como no caso da mulher, então a formação e a moldura deste algo são de dupla proporção.

26. (Gn 2, 22) Por que as Escrituras chamam "construção" à semelhança da mulher?
A união harmoniosa do homem e da mulher e sua consumação são figurativamente uma casa. E todo o que não tem mulher é imperfeito e sem lar. Pois ao homem se confiam os negócios públicos do estado; enquanto da mulher são próprios os negócios do lar. A falta dela é a ruína, mas sua presença e sua proximidade constituem a administração das coisas do lar.

27. (Gn 2, 21) Por que a mulher também não foi formada, como outros animais e o homem, da terra, em vez de da costela do homem?
Em primeiro lugar: porque a mulher não é igual ao homem em honradez. Em segundo lugar: porque ela não lhe é igual em idade, mas é mais jovem. Donde se deverem criticar, por infringir as leis da natureza, os que esposam mulheres já passadas da mocidade. Em terceiro lugar: Ele deseja que o homem tome conta da mulher como de uma parte sua muito necessária; mas a mulher, em contrapartida, deveria servi-lo no conjunto. Em quarto lugar: Ele aconselha o homem figurativamente a cuidar da mulher como de uma filha, e a mulher a honrá-lo como a um pai. E isso é adequado; pois a mulher sai da morada de sua família para a de seu marido. Ora, é conveniente e adequado que alguém que recebe algo deva, em contrapartida, mostrar boa vontade aos que lho deram, e a mulher que se mudou deveria prestar ao que a tomou a honra que votava aos que a geraram. Pois ao homem se confia uma mulher como penhor de seus pais, mas a mulher desposa um marido pela lei.

28. (Gn 2, 23) Por que o homem formado, vendo a mulher, ademais diz: "Eis aqui e agora o osso de meus ossos, e a carne de minha carne. Esta se chamará 'virago', porque de 'varão' foi tomada"?

Ele deve ter dito descuidadamente, estando assombrado diante de tal aparição: "É realmente possível que essa admirável e amável visão tenha vindo de ossos e de carne amorfos e de coisas sem qualidade – esta criatura tão encantadora e a mais bem-formada?! É incrível que possa haver algo semelhante. Não obstante, é crível, pois Deus foi seu criador e pintor." Deve ter dito confiadamente: "Esta é verdadeiramente uma criatura de meu osso e de minha carne, pois foi separada e completada de várias de minhas partes." Ademais, ele menciona ossos e carne com muita naturalidade, pois a tenda humana é feita de ossos, carne, artérias, veias, nervos, ligamentos, além dos recipientes da respiração e do sangue. E a mulher é chamada potência de dar à luz com fecundidade, e é-o verdadeiramente; seja porque após receber o sêmen ela concebe e dá à luz ou, como diz o profeta, porque veio do homem, não por meio do espírito nem por meio do sêmen, como os que vêm depois dele, mas por um tipo de natureza mediadora, assim como um broto é tirado de uma vinha para crescimento de outra vinha.

29. (Gn 2, 24) Por que a Escritura diz "por isso deixará o homem a seu pai e a sua mãe, e se unirá a sua mulher: e serão dois numa carne"?

As Escrituras ordenam que o homem aja com respeito à sua mulher, na parceria, com o mais extremo empenho, de modo que ela suporte abandonar até os próprios pais. Não como se isto fosse adequado, mas como se eles não fossem as causas da afeição pela esposa. E muito esplêndido e muito cuidadoso foi não dizer que a mulher deveria deixar os pais para juntar-se ao marido – porque a coragem do homem é mais evidente que a natureza da mulher –, e sim que, para o próprio bem da mulher, o homem tem de fazê-lo. E isso porque com um ímpeto muito vivo e muito imediato ele é levado à harmonia do conhecimento. Estando em transe e antevendo o futuro, ele controla e aplaca seus desejos, adaptando-se apenas à sua esposa como a uma rédea; e especialmente porque ele, tendo a autoridade de um mestre, é suspeito de agir com arrogância.

Mas a mulher, tomando o posto de serva, é conduzida a ser obediente à vida dele. Quando, porém, as Escrituras afirmam que os dois são uma só carne, indicam algo muito tangível e muito perceptível: que eles podem sentir as mesmas coisas e regozijar-se e afligir-se por elas, e, muito mais, podem pensar as mesmas coisas.

30. (Gn 2, 25) Por que se diz que o homem e a mulher terrestres estavam nus, mas não se envergonhavam?

Em primeiro lugar: porque estavam associados ao mundo, e suas partes estavam expostas, mostrando suas próprias qualidades e usando suas próprias e naturais coberturas. Em segundo lugar: por causa da simplicidade de sua moral, e porque eles por natureza não eram arrogantes; pois a presunção ainda não havia aparecido. Em terceiro lugar: porque o agradável clima do lugar era também uma cobertura relativamente suficiente para eles, dado que não havia para eles muito frio nem muito calor. Em quarto lugar: por causa de sua afinidade com o mundo, eles não sofriam nenhum dano em suas partes; com efeito, o mundo estava intimamente associado a eles.

*31. (Gn 3, 1) Por que as Escrituras representam a serpente como mais astuta que todos os animais?

É oportuno dizer a verdade: a serpente é verdadeiramente mais astuta que todos os animais. Parece-me, todavia, que isso se disse por causa da inclinação da serpente para a paixão, de que ela é um símbolo. E por "paixão" quer-se dizer o prazer sensual [*hēdonê*], porque os amantes do prazer são muito inteligentes e são experimentados em artes [*en tékhnais*] e expedientes; são engenhosos na descoberta de dispositivos [*mēkhanás*], tanto os que produzem prazer como os que levam a alguma sorte de divertimento. Não obstante, já que a criatura que excedia em astúcia estava preparada para tornar-se a enganadora do homem, o argumento aplica-se a uma criatura muito astuta, e não a todo o gênero: apenas a esta serpente particular, pela razão mencionada.

*32. (Gn 3, 1) A serpente falou à maneira dos homens?

Em primeiro lugar: é plausível que nem sequer no começo da criação do mundo os outros animais fossem sem nenhuma porção de fala; mas o homem sobrepujava-os na voz [ou modo de falar], sendo mais claro e mais distinto. Em segundo lugar: quando se prepara algum feito miraculoso, Deus muda o interior da natureza. Em terceiro lugar: porque nossas almas estão repletas de pecados e são surdas a todas as expressões vocais além de uma ou outra língua a que estão acostumadas; mas a alma das primeiras criaturas, sendo livre do mal e pura, era particularmente aguda para ter como familiares todos os sons. E, dado que elas não eram providas apenas de sentidos imperfeitos, como pertencer a uma estrutura corporal miserável, mas eram providas de um corpo da grandeza de um gigante, também era necessário que tivessem sentidos mais acurados [*akribestéras aisthéseis*], e, mais ainda, visão e audição filosóficas. Pois não ineptamente se conjectura que fossem providas de olhos com que podiam ver os entes, as ações e as naturezas que se davam no céu, e de ouvidos para perceber todo e qualquer tipo de som.

33. (Gn 3, 1) Por que a serpente fala com a mulher e não com o homem?

A fim de que eles se tornem potencialmente mortais, ela engana mediante o embuste e a astúcia. E a mulher está mais acostumada a ser enganada que o homem. Pois o raciocínio deste, como seu corpo, é robusto e é capaz de dissolver ou de destruir os esquemas da fraude; mas o raciocínio da mulher é mais delicado, e por causa da fraqueza ela cede facilmente e é enganada por falsidades plausíveis que se parecem com a verdade. Assim, uma vez que na idade madura a serpente perde a pele desde a parte superior da cabeça até a ponta da cauda, e a deixa cair, ela vitupera o homem, que trocou a morte pela imortalidade. Segundo sua natureza bestial, ela renova-se e ajusta-se a períodos diferentes. Pois bem, vendo isso, a mulher foi enganada, apesar de que devia ter olhado, como a um exemplo, para os artifícios e as trapaças que aquela praticava, e devia ter obtido, assim, vida eterna e imperecível.

34. (Gn 3, 1) Por que a serpente mente, dizendo: "Por que vos mandou Deus que não comêsseis de toda árvore do paraíso?" Pois, ao contrário, Ele disse: "De toda árvore que está no Paraíso podereis comer, com exceção de uma."

É costume dos que guerreiam mentir engenhosamente a fim de não ser descobertos. Isto é o que acontece agora. Pois foi dito que de toda árvore, menos uma, se podia usar. Mas a que planeja artifícios malignos, adulterando-o, diz: "Foi ordenado que não comêsseis de nenhuma." Como algo escorregadio e como um impedimento para o intelecto, ela ressaltou palavras ambíguas. Pois a expressão "não comer de toda" significa claramente "nem sequer de uma", o que é falso. Por outro lado, também significa "não de cada uma", pelo que se deve entender "não de algumas", o que é verdadeiro. Desse modo, disse uma falsidade de modo muito claro.

35. (Gn 3, 3) Por que, quando se deu a ordem de que não comessem de uma árvore particular, a mulher – aproximando-se cautelosamente até – disse mais: "Ele disse: não comereis daquela árvore e não vos aproximareis dela"?

Em primeiro lugar: porque o paladar e todos os sentidos se fundam genericamente no contato. Em segundo lugar: pela punição severa dos que o empreenderam. Pois, se o mero aproximar-se era proibido, os que, além de ter tocado a árvore, também comeram dela e se deleitaram com isso não teriam acrescentado um grave erro a um menos grave, tornando-se condenadores e castigadores de si mesmos?

36. (Gn 3, 5) Qual o sentido das palavras "sereis como deuses, conhecendo o bem e o mal"?

De onde a serpente aprendeu o substantivo plural "deuses"? Pois o verdadeiro Deus é único, e ela o nomeia agora pela primeira vez. Não poderia ter sido por uma virtude presciente que tivesse visto que haveria no meio da humanidade a crença numa multidão de deuses, os quais, como a narrativa provou primeiramente, surgiram não por meio de algo racional, nem das melhores criaturas irracionais, mas por meio do mais nocivo e vil dos animais, os répteis. Pois estes espreitam no chão, e suas tocas ficam nas covas e nos buracos na terra. E é verdadeiramente apropriado a um ente racional o considerar Deus como o único ente verdadeiramente existente, a um animal o criar muitos deuses, e a uma criatura irracional o criar um deus que em verdade não existe. Além disso, ela mostra astúcia de outra maneira; pois não somente há na Deidade conhecimento do bem e do mal, mas também aceitação e busca do bem, e rejeição e aversão do mal. Mas tais coisas ela não as revelou, pois eram úteis; ela tão somente fez referência ao conhecimento dos dois contrários, o bem e o mal. Em segundo lugar, "como deuses", no plural, foi dito não sem motivo, mas a fim de pôr à vista o bem e o mal, e a fim de mostrar que tais deuses são de natureza dupla. Portanto, é conveniente que deuses específicos tenham conhecimento dos opostos; mas a causa mais antiga é superior ao bem e ao mal.

37. *(Gn 3, 6) Por que a mulher primeiro toca a árvore e depois come seu fruto, e em seguida o homem também come dela?*
De acordo com o sentido literal, a anterioridade da mulher é enfaticamente mencionada. Pois era conveniente que o homem imperasse sobre a imortalidade e sobre tudo quanto é bom, mas a mulher sobre a morte e sobre tudo quanto é vil. Em sentido alegórico, todavia, a mulher é o símbolo da percepção, e o homem do intelecto. Ora, a percepção entra inevitavelmente em contato com o sensível; e as coisas passam para o intelecto mediante a participação da percepção; pois a percepção é movida pelos objetos, enquanto o intelecto é movido pela percepção.

38. *(Gn 3, 6) Qual o sentido das palavras "e deu-o a seu marido, que também o comeu"?*
O que acaba de dizer-se está explicado porque é quase o mesmo o momento do aparecimento – simultaneamente a percepção sensível é recebida dos objetos, e o intelecto é afetado pela percepção sensível.

39. *(Gn 3, 7) Qual o sentido das palavras "na mesma altura se lhes abriram os olhos"?*
Que eles não foram criados cegos é evidente pelo fato de que todos os outros entes foram criados perfeitos, tanto os animais como as plantas – e o homem não deveria ser dotado de partes superiores, como os olhos? Ademais, pouco tempo antes ele dera nome mortal a todos os animais, donde ser claro que primeiramente ele os vira. Ou é possível que as Escrituras indiquem simbolicamente por "olhos" a visão da alma, mediante a qual se percebe tudo o que é bom ou mau, coisas nobres e coisas vergonhosas, e todos os opostos. Mas, se o olho é um intelecto separado, que

se chama conselheiro do entendimento, há também um olho irracional distinto, que se chama opinião.

40. (Gn 3, 7) Qual o sentido das palavras "e tendo conhecido que estavam nus"?
Foi disto, isto é, de sua nudez, que eles primeiramente tiveram conhecimento por ter comido do fruto proibido. E isso era a opinião e o princípio do mal, pois eles não usavam nenhuma veste, porque eram imortais e incorruptíveis as partes do universo; mas agora passaram a necessitar do que é feito manualmente e é corruptível. E tal conhecimento estava na nudez; não que estivesse nela mesma a causa da mudança, senão que imediatamente fora concebida pelo intelecto uma estranheza com respeito a todo o mundo.

*41. (Gn 3, 7) Por que eles coseram as folhas da figueira e fizeram tangas para si?
Em primeiro lugar: porque o fruto da figueira é mais doce e aprazível ao paladar. Portanto, isso indica simbolicamente que coseram e teceram juntos muitos prazeres sensuais – razão por que as folhas foram cingidas em volta da genitália, que é instrumento para coisas mais elevadas. Em segundo lugar: porque o fruto da figueira é, como disse, mais doce que os de outras árvores, e suas folhas são mais ásperas. Portanto, as Escrituras querem deixar claro simbolicamente que, embora o movimento do prazer pareça um tanto escorregadio e agradável, em verdade porém se mostra áspero; e é impossível sentir prazer ou gáudio sem primeiro sentir dor e, novamente, sentir uma dor adicional. Pois é sempre algo penoso sentir dor entre dois estados dolorosos, estando um deles no início e sendo o outro acrescentado.

42. (Gn 3, 8) Qual o sentido das palavras "como tivessem ouvido a voz do Senhor, que passeava pelo Paraíso"? Pode haver um som das palavras ou dos pés [de Deus], ou pode Deus caminhar?
Quaisquer deuses sensíveis que estejam no céu – isto é, as estrelas –, todos se movem em círculo e procedem em rotações. Mas a causa mais elevada e mais antiga é estável e imóvel, como afirma a teoria dos antigos. Pois Ele dá um sinal e a impressão de que deseja aparentar movimento;

porque, conquanto não se emita nenhuma voz, os profetas ouvem, por meio de certa potência, uma voz divina anunciar o que lhes é dito. Portanto, assim como Ele é ouvido sem ter falado, assim também Ele dá a impressão caminhar sem que de fato o faça, estando em verdade, como quer que seja, sem mover-se. E vê-se que, antes que houvesse qualquer experiência do mal, os homens eram estáveis, constantes, imóveis, pacíficos e eternos; semelhantemente e do mesmo modo, acreditavam que Deus fosse exatamente o que Ele em verdade é. Mas, depois que se associaram ao engano, eles transformaram-se e deixaram de ser imóveis, e passaram a acreditar que houvesse alteração e mudança n'Ele.

43. (Gn 3, 8) Por que, quando se esconderam da face de Deus, não se menciona a mulher – que comeu primeiro do fruto proibido – em primeiro lugar, mas o homem? Sim, porque as Escrituras dizem: "E Adão e sua mulher [...] esconderam-se."

Foi o elemento mais imperfeito e mais ignóbil, o feminino, que deu início à transgressão e à ilegalidade, ao passo que o masculino deu início à reverência e à modéstia e a tudo o que é bom, uma vez que era melhor e mais perfeito.

44. (Gn 3, 8) Por que eles se esconderam não em algum outro lugar, mas no meio das árvores do Paraíso?

Nem todas as coisas são feitas pelos pecadores com ponderação e sabedoria, senão que há momentos em que os ladrões permanecem parados perto do roubo que cometeram, sem ver a consequência disso e que o que está ao lado deles e a seu pé já está sendo procurado e perseguido. Assim também aconteceu imediatamente. Considerando que eles deveriam ter fugido para longe da árvore em que se deu sua transgressão, no meio de tal lugar foram apanhados, de modo que a prova de sua ilicitude fosse mais clara e evidente e não houvesse fuga. E deste modo as Escrituras indicam simbolicamente que toda e qualquer má pessoa se ampara no mal, e toda e qualquer pessoa sensual recorre à sensualidade e nela encontra abrigo.

45. (Gn 3, 9) Por que Ele, que sabe todas as coisas, pergunta a Adão: "Onde estás?", e por que não o pergunta também à mulher?

O dito parece ser não uma dúvida, mas uma sorte de ameaça e de repreensão: onde estás agora? de que bem te afastaste, ó homem!; abrindo mão da imortalidade e de uma vida abençoada, mudaste-te para a morte e para a infelicidade, nas quais foste enterrado. Mas Ele não considerou apropriado questionar a mulher, conquanto tivesse sido ela o princípio do mal e tivesse levado o homem a uma vida de baixeza. Mas esta passagem também encerra uma alegoria mais profunda: pois o elemento soberano e prevalente no homem, a posse da razão, quando dá ouvidos à parte feminina, introduz também o vício desta, isto é, a percepção.

46. (Gn 3, 12-13) Por que o homem diz: "A mulher que tu me deste por companheira deu-me da árvore, e eu comi", ao passo que a mulher diz: "A serpente enganou-me, e eu comi"?

O que assim é dito [literalmente] encerra um ponto de vista que se deve apreciar, pois a mulher é de uma natureza que a faz antes ser enganada e não refletir muito; mas aqui o homem é o oposto. Não obstante, de acordo com o sentido mais profundo, o objeto da percepção sensível engana e ilude os sentidos particulares do ente imperfeito a que se apresenta; e a percepção sensível, já infectada por seu objeto, passa a infecção ao elemento soberano e prevalente. Então, o intelecto recebe da percepção, a doadora, o que esta sofreu. E a percepção é enganada e iludida pelo objeto sensível; mas nem os sentidos de um homem sábio nem as considerações de seu intelecto são enganados.

47. (Gn 3, 14-17) Por que Ele primeiro amaldiçoa a serpente, em seguida o faz à mulher, e em terceiro lugar ao homem?

A ordem das maldições segue a ordem dos danos. A serpente foi a primeira a enganar. Em segundo lugar, a mulher pecou por causa daquela, sujeitando-se ao engano. Em terceiro lugar, o homem pecou, sujeitando-se antes ao desejo da mulher que às ordens divinas. Todavia, a ordem também serve satisfatoriamente como alegoria; pois a serpente é símbolo do desejo, como se explicou; e a mulher é símbolo da percepção; e o homem, do intelecto. De modo que o desejo se torna a origem maligna dos pecados, e engana os sentidos, enquanto a percepção toma o intelecto por prisioneiro.

48. (Gn 3, 14-15) Por que recai sobre a serpente a seguinte maldição: rastejar com o peito e com o abdome, comer terra e ter inimizade com a mulher?

O texto é claro, porque temos por testemunho o que vemos. Mas, de acordo com o sentido mais profundo, deve interpretar-se alegoricamente como se segue. Uma vez que a serpente é símbolo do desejo, ela toma a forma dos amantes do prazer, pois rasteja com o peito e com o abdome, empanzinada de comida e de bebida, e tem o desejo insaciável de um glutão, assim como é imoderada e desenfreada ao comer carne. E tudo quanto tem que ver com comida é inteiramente terreno; razão por que se diz que ela come terra. E o desejo tem inimizade natural com a percepção, à qual as Escrituras chamam simbolicamente mulher. E, apesar de os desejos parecerem censores da percepção, são em verdade bajuladores que tramam o mal à maneira de inimigos. E é costume dos inimigos causar grande prejuízo mediante o que dão de presente, como a imperfeição da visão com respeito aos olhos, a dificuldade de audição com respeito aos ouvidos, e a insensibilidade com respeito a outros órgãos; e trazem simultaneamente para todo o corpo decomposição e paralisia, tirando-lhe toda a saúde e acarretando-lhe, sem nenhum bom motivo, muitas doenças inoportunas.

49. (Gn 3, 16) Por que a maldição [lançada] sobre a mulher consiste em crescimento da tristeza e da lamentação, em parir os filhos com dor e em voltar-se para o marido e permanecer sob seu domínio?

Esta experiência atinge toda e qualquer mulher que vive junto de um homem. Significa não uma maldição, mas uma necessidade. Simbolicamente, todavia, os sentidos do homem têm trabalhos difíceis e sofrimento, sendo tratados de maneira ruim e castigados com males domésticos. E esta é a prole dos sentidos: a vista, do órgão da visão; o ouvir, do órgão da audição; o olfato, das narinas; o paladar, do órgão da gustação; o contato, do órgão do tato. E, dado que a vida do homem mau e desprezível é pesarosa e pobre, é necessário que tudo o que é afetado pelos sentidos seja mesclado de medo e de sofrimento. Mas, de acordo com o sentido mais profundo, dá-se uma mudança de sentido para o homem, não como para um ajudante, pois não se trata de objeto de valor, mas para um mestre, já que isso premia mais a força que a honradez.

50. (Gn 3, 17) Por que Ele amaldiçoa a serpente e a mulher referindo-se diretamente a elas, mas não faz algo semelhante com respeito ao homem, em vez de fazer recair a maldição sobre a terra, dizendo: "A terra será maldita em tua obra: tu tirarás dela teu sustento com muitas fadigas todos os dias de tua vida. Ela produzir-te-á espinhos e abrolhos: e tu terás por sustento as ervas da terra. Comerás teu pão com o suor de teu rosto"?

Dado que o intelecto é uma inspiração divina, Ele não considera certo amaldiçoá-lo, mas faz a maldição voltar-se contra a terra e seu cultivo. E a terra é da mesma natureza que o corpo do homem, do qual o intelecto é o cultivador. Quando o cultivador é virtuoso e respeitável, o corpo também porta seus frutos, isto é, a saúde, a perspicácia da percepção, a força e a beleza. Mas, quando é cruel, sucede o oposto, pois o corpo se torna amaldiçoado, assim como seu cultivador recebe um intelecto indisciplinado e imprudente. E seu fruto não consiste em nada benéfico, mas apenas em cardos e em espinheiros, em tristeza e em medo e em outras enfermidades, enquanto pensamentos atacam o intelecto e lhe atiram flechas. E as ervas são simbolicamente comida, pois ele se converte de ente racional em criatura irracional, negligenciando os alimentos divinos; estes são os admitidos pela filosofia mediante os princípios e as leis voluntárias.

*51. (Gn 3, 19) Qual o sentido das palavras "até que te tornes terra, de que foste tomado"? Sim, porque o homem foi feito não apenas da terra, mas também do espírito divino.

Em primeiro lugar, é evidente que a criatura terrestre foi composta da terra e do céu. E porque não permaneceu incorrupta [*áphthartos*], mas fez pouco das ordens de Deus, rejeitando a melhor e mais excelente parte, isto é, o Paraíso, entregou-se completamente à terra, o elemento mais pesado e mais denso. Em segundo lugar, se tivesse sido desejosa da virtude, que torna imortal a alma, certamente teria obtido o Paraíso como seu quinhão. Já que era entusiasta do prazer, por meio do qual é levada à morte espiritual, entregou-se novamente à terra; por isso as Escrituras dizem "porque tu és pó, e em pó te hás de tornar". Desse modo, a terra é o princípio e o fim do homem mau e vil, mas o céu é-o do homem virtuoso.

52. (Gn 3, 20) Por que o homem terrestre dá o nome Vida [Eva] à sua esposa e exclama "tu és a mãe de todos os viventes"?

Em primeiro lugar, deu-lhe o nome Vida [Eva] por ser o mais apropriado à primeira mulher criada, já que ela deveria ser a fonte de todas as gerações que se seguiriam. Em segundo lugar, talvez por ela ter tomado a substância de seu ser não da terra mas de um vivente, e por ter tomado forma corporal de mulher a partir de uma parte do homem, a costela; e, com efeito, não só por ela ter vindo a ser, pela primeira vez, a partir de um vivente, mas também pelo fato de as primeiras criaturas racionais nascerem por ela. Todavia, também é possível entendê-lo metaforicamente: pois não é a percepção, que simbolicamente é a mulher, justamente chamada Vida? Sim, porque o vivente se distingue do não vivente pela percepção, mediante a qual nos chegam as impressões e os impulsos, uma vez que a percepção é sua causa. E em verdade a percepção é a mãe de todas as coisas viventes; assim como nada nasce sem uma mãe, assim tampouco há nenhuma criatura vivente destituída de percepção.

53. (Gn 3, 21) Por que Deus faz túnicas de pele para Adão e para sua esposa e os veste?

Alguns podem ridicularizar o texto quando consideram a barateza de tais trajes como indigna do toque de semelhante Criador. Mas um homem que provou da sabedoria e da virtude seguramente considerará este trabalho adequado a Deus para a sábia instrução dos que trabalham em vão e pouco se importam com o suprimento de necessidades, senão que são loucos por uma desprezível glória e se entregam ao deleite e desprezam a sabedoria e a virtude. Amam uma vida de luxo, a habilidade do artífice, e o que é hostil ao bem. E os canalhas não sabem que o contentamento com pouco e que não necessita de nada é como um parente ou um vizinho, mas o luxo é como um inimigo que é expulso e forçado a viver a grande distância. Portanto, as túnicas de pele, se o julgarmos com sinceridade, hão de considerar-se uma posse mais preciosa que cores variegadas e materiais rebuscados. Basta isso, então, quanto ao sentido literal. Mas, de acordo com o sentido mais profundo, a túnica de pele é simbolicamente a pele natural do corpo. Sim, porque, quando fez o primeiro intelecto, Deus chamou-lhe

Adão; então, Ele formou a percepção, a que chamou Vida (Eva); em terceiro lugar, por necessidade fez também seu corpo, e chamou-lhe simbolicamente túnica de pele, pois era oportuno que o intelecto e a percepção fossem postos no corpo como numa túnica de pele, a fim de que o produto de Seu trabalho pudesse mostrar-se antes de tudo merecedor da potência divina. E poderia o vestuário do corpo humano ter sido mais bem feito e de modo mais adequado por alguma outra potência que Deus? Por esse motivo, tendo feito seu vestuário, Ele vestiu-os imediatamente. Pois, no caso das roupas humanas, há alguns que as fazem, e outros que as vestem. Mas esta túnica natural, isto, é o corpo, foi trabalho d'Ele, que a fez e, tendo-a feito, também a faz vestir.

54. (Gn 3, 22) A quem Ele diz "eis aí, está feito Adão como um de nós, conhecendo o bem e o mal"?

"Um de nós" indica pluralidade de entes. Mas não se deve pensar que Ele falou com Suas potências, que Ele usou como instrumentos ao fazer todo o universo. Ora, a palavra "como" é indicativa de um exemplo de semelhança e de comparação, não de dessemelhança. Sim, porque o bem inteligível e o sensível são conhecidos por Deus de um modo e pelo homem de outro. Pois até o ponto em que difere a natureza dos que inquirem e compreendem as coisas que são compreendidas e entendidas corretamente, até esse ponto, portanto, a capacidade do homem pode compreender. E no homem todas essas coisas são aparências, formas e imagens. Mas em Deus são arquétipos, modelos e exemplos muito brilhantes de coisas obscuras. E o Único e Pai, incriado e não gerado, não se associa e não se mistura com ninguém. Ele apresenta à visão a glória de Suas potências.

*55. (Gn 3, 22) Qual o sentido das palavras "agora, pois, para que não suceda que ele lance sua mão e tome também da árvore da vida, e coma, e viva eternamente"? Porque em Deus não há dúvida nem inveja.

É verdade que a Deidade não duvida nem inveja. Todavia, as Escrituras muitas vezes usam termos e nomes ambíguos, em conformidade, como é indicado, com um princípio como que endereçado ao homem. Pois os princípios mais elevados, como eu disse, são dois: um, que Deus não é como o homem; e o outro, que, assim como um homem ensina seu filho, também o Senhor Deus te ensina a ti. Portanto, o primeiro princípio diz respeito à autoridade, enquanto o segundo diz respeito à disciplina e ao primeiro passo na educação, a fim de que alguém possa ser conduzido a ela voluntária e gradualmente. Pois as palavras "agora, pois" não são sinal de dúvida em Deus, mas indicação de que o homem é céptico por natureza, o que é uma manifestação do estado doentio que há nele. Pois, todas as vezes que se aproxima de alguém a forma exterior de alguma coisa, se segue imediatamente um impulso para a forma exterior, do qual esta forma é a causa. E então se aproxima a segunda incerteza de quem está em dúvida e às vezes indeciso no espírito, seja recebida ou não a forma. É este "agora, pois" o que as palavras indicam. A Deidade, todavia, não participa de nenhum mal e não tem inveja da imortalidade nem de nenhuma outra coisa, seja qual for o caso do homem bom. E um sinal seguro disso é que, sem ter sido impelido por ninguém, Ele criou o mundo como um benfeitor, fazendo a substância contenciosa, desordenada, confusa e passiva tornar-se algo gracioso e amorosamente suave, com grande e harmoniosa ordem e adornada de coisas boas. E o Único verdadeiramente existente plantou a árvore da vida mediante Seu lúcido entendimento. Ademais, não usou de nenhum mediador para impeli-Lo ou exortá-Lo a dar aos outros uma fração da incorruptibilidade. Ora, dado que o intelecto do homem era puro e não recebia marca de nenhuma ação má nem de nenhuma palavra má, sentia firme alegria por aquilo que o levava à piedade, isto é, a verdadeira e indiscutida imortalidade. Mas, depois que começou a voltar-se para a maldade e também a lançar-se para baixo, desejando a vida mortal, falhou em obter a imortalidade, pois que é indecente imortalizar o mal, e isso é desvantajoso para aquele a quem acontece tal. Pois, quanto mais vive o homem mau e vicioso, mais desprezível e muito mais nocivo se torna tanto para si quanto para os outros.

56. (Gn 3, 23) Por que agora Ele chama ao Paraíso "delícia", quando expulsa dele o homem para que vá cultivar a terra, de que fora tomado?

A diferença é clara na agricultura. Quando estava cultivando a sabedoria no Paraíso, ele cuidava do cultivo da sabedoria como se se tratasse de árvores, nutrindo-se de seus frutos imortais e benéficos, por meio dos quais se tornou imortal. E, quando foi expulso do lugar da sabedoria, teria de praticar o oposto, isto é, trabalhos de ignorância, através dos quais seu corpo é poluído e seu intelecto enceguecido, e, sofrendo a falta de sua própria comida, ele definha e experimenta uma morte miserável. Razão por que agora, realmente, como uma censura ao homem néscio, Ele chamou ao Paraíso "delícia" como antítese de uma vida terrível e dolorosa. Pois em verdade uma vida de sabedoria é um deleite de vasto júbilo, e a alegria mais adequada à alma racional. Mas uma vida sem sabedoria é dura e terrível. Sim, porque, ainda que alguém seja completamente iludido pelos prazeres sensíveis, tanto antes como depois deles lhe chega o sofrimento.

57. (Gn 3, 24) Por que Ele pôs diante do Paraíso o querubim e a espada de fogo, que era curva, para guardar o caminho da árvore da vida?

Os querubins são símbolos dos dois atributos primários de Deus, isto é, o criativo e o majestoso, um dos quais é chamado Deus, enquanto o outro, o majestoso, é chamado Senhor. E a forma do atributo criativo é uma potência benevolente, amigável e beneficente. Mas a <forma> do atributo majestoso é legislativa e punitiva. Ademais, "espada de fogo" é nome simbólico do céu, pois que o éter é semelhante a uma chama que circunda o mundo. E, como aqueles se incumbiram de guardar o Paraíso, é evidente que são supervisores da sabedoria, como um espelho. Pois em certo sentido a sabedoria do mundo era um espelho das potências de Deus, de acordo com os quais ela tornou-se perfeita e [de acordo com os quais] este universo é governado e dirigido. Mas a estrada para a sabedoria chama-se filosofia, porque a potência criadora é amante da sabedoria, assim como a potência majestosa é amante da sabedoria; e assim como o mundo é amante desta. Mas há alguns que dizem que a espada de fogo é o sol, já que por sua revolução e giro ele revela as estações anuais, como se fosse o guardião da vida e de tudo quanto leva à vida em geral.

58. (Gn 4, 1) Disse-se corretamente de Caim: "Eu obtive um homem por meio de Deus"?

A respeito dessa obtenção, faz-se distinção entre "por alguém" ou "de alguém" e "por algo" ou "de algo", isto é, a partir da matéria. "Por alguém" quer dizer por meio de uma causa, e "por algo" quer dizer por meio de um instrumento. Mas o Pai e Criador do universo não é instrumento: é causa. Portanto, o pensamento correto é o que diz que as coisas vêm a ser não propriamente pela ação de Deus, mas por causa de Deus.

59. (Gn 4, 2) Por que a Escritura descreve primeiro o trabalho do homem mais jovem, Abel, dizendo: "Abel, porém, foi pastor de ovelhas, e Caim, lavrador"?

Ainda que o homem justo fosse mais jovem em tempo que o perverso, era não obstante mais velho com respeito aos afazeres. Razão por que agora, quando seus afazeres são avaliados, ele é posto em primeiro lugar. Porque um deles trabalha e cuida dos viventes, ainda quando sejam irracionais, dedicando-se alegremente ao trabalho pastoral, que é preparatório para o governo e para a realeza. Mas o outro se ocupa das coisas terrenas e inanimadas.

*60. (Gn 4, 3-4) Por que Caim oferece as primícias das oferendas alguns dias depois, enquanto Abel trouxe imediatamente uma oferenda das primícias de seu rebanho e suas gorduras?

As Escrituras fazem distinção entre o que se ama a si mesmo e o que ama a Deus. Sim, porque um deles tomou para si os frutos das primícias e pensou impiamente que Deus fosse digno apenas dos segundos frutos. Pois as palavras "depois de alguns dias", em vez de "imediatamente", e "das oferendas", em vez de "das primícias", indicam grande perversidade. Mas o outro ofereceu as primícias e os animais mais velhos sem nenhum atraso, sob nenhuma condição e sem nenhuma rejeição de seu Pai.

*61. (Gn 4, 4-5) Por que as Escrituras, tendo primeiramente mencionado Caim, agora o mencionam em segundo lugar, ao dizer: "E olhou o Senhor para Abel e para seus dons. Para Caim, porém, e para seus dons não olhou"?

Em primeiro lugar, as Escrituras não querem dizer que o que é primeiro por natureza é por acaso o primeiro a ser percebido, mas tão somente o que chega a tempo e com moral perfeita. Em segundo lugar, como havia duas pessoas, uma boa e outra má, Ele voltou-se para o homem bom, olhando-o com respeito porque Ele é um amante da bondade e da virtude, e, vendo antes que se inclinava para aquele lado na ordem da natureza, desaprova e rejeita o homem mau. Portanto, as Escrituras afirmam, da forma mais excelente, não que Deus tivesse visto as oferendas, senão que tinha olhado – antes dos dons mesmos – primeiramente os que os estavam oferecendo, porque os homens olham para a quantidade de dons e os aprovam, mas Deus olha para a verdade da alma, desviando-se da arrogância e da bajulação.

62. (Gn 4, 4-5) Qual a diferença entre um dom [dôron] e um sacrifício [thysía]?

O que abate uma vítima [em sacrifício], após retalhá-la, derrama o sangue sobre o altar e leva a carne para casa. Mas o que oferece algo como dom oferece-o por inteiro, parece, ao que o recebe. E o que se ama a si mesmo é alguém que causa desavença, como o foi Caim, enquanto o que ama a Deus é um doador, como o foi Abel.

63. (Gn 4, 5) Como Caim soube que seu sacrifício não fora agradável?

Talvez sua dificuldade se tenha resolvido por meio da razão mencionada no que se acrescenta; pois ele se ofendeu e seu semblante se abateu. Ele, portanto, tomou tal tristeza como sinal de que não oferecera algo agradável. Pois a alegria [euphrosýnē] e o contentamento [khará] devem advir àquele que sacrifica algo pura [katharôs] e irrepreensivelmente [amómōs].

64. (Gn 4, 7) Qual o sentido das palavras "não que não ofereceste corretamente, senão que não dividiste corretamente"?

Em primeiro lugar, divisão correta e divisão incorreta não dizem respeito senão à ordem. E é por meio da ordem que se fazem igualmente o mundo e suas partes – razão por que o criador do mundo, quando começou a ordenar a substância refratária, desordenada e passiva, fez uso do corte e da divisão. Sim, porque Ele pôs no meio do universo as coisas pesadas e as que naturalmente se dirigem para baixo, isto é, terra e água; mas ar e fogo os pôs acima, porque ascendem por causa de sua leveza. Mas separou e assinalou a natureza pura, isto é, o céu, e circundou e encerrou o universo por meio dela, de modo que pudesse ser invisível para todos, contendo em si todas as coisas uniformemente. Mas o fato de que animais e plantas venham a ser a partir de semente seca e úmida – o que é isso senão divisão separativa e cortante? Portanto, é necessário imitar essa ordem em todas as coisas do mundo, e especialmente no dar graças pelas coisas por que nos é solicitado corresponder devidamente ao que no-las dá. Em segundo lugar, dar graças a Deus é correto em si mesmo, mas é censurável que Ele não as receba imediatamente ou não receba os primeiros dos novos frutos. Pois não é conveniente oferecer as melhores coisas ao que é criado, isto é, a si mesmo, e as segundas melhores ao Todo-sábio. Esta é uma divisão [*diaíresis*] repreensível e censurável, que mostra certo desarranjo da ordem.

65. (Gn 4, 7) Qual o sentido das palavras "tu pecaste. Cala-te"?

O oráculo [*khrēsmós*] profere algo bastante conveniente. Pois não pecar sob nenhuma condição é o maior bem. Mas o que peca e que se embaraça e se envergonha é aparentado deste homem, e, como se pode dizer, é o mais jovem afastado do mais velho. Pois há alguns que se regozijam com os pecados como se <o cometessem> como boas ações, contraindo, deste modo, uma doença difícil de curar, ou antes, incurável.

66. (Gn 4, 7) Por que Ele parece pôr o homem bom nas mãos do homem mau, dizendo "para ti é a recompensa dele"?

Ele não o põe em suas mãos; o sentido é exatamente o contrário [disso], pois Ele fala não do homem piedoso, mas de um ato já realizado. E diz-lhe: "e a recompensa e o sinal dessa impiedade são para ti. Portanto, não culpe a necessidade, mas teu próprio caráter", de maneira que, adequadamente, Ele representa isso como voluntário. Mas as palavras "tu não deves imperar sobre ele" novamente se referem a um ato. Em primeiro lugar, começaste agindo impiedosamente, e então outra injustiça resulta de grande e ímpia ilicitude. Ele considera, pois, e prova que esse é o princípio de toda e qualquer má ação voluntária.

67. (Gn 4, 8) Por que Caim mata o irmão no campo?

A fim de que, quando <o campo> fosse novamente semeado ou cultivado, infertilidade e esterilidade pudessem cair completamente sobre seus frutos e, trazendo à memória o assassínio, se pudesse revelar sua sujeira. Pois o solo não deveria ser o mesmo após ter sido forçado a beber sangue humano contra a natureza, e assim produzisse comida também para o que o poluíra com o sangue de uma ação impura.

68. (Gn 4, 9) Por que O que sabe tudo pergunta ao fratricida: "Onde está Abel, teu irmão"?

Ele quer que o próprio homem se confesse por sua vontade, a fim de que não finja que todas as coisas acontecem por necessidade. Pois o que matou por necessidade confessaria que agira a contragosto; porque o que não está ao nosso alcance não deve censurar-se. Mas o que peca por seu próprio livre-arbítrio o nega, porque os pecadores são obrigados a arrepender-se. Portanto, Moisés insere em todas as partes de sua legislação que a Deidade não é a causa do mal.

69. (Gn 4, 9) Por que Caim respondeu como se o fizesse a um homem, dizendo: "Não sei. Acaso sou eu o guarda de meu irmão"?

É uma crença ateia o não crer que o olhar divino penetra e vê todas as coisas ao mesmo tempo, não apenas o que é visível, mas também as coisas que estão nos recônditos, nas profundezas e nos abismos. "Por que não sabes onde está teu irmão?", dir-se-á. "E como não saberás isso, sendo o quarto homem no mundo junto com teus pais e teu único irmão?" Mas a resposta: "Acaso sou eu o guarda de meu irmão?" é uma refinada defesa! E de quem mais senão de teu irmão tens sido guarda e protetor? Tu mostraste tanto esmero na violência, na injustiça, na traição e no homicídio, que cometeste grande abominação e um ato amaldiçoado; mas mostraste desprezo pela segurança de teu irmão, como se isso fosse algo supérfluo.

*70. (Gn 4, 10) Qual o sentido das palavras "A voz do sangue de teu irmão clama da terra por mim"?

Isto é maximamente exemplar, pois a Deidade escuta os merecedores ainda que estejam mortos, sabendo que vivem uma vida incorpórea. Mas

Ele desvia Sua face das preces dos homens maus, ainda que estes gozem da plenitude da vida, julgando-os mortos para a verdadeira vida e julgando que carregam consigo seu corpo como a uma tumba em que podem enterrar sua alma infeliz.

71. (Gn 4, 11) Por que Caim se tornou maldito sobre a terra?

A terra é a última das partes do universo. Portanto, se isso o amaldiçoa, é compreensível que maldições apropriadas sejam postas sobre ele também pelos outros elementos, isto é, pelas nascentes, pelos rios, pelo oceano, pelo ar, pelos ventos, pelo fogo, pela luz, pelo sol, pela lua, pelas estrelas e pelo conjunto do céu. Se a natureza inanimada e terrena se opõe às más ações e se revolta contra elas, não o farão ainda mais as naturezas puras? Mas aquele a quem as partes do universo travam guerra – que esperança de salvação terá ainda? Eu não o sei.

*72. (Gn 4, 12) Qual o sentido das palavras "Tu andarás vagabundo e fugitivo sobre a terra"?

Também este é um princípio universal. Pois todo e qualquer malfeitor tem algo que o espera imediatamente e que está por vir. Porque as coisas que estão por vir já trazem medo <consigo>, e causa tristeza o que está imediatamente presente.

*73. (Gn 4, 13) Qual o sentido das palavras "Meu pecado é muito grande para eu poder alcançar perdão"?

De fato não há infortúnio com maior desesperança do que Deus deixar e abandonar alguém. Pois a falta de soberano é terrível e difícil para os homens corrompidos. Mas ser inspecionado por um grande rei e ser expulso e rejeitado pela autoridade superior é infortúnio indescritível.

*74. (Gn 4, 14) Qual o sentido das palavras "Todo o que, pois, me achar, esse matar-me-á", já que não havia ninguém além de seus pais?

Em primeiro lugar, ele estava apto a sofrer o mal das partes do mundo, que foram feitas para uso e participação dos homens bons, e, todavia, exigem punição dos perversos. Em segundo lugar, porque temia os ataques das feras e dos répteis, pois que a natureza os produziu para punição dos homens injustos. Em terceiro lugar, talvez alguém possa pensar em seus pais, para os quais ele pela primeira vez trouxe tristeza e um primeiro infortúnio, dado que não sabiam o que era a morte.

75. (Gn 4, 15) Por que os que assassinarem Caim sofrerão sete punições?

Nossa alma é feita e constituída de oito partes: a parte racional, que não admite nenhuma divisão, e a parte irracional, que naturalmente se divide em sete partes – os cinco sentidos, o órgão da fala e o órgão da reprodução. E estas sete partes são a causa da perversidade, e são levadas a julgamento. E a morte é admissível para o regente superior – isto é, a mente –, no qual está o mal.[5] Portanto, quem quer que mate o intelecto, misturando-o à insensatez em vez de à percepção, causará a dissolução e a desintegração das sete partes irracionais. Pois, assim como o regente superior está disposto para a virtude, assim também estão dispostas as partes que a ele se subordinam.

*76. (Gn 4, 15) Por que se põe um sinal no fratricida, a fim de que não o mate quem quer que o encontre, conquanto fosse conveniente fazer o contrário e pô-lo nas mãos de outros para ser exterminado?

Em primeiro lugar, um tipo de morte é a mudança de natureza do que permanece vivo. Mas aborrecimentos contínuos, não mesclados com a alegria, e medos impetuosos, privados de real esperança, trazem muitas graves mortes e de diversa classe, causadas pela percepção. Em segundo lugar, já desde o princípio as Escrituras desejam descrever a lei da incorruptibilidade da alma e refutar a falsa crença dos que pensam que só esta vida corpórea é afortunada. Mas observe-se que um dos dois irmãos é culpado dos maiores males, isto é, impiedade [*asebeías*] e fratricídio, mas ainda está vivo, gera filhos e funda cidades. Aquele porém que deu sinais de piedade é destruído pela astúcia. A palavra divina proclama claramente não só que não é a vida perceptiva a boa, e que a morte não é um mal, mas também que a vida do corpo nem sequer está relacionada à vida. E há outra vida, imperecível e

---

[5] A construção desta passagem no texto armênio não está clara.

imortal, que as almas incorpóreas recebem como sua sorte. Pois o que foi dito pelo poeta a respeito de Cila: "Ela não é um mal mortal, mas imortal",[6] foi dito mais apropriadamente do que vive malvadamente e se deleita por muitos anos da vida. Em terceiro lugar, ainda que Caim tivesse cometido grande fratricídio, Ele ofereceu-lhe anistia [*amnēstían*], impondo a todos os juízes uma lei benevolente e agradável, relativa ao primeiro crime: não que eles não pudessem destruir os homens maus, senão que, hesitando um pouco e demonstrando paciência, poderiam aderir antes à misericórdia que à crueldade. Mas Ele, que muito sabiamente prescreveu um cânone de bondade e compreensão relativo ao primeiro pecado, não matando o homicida, destruiu-o porém de outro modo. Pois não só não permitiu que este se somasse à família do pai: declarou ainda que estava proscrito não apenas pelos progenitores, mas por toda a raça humana, reputando-o de gênero singular e separado das espécies racionais, um expulso e um fugitivo, e transfigurado na natureza das animais.

77. (Gn 4, 23) Por que Lamec, depois de cinco gerações, se condena em razão do fratricídio de seu ancestral Caim, pois, afirmam as Escrituras, disse ele a Ada e a Sela, suas esposas: "Eu matei um homem com uma ferida que lhe fiz, e um rapaz com uma pancada que lhe dei. De Caim tomar-se-á vingança sete vezes, mas de Lamec setenta vezes sete"?

Nos números, as unidades são mais importantes que as dezenas tanto em ordem como em potência, pois aquelas são os princípios, os elementos e as medidas. E as dezenas são mais jovens e são mensuradas, e inferiores tanto em ordem como em potência. De modo que o sete é mais arquetípico que o setenta e superior a ele; mas o setenta é mais jovem que o sete e tem o estatuto do que é gerado. Estando determinadas essas coisas, o primeiro homem que pecou – como alguém que não sabia exatamente o que isso de fato significava – foi punido de maneira mais simples, de acordo com o primeiro e ambíguo número, quer dizer, o um. Mas o segundo homem – como alguém que tinha como exemplo o primeiro homem e não tinha nenhuma justificativa – foi culpado de pecado voluntário. E, por

---

[6] *Odisseia*, XII. 118.

não ter recebido augusta sabedoria mediante a primeira e mais simples punição, sofrerá também esta punição e, ademais, receberá a segunda punição, que está nas dezenas. Pois, assim como no hipódromo é o treinador de cavalos o que recebe tanto o primeiro como o segundo prêmio, assim também alguns homens maus, precipitando-se para uma vitória injusta, ganham uma desgraçada vitória, e são punidos com dupla penalidade: primeiramente pela que está nas unidades, e em seguida pela que está nas dezenas. Razão por que também Caim, que foi o primeiro a cometer homicídio, pagou a penalidade mais simples – o sete das unidades –, porque não conhecia a magnitude do feito impuro: é que ele nunca deparara com a morte. Mas seu imitador, não podendo buscar amparo na mesma defesa de ignorância, mereceu sofrer punição dobrada, a primeira semelhante à de Caim, e outra: o sete das dezenas. Pois se dá, segundo a lei, julgamento séptuplo. Em primeiro lugar, dos olhos, porque viram o que não era conveniente; em segundo lugar, dos ouvidos, porque ouviram o que não era apropriado; em terceiro lugar, do olfato, que foi enganado pela fumaça e pela névoa; em quarto lugar, do órgão do paladar, que era escravo do prazer do estômago; em quinto lugar, dos órgãos do tato, aos quais, mediante colaboração dos sentidos precedentes para dominar a alma, ademais se trazem também outras ações separadas, como a captura de cidades e de homens e a demolição da fortaleza da cidade, onde reside o conselho; em sexto lugar, da língua e dos órgãos da fala, por se terem calado coisas que deviam ter-se dito, e por se terem dito coisas que deviam ter-se calado; em sétimo lugar, do ventre inferior, que com ilegal licenciosidade incendeia os sentidos. Este é o significado do que está dito nas Escrituras: uma vingança séptupla recai sobre Caim, mas sobre Lamec setenta vezes sete, pelas razões mencionadas, segundo as quais ele, tendo sido o segundo pecador e não tendo sido castigado com a punição do anterior, recebe inteiramente não só a punição mais recente, que é a mais simples, como o é a unidade entre os números, mas também a punição mais complexa, semelhante às dezenas entre os números.

78. (Gn 4, 25) Por que Adão, ao gerar Set, ademais diz: "O Senhor me deu outro filho em lugar de Abel, que Caim matou"?

De fato, Set é outra semente e o princípio de outro nascimento de Abel, de acordo com certo princípio natural. Pois Abel é como alguém que vem do alto para baixo, razão por que é prejudicado; mas Set é como alguém que vai de baixo para cima, razão por que cresce. E uma confirmação disso é que "Abel" é interpretado como "tendo sido trazido e oferecido no céu" a Deus. E não é conveniente oferecer tudo, mas apenas o que é bom, porque Deus não é a causa do mal – motivo por que aquele que é indefinido, não separado, nem obscuro, nem desordenado, nem perturbado também recebe apropriadamente uma mistura louvor e culpa; louvor porque honra à Causa, e culpa porque, como algo acontece, também isto sucede por acaso, sem que ele se preocupe ou agradeça. Por isso a natureza separou dele seu gêmeo, e fez o homem bom digno da imortalidade, reduzindo-o a uma voz que intercede diante de Deus; mas o homem perverso, ela destinou-o à destruição. Set, todavia, é interpretado como "alguém que bebe água", de acordo com as mudanças que ocorrem nas plantas que, pela irrigação, crescem, florescem e dão frutos. E estas são símbolos da alma. Mas já ninguém pode dizer que a Deidade é a causa de todas as coisas, boas e más; é-o tão somente das boas, que sozinhas desenvolvem brotos vivos.

*79. (Gn 4, 26) *Por que o filho de Set, Enós, espera chamar pelo nome ao Senhor Deus?*

Enós é interpretado como "homem". E tal é tomado agora não como mistura, mas como a parte lógica da alma, o intelecto [*ho noûs*], ao qual a esperança é particularmente adequada; os animais irracionais são privados de esperança. E a esperança é certa antecipação da alegria; antes da alegria há expectativa do bem.

80. (Gn 5, 1) *Por que, após mencionar a esperança, as Escrituras dizem: "Eis o catálogo da posteridade de Adão"?*

Por meio destas palavras as Escrituras tornam fidedigna a afirmação mencionada anteriormente. O que é o homem? O homem é aquele que, ao contrário das outras classes de animais, obteve uma parcela de esperança muito grande e extraordinária. E isso é celebrado como se estivesse inscrito na natureza, pois o intelecto do homem tem esperança naturalmente.

81. (Gn 5, 3) Por que, na genealogia de Adão, as Escrituras já não mencionam Caim, mas Set, que, como elas mesmas dizem, foi feito de acordo com sua aparência e forma? Por isso ela começa a contar as gerações a partir de Set.

A Escritura não associa o sórdido e violento homicídio com a ordem da razão ou do número, porque deve expelir-se como excremento, como já se disse, considerando-o tal – razão por que as Escrituras não o apresentam como o sucessor de seu pai terrestre nem como o princípio das gerações posteriores, mas distingue Set em ambos os aspectos como inocente, sendo um bebedor de água, pois é banhado por seu pai, e cria esperança por causa de seu crescimento e progresso. Daí que as Escrituras não digam casualmente ou à toa que ele foi feito conforme a aparência e a forma de seu pai, e sim em reprovação do irmão mais velho, que, por causa do sórdido homicídio, não traz em si nada do pai, nem no corpo nem na alma. Por isso as Escrituras o dividiram e separaram de seus parentes, enquanto ao outro aquinhoaram-no e deram-lhe parte da honra da primogenitura.

82. (Gn 5,22) Qual é o significado das palavras "E Henoc andou com Deus, e, depois de ter gerado a Matusalém, viveu trezentos anos"?

As Escrituras legislam a respeito das fontes de todas as coisas boas no princípio do Gênesis. O que quero dizer é até certo ponto o que se segue. Elas definiram a misericórdia e a clemência um pouco antes. Neste momento, todavia, definem o arrependimento, o não escarnecimento ou o não censurar de modo algum aos que parecem ter pecado. Ao mesmo tempo, apresentam a trajetória da alma do mal à virtude como o retorno dos que correram para uma armadilha. Pois é de observar que, ao tornar-se homem e pai, em sua procriação mesma, gerou um princípio de honradez, dizendo-se que era agradável a Deus. Pois, conquanto ele não tenha permanecido completamente na piedade, aquele período de tempo, todavia, se computou como pertencente à ordem do digno de louvor, por ter sido agradável a Deus por muitos anos. E tais anos são simbolicamente mencionados talvez não pelo que ele era, mas <pelo modo como> outro acreditava que ele aparecia. As Escrituras, porém, revelam o ordenamento das coisas. Sim, porque não muito tempo depois do perdão de Caim, introduzem o fato de que Henoc se arrependeu, informando-nos que a clemência está acostumada a gerar arrependimento.

83. (Gn 5,21-23) Por que se diz que Henoc, que se arrependera, viveu 165 anos antes do arrependimento, mas, depois do arrependimento, duzentos?

O número 165 constitui-se dos dez números somados um a um – 1, 2, 3, 4, 5, 6, 7, 8, 9, 10, que resultam em 55, e dos números duplos posteriores a um – 2, 4, 6, 8, 10, 12, 14, 16, 18, 20, que resultam em 110. E a combinação desses dois grupos de números gera 165. E, entre estes, os números pares são o dobro dos números ímpares, porque o feminino é mais poderoso que o masculino, segundo alguma inversão, como quando o homem perverso age como senhor sobre o homem bom, ou a percepção sobre o intelecto, o corpo sobre a percepção, a matéria sobre a causa. Mas os duzentos anos durante os quais houve arrependimento consistem em duas vezes cem, dos quais a primeira centena indica uma purificação das más ações, enquanto a outra indica a plenitude de alguém que é perfeito na virtude. Pois mesmo de um corpo doente se deve decepar a parte enferma, e em seguida introduzir a saúde, porque a primeira é anterior, enquanto a posterior vem em segundo lugar. O número duzentos é composto de quadras, porque se ergue, como de uma semente, de quatro triângulos, quatro tetrágonos, quatro pentágonos, quatro hexágonos e quatro heptágonos, e permanece, de certo modo, no número 7. E são estes os quatro triângulos – 1, 3, 6, 10, que resultam em 20. Os quatro tetrágonos são 1, 4, 9, 16, que resultam em 30. E os quatro pentágonos são 1, 5, 12, 22, que resultam em 40. E os quatro hexágonos são 1, 6, 15, 28, que resultam em 50. E os quatro heptágonos são 1, 7, 18, 34, que resultam em 60. Esses, combinados, somam 200.

84. (Gn 5,23) Por que se diz que Henoc, estando arrependido, viveu 365 anos?

Em primeiro lugar, o ano tem 365 dias. Portanto, as Escrituras mostram simbolicamente a vida deste penitente por meio da revolução solar. Em segundo lugar, assim como o sol é a causa do dia e da noite, girando acima do hemisfério da terra durante o dia, e abaixo da terra durante a noite, assim também a vida do penitente se constitui de escuridão e de luz – de escuridão pelo impacto das paixões e das injustiças, e de luz quando a luz da virtude resplandece e seu esplendor é muito brilhante. Em terceiro lugar, as Escrituras aquinhoaram-no com um número inteiro, de acordo com o qual o sol, soberano das estrelas celestes, é adornado; e nesse número está incluído também o período anterior a seu arrependimento, para o esquecimento dos pecados que ele cometera anteriormente. Pois, como Deus é bom, concede generosamente enorme bondade, e ao mesmo tempo, mediante as virtudes dos que de tal modo desejam, elimina as velhas convicções que implicavam castigo.

*85. (Gn 5, 23-24) Por que, depois da morte de Henoc, as Escrituras acrescentam: "Ele era agradável a Deus"?

Em primeiro lugar, porque elas demonstram que as almas são imortais, dado que, quando se tornam incorpóreas, se tornam novamente agradáveis. Em segundo lugar, louvam o penitente, dado que ele perseverou na mesma condição moral e não mudou novamente até ao final da vida. Pois é de notar que alguns homens, após ter experimentado a retidão e ter sido presenteados com a esperança da saúde, recaem rapidamente na mesma doença.

86. (Gn 5, 24) Qual o sentido das palavras "e não apareceu mais, porque o Senhor o levou"?

Em primeiro lugar, o fim dos homens santos e estimáveis não é a morte, mas a translação para outro lugar e a aproximação a este. Em segundo lugar, ocorreu algo admirável. Pois ele parece ter sido arrebatado e ter-se tornado invisível. Sim, porque então não foi encontrado. E isso é indicado pelo fato de que ele estava invisível quando foi procurado, não meramente arrebatado de diante dos olhos. Pois a translação para outro lugar não é nada mais que outra posição; mas diz-se que ele mudou de um lugar sensível e visível para uma forma incorpórea e inteligível. O protoprofeta também obtete esta dádiva, porque ninguém soube do lugar de seu enterro. E ainda outro, Elias, seguiu-o no alto, da terra ao céu, rumo à aparição do semblante divino, ou talvez seja mais conveniente e correto dizer: ele ascendeu.

87. (Gn 5, 29) Por que é que exatamente no momento do nascimento de Noé diz seu pai: "Este nos consolará em nossos trabalhos e nas obras de nossas mãos na terra, que o Senhor amaldiçoou"?

Os santos patriarcas não profetizaram à toa, e, ainda que nem sempre nem sobre todas as coisas, ainda assim ao menos uma vez e com respeito a algo a que se sabiam dignos do louvor profético. E não é à toa que isso seja também um exemplo simbólico, porque "Noé" é uma sorte de alcunha da justiça, por participação na qual o intelecto nos dá descanso dos males dos trabalhos e nos dará descanso dos aborrecimentos e dos medos, fazendo-nos destemidos e livres de aborrecimento. E dá-nos descanso da natureza terrena por cuja maldição o corpo é afligido com a doença; e são culpados os que gastam a vida em busca de prazeres. Mas quanto à realização da predição a profecia falou falsamente, pois no caso deste homem particular não foi tanto uma interrupção dos males o que ocorreu, mas uma intensificação da violência e de estranhos e inevitáveis desastres e alterações do grande dilúvio. E tenham cuidadosamente em mente que Noé é o décimo dos homens terrestres.

88. (Gn 5, 32) Quem são os três filhos de Noé – Sem, Cam e Jafé?

Estes nomes são símbolos de três coisas da natureza – o bem, o mal e o indiferente. Sem é notável pelo bem, Cam pelo mal, e Jafé pelo indiferente.

*89. (Gn 6, 1) Por que, a partir da época em que se aproximava o grande dilúvio, se diz que a raça humana cresceu e tornou-se multidão?

Os favores divinos sempre precedem a Seus julgamentos, pois Sua atividade é fazer o bem primeiro, enquanto a destruição vem em seguida. Ele, todavia, é amor, e é usual, quando grandes males estão prestes a acontecer, que se produza grande abundância de coisas boas. Da mesma maneira, após a esterilidade de sete anos, como afirma o profeta, o Egito tornou-se fértil pelo mesmo número de anos, mediante a potência salvadora e benéfica do universo. Assim como faz o bem, assim também Ele ensina os homens a refrear-se e a guardar-se dos pecados, para que não transformem o bem em seu oposto. Em razão disso, agora também cidades crescem em excelência mediante a liberdade de costumes, para que, caso surja posteriormente a corrupção, possam elas próprias condenar suas imensas e irremediáveis más ações, sem fazer da Deidade a responsável por elas, pois Ela é livre do mal e das más ações: Sua atividade é, antes de tudo, conceder o bem.

90. (Gn 6, 3) Qual o sentido das palavras "O meu espírito não permanecerá para sempre no homem, porque é carne"?

Esta legislação é um oráculo. Pois o espírito divino não é um movimento do ar, senão que é inteligência e sabedoria. Desse modo, também no que diz respeito àquele que construiu engenhosamente o tabernáculo sagrado, isto é, Bezalel, as Escrituras relatam, dizendo: "E enchi-o do espírito de Deus, de sabedoria, de inteligência".[7] Portanto, este espírito entra nos homens, mas neles não permanece ou demora muito. Mas as Escrituras acrescentam as razões, dizendo, portanto: "porque são carne". Pois a natureza da carne é estranha à sabedoria tanto quanto é familiar ao desejo. Por isso, está claro que espíritos incorpóreos e imateriais não esbarram em nada pesado ou não encontram nenhum obstáculo para ver e compreender a essência, dado que o entendimento puro é adquirido junto com a estabilidade.

91. (Gn 6, 3) Por que serão "os seus dias cento e vinte anos"?

Com este número as Escrituras parecem limitar a vida humana, indicando muitas prerrogativas da honra. Pois, em primeiro lugar, ele deriva das unidades pela combinação dos quinze [primeiros algarismos].[8] E a décima quinta contagem é muito brilhante, porque a lua se torna cheia de luz no décimo quinto dia, recebendo sua luz do sol ao anoitecer, e devolvendo-lha no amanhecer, de modo que naquela noite a escuridão não apareça, senão que tudo seja luz. Em segundo lugar, 120 é um número

---

[7] Ex 31, 3.
[8] 120 = a soma dos primeiros quinze números: 1 + 2 + 3 + 4... + 15 = 120.

triangular e constitui-se de quinze triângulos.[9] Em terceiro lugar, porque se constitui do igual e do desigual, sendo compreendido pela potência da junção de 64 com 56. Porque 64 é uma igualdade que consiste nas unidades destes oito números ímpares: 1, 3, 5, 7, 9, 11, 13, 15, cujas partes, quando somadas, geram quadrados que somam 64. E isto é cubo, produzindo ao mesmo tempo um quadrado. E de sete unidades duplas vem a desigualdade 56, consistente em sete números pares idênticos, que produzem suas outras extensões: 2, 4, 6, 8, 10, 12, 14, que somam 56. Em quarto lugar, o número 120 constitui-se de quatro coisas: de um triângulo, isto é, 15; de outro número, um quadrado, isto é, 25; de um terceiro número, um pentágono, isto é, 35; e de um quarto número, um hexágono, isto é, 45, na mesma proporção. Pois o quinto número é sempre tomado de acordo com suas várias espécies. Sim, porque, a partir da unidade dos triângulos, 15 é o quinto número; semelhantemente, a partir da unidade dos quadrados, o quinto número é 25; a partir da unidade dos pentágonos, o quinto número é 35; e, a partir da unidade dos hexágonos, o quinto número é 45. E cada um desses números é divino e sagrado; já se demonstrou que tal é o caso do 15; 25 é o dos Levitas;[10] e 35 é o da dupla escala, a aritmética, a geométrica, e a harmônica. Mas 16, 18, 19, 21 somam 74, pelos quais se formam as crianças com sete meses; e 45 é o da escala tripla. Mas 16, 19, 22 e 26 somam 85, pelos quais se formam as crianças com nove meses. Em quinto lugar, o número 120 tem quinze partes e composição dupla própria, porque duas vezes sessenta é a medida de todas as coisas; e é três vezes quarenta, que é a forma da profecia;[11] e é quatro vezes trinta, que é uma geração;[12] e é cinco vezes 24, que é a medida do dia e da noite;[13] e é seis vezes vinte, que é o princípio;[14] e é oito vezes quinze, o mais brilhante[15]

---

[9] 120 = 15 x 8; e 8 é um número triangular (2 x 2 x 2).
[10] Cf. Nm 8, 24.
[11] Refere-se aos quarenta dias durante os quais Moisés permaneceu no Monte Sinai.
[12] Considerando trinta anos uma geração.
[13] Refere-se às 24 horas do dia.
[14] Ou seja, ἀρχή, significando provavelmente a idade em que o homem jovem está pronto para as responsabilidades comunais.
[15] Refere-se à lua cheia no décimo quinto dia do mês lunar.

dentre os números; é dez vezes doze, que é o zodíaco; é doze vezes dez, que é o número sagrado; é quinze vezes oito, que é o primeiro cubo; é vinte vezes seis, que é a gênese;[16] é 24 vezes cinco, que é a forma dos sentidos; é trinta vezes quatro, que é o princípio dos sólidos; é quatro vezes trinta, que é a plenitude,[17] constante de princípio, meio e fim; é sessenta vezes dois, que é o feminino; e é 120 vezes um, que é o masculino. E cada um desses números é muito natural, como foi mostrado separadamente. Ademais, é uma composição dupla, pois se torna 240, que é sinal do tornar-se digno de dupla vida, pois, assim como o número de anos é se duplica, assim também a vida deve ser pensada como duplicada; há uma vida com o corpo, e outra sem o corpo, para receber o dom da profecia, sendo cada uma delas sagrada e completamente perfeita. Em sexto lugar, porque o quinto e o sexto são gerados quando se multiplicam três números, isto é, cinco vezes três vezes quatro; pois por cinco vezes três vezes quatro temos 60. Semelhantemente, o número 120 é gerado pelos seguintes números: seis vezes quatro vezes cinco, pois por seis vezes quatro vezes cinco temos 120. Em sétimo lugar, tomando o número 20, no qual está o princípio do homem, sua redenção – 20 somado a si mesmo duas e três vezes, da seguinte maneira: vinte, quarenta e sessenta somam 120. Talvez, porém, 120 anos não sejam o limite universal da vida humana, mas tão só dos homens que viveram naquela época, que depois deveriam perecer no dilúvio, após tantos anos prolongados por um benfeitor benevolente para permitir o arrependimento dos pecados. Todavia, após tal limite eles viveram uma vida mais abundante nas gerações posteriores.

92. (Gn 6, 4) Por que os gigantes nasceram dos anjos e das mulheres?

Os poetas relatam que os gigantes eram terrestres, filhos da terra. Mas Moisés usa esse nome analógica e frequentemente quando deseja indicar tamanho excessivo do corpo, conforme a aparência de Héracles. E relata que sua criação foi uma mistura de duas coisas, de anjos e de mulheres mortais. Mas a substância dos anjos é espiritual; muitas vezes, porém,

---

[16] Refere-se aos seis dias da Criação.

[17] Provavelmente porque é a soma dos primeiros quatro números quadrados: 1, 4, 9, 16.

imitam as formas humanas em função de propósitos imediatos, como o ter relações com mulheres com a finalidade de gerar gigantes. Mas, se as crianças se tornarem ardorosas emuladoras da depravação materna, afastar-se-ão da virtude paterna e renunciarão a ela em razão do desejo de prazer numa linhagem viciosa, e, em razão do desprezo e arrogância para com os melhores, condenar-se-ão: terão a culpa de suas más ações intencionais. Mas às vezes ele chama aos anjos "filhos de Deus" porque não são feitos incorpóreos por nenhum homem mortal; são espíritos sem corpo. Mas, mais propriamente, aquele exortador, Moisés, dá aos homens bons e excelentes o nome de "filhos de Deus", enquanto aos homens perversos e pecaminosos dá o nome de "corpos".

*93. (Gn 6, 6) *Qual o sentido das palavras "Pesou-lhe ter criado o homem na terra; e, tocado interiormente de dor, disse"?*

Alguns creem que o arrependimento da Deidade se revela por estas palavras, mas o creem incorretamente, porque a Deidade é sem mudança. Tampouco Sua preocupação quando reflete e Sua reflexão são sinais de arrependimento, mas de reflexão lúcida e segura, que considera o motivo por que fez o homem sobre a terra. E, visto que a terra é um lugar de miséria, até aquele homem celeste é uma mistura constituída de corpo e alma; e desde seu nascimento até sua morte ele não é nada mais que um carregador de cadáver. Portanto, não parece de qualquer modo digno de nota que o Pai deva ponderar e preocupar-se com tais coisas, já que de fato muitos homens contraem a perversidade antes que à virtude, sendo governados pelo duplo impulso mencionado acima, isto é: a essência do corpo corruptível e a repugnante posição da terra, que é a última das coisas.

*94. (Gn 6, 7) *Por que, enquanto ameaça eliminar o homem, Ele diz que também destruirá os animais junto com ele, "desde os homens até os animais, desde os répteis até as aves do céu"? Pois que pecado cometiam os animais?*

O sentido literal é este: compreende-se claramente que os animais não foram criados necessária nem primariamente, mas em razão dos homens e para auxílio deles. E, quando estes foram destruídos, os animais foram perfeitamente destruídos junto com eles, uma vez que já não existiam aqueles em razão dos quais se tinham criado. Mas com respeito ao sentido alegórico – porque simbolicamente o homem é o intelecto dentro de nós, e o animal a percepção sensível –, quando o regente superior é pervertido e corrompido pelo mal, também toda a percepção sensível perece junto com ele, porque já não tem sequer resquícios de virtude.

*95. (Gn 6, 7) Por que Ele diz "porque me pesa tê-los feito"?

Em primeiro lugar, <di-lo> novamente como se, alertando ao homem, relatasse algo extraordinário. Todavia, falando propriamente, Deus não fica irado, senão que é imune à ira e está acima de todas as paixões. Portanto, Ele deseja provar, por meio do exagero, que os atos ilícitos dos homens cresceram a ponto de provocar, incitar e estimular a ira de Alguém que é naturalmente sem ira. Em segundo lugar, sugere simbolicamente que as coisas que foram feitas confusamente também são dignas de culpa, mas as que foram feitas por sábia ponderação e de forma resoluta são dignas de louvor.

*96. (Gn 6, 8) Por que se diz que Noé encontrou graça diante de Deus?

Em primeiro lugar, a ocasião merece uma comparação. Porque todos os outros foram rejeitados por causa da ingratidão, Ele justamente o coloca em lugar deles, dizendo que encontrou graça não porque sozinho merecesse a graça, já que toda a raça humana havia encontrado sua caridade, mas porque sozinho pareceu grato. Em segundo lugar, dado que a linhagem cedera à destruição, à exceção de uma família, foi necessário dizer que o restante era digno da graça divina como semente e faísca da nova linhagem de homens que deveria haver. E que graça é maior que a mesma pessoa ser tanto o fim como o princípio da humanidade?

97. (Gn 6, 9) Por que as Escrituras apresentam a linhagem de Noé não por seus predecessores, mas por suas virtudes?

Em primeiro lugar, porque os homens contemporâneos dele eram perversos. Em segundo lugar, porque elas declaram as leis da vontade, pois que, para o homem virtuoso, a virtude é verdadeiramente uma linhagem. Com efeito, uma linhagem de homens constitui-se de homens, e uma linhagem de almas constitui-se de virtudes. Razão por que dizem as Escrituras: "ele era justo, perfeito e agradável a Deus". Mas a retidão, a perfeição e o ser agradável a Deus são as virtudes mais elevadas.

98. (Gn 6, 11) Qual o sentido das palavras "Ora, a terra estava corrompida diante de Deus, e estava cheia de iniquidade"?

O próprio Moisés deu a razão de falar da injustiça como da causa da corrupção da terra. Pois a libertação da injustiça, particularmente, é a justiça tanto para o homem como para as partes do mundo, isto é, o céu e a terra.

*99. (Gn 6, 12) Qual o sentido das palavras "porque toda a carne tinha corrompido seu caminho sobre a terra"?

Em primeiro lugar, as Escrituras deram o nome de "carne" ao homem que se ama a si mesmo; portanto, tendo-lhe dado o nome de "carne", acrescentam não "o mesmo", mas "do mesmo", querendo evidentemente dizer "com respeito ao homem", pois alguém que abusa de uma vida não cultivada é carne. Em segundo lugar, consideram a carne a causa da corrupção espiritual, o que de fato é verdade, pois ela é o alicerce dos desejos, dos quais jorram, como de uma fonte, os caracteres dos desejos e de outras paixões. Em terceiro lugar, o pronome "seu" é mais natural, e declina-se no caso oblíquo ou no caso nominativo do pronome "ele". Sim, porque quando mostramos respeito por alguém não ousamos chamá-lo por nenhum outro nome além de "ele". Por esta razão, originou-se o princípio pitagórico "Ele mesmo disse-o", quando os pitagóricos exaltaram e louvaram seu honrado professor temendo chamá-lo pelo nome. O mesmo costume é encontrado tanto em cidades como em lares; pois, quando chega o mestre, diz o escravo: "Ele está chegando." E em muitas cidades, quando o senhor chega, chamam-no pelo nome "ele". Mas por que discorri longamente sobre tais coisas? Porque gostaria de mostrar que o Pai do universo é mencionado aqui porque todas as coisas louvadas por suas virtudes são d'Ele. E por reverência as Escrituras usam com precaução nomes verdadeiramente admiráveis, porque elas estavam prestes a apresentar a destruição da humanidade. Mas o caso oblíquo do pronome é tomado em sentido nobre na declaração "toda a carne tinha corrompido o seu caminho", pois o caminho do Pai foi verdadeiramente corrompido por causa dos desejos e prazeres da carne; pois estes são os adversários das leis da continência, da frugalidade, da prudência, da coragem e da justiça, mediante as quais o caminho que leva a Deus é encontrado e alargado, tornando-se inteiramente...

100. (Gn 6, 13) Qual o sentido das palavras "eu decidi dar cabo de toda a carne. A terra está cheia de iniquidades"?

Os que rejeitam o Destino usam este e muitos outros argumentos, especialmente quando a morte atinge a muitos em pouco tempo, como na destruição de casas, nas conflagrações, nos naufrágios, nos tumultos, na guerra, nos combates a cavalo ou a pé, nas batalhas navais e nas pragas. Aos que dizem isso, dizemos-lhes o mesmo que foi dito há pouco pelo profeta Moisés, tomando-lhe emprestado o raciocínio. Pois o sentido das palavras "eu decidi dar cabo de toda a carne" é o seguinte: a existência de toda a humanidade foi restringida e limitada a determinado período. Em consequência disso, ela já não vive de acordo com o harmonioso princípio do Destino. E a contagem de cada um é reunida em uma só e tem o mesmo fim de acordo com alguma harmonia e com alguma revolução das estrelas, mediante as quais a raça dos mortais é constantemente preservada e destruída. Portanto, podem aceitar tais coisas como quiserem tanto os que estão entre os doutos como os que os contradizem. Mas isso deve ser dito primeiramente por nós, porque não há nada tão contrário, hostil e oposto ao Onipotente como a injustiça – razão por que as Escrituras afirmam que "eu decidi dar cabo de toda carne", e acrescenta a razão da oposição, isto é, que a terra estava repleta de injustiça. Em segundo lugar, o tempo é considerado um deus pelos perversos entre os homens, que esconderiam O verdadeiramente existente. Por essa razão as Escrituras dizem "eu decidi dar cabo de toda a carne", dado que fazem do tempo humano um deus, opondo-o ao verdadeiro Deus. Mas isso se indica também em outros lugares, onde as Escrituras expressam, como se segue, os mesmos princípios: "eles acham-se destituídos de toda a defesa: o Senhor está conosco",[18] como se quisessem dizer que entre os homens perversos se acredita que o tempo seja a causa dos eventos do universo; mas entre os homens cultos e sábios não é o tempo o que é considerado a causa, mas Deus, de Quem provêm os períodos e as estações. Ele porém não é a causa de todas as coisas, mas tão só das boas e das que são segundo a virtude. Pois, assim como Ele não participa nem tem partilha no mal, assim tampouco é responsável por ele. Em terceiro lugar, as Escrituras indicam, com respeito à afirmação acima, certo excesso de impiedade, dizendo "eu decidi dar cabo de toda carne", como se se quisesse dizer que todos os homens, em todos os lugares, tivessem de comum acordo consentido na impiedade. A declaração de que "a terra está cheia de iniquidades" é o mesmo que dizer que não há lugar em nenhuma parte da terra para receber e apoiar a retidão. Mas a expressão usada é uma confirmação do que foi dito, pois só o julgamento divino da escolha é firme.

---

[18] Nm 14,9.

LIVRO II

1. (Gn 6, 14) Que é a construção da arca de Noé?

Se alguém deseja examinar tal arca do ângulo físico, encontrará nela a construção do corpo humano, como descobriremos detalhadamente.

2. (Gn 6, 14) Por que Noé faz a arca com suportes quadrangulares?

Em primeiro lugar, a figura do quadrilátero, onde quer que seja colocada, mantém-se firmemente no lugar, o que faz que todos os ângulos sejam retos; e a natureza do corpo humano é constituída muitíssimo perfeitamente, impecavelmente. Em segundo lugar, embora nosso corpo seja um instrumento e cada uma de suas partes seja arredondada, os membros constituídos por essas partes, todavia, necessariamente reduzem a forma quadrangular à circular, como, por exemplo, no caso do tórax, pois os pulmões são antes quadrangulares. Assim também é o estômago antes de ter-se inchado de comida ou em razão da intemperança, pois há algumas pessoas barrigudas que podem ser deixadas fora do debate. Todavia, quem quer que examine os braços e as mãos, as costas, as coxas e os pés perceberá que têm em comum uma forma quadrangular junto com uma forma esférica. Em terceiro lugar, um suporte quadrangular tem desiguais quase todas as suas dimensões, já que o comprimento é maior que largura, e a largura é maior que a altura. A construção dos corpos humanos é semelhante, e eles separam-se nas seguintes dimensões: grande, média e pequena; a grande com respeito ao comprimento; a média com respeito à largura; e a pequena com respeito à altura.

3. (Gn 6, 14) Por que a Escritura diz "Ninhos, ninhos – faz para ti uma arca de madeiras aplainadas"?

As Escrituras falam de forma muito natural, porque o corpo humano é inteiramente perfurado como um ninho, e cada uma de suas partes é construída como um ninho, dado que uma força respiratória as penetra desde as suas respectivas primeiras partes. Então, por exemplo, os olhos são, em certo sentido, orifícios e ninhos, nos quais se aninha a visão. Os ouvidos são outros ninhos, nos quais se aninham os sons. As narinas são um terceiro tipo de ninho, no qual se aninham os aromas. Um quarto tipo de ninho, maior que o precedente, é a boca, na qual, novamente, se aninham os sabores. E ela foi feita grande porque outro grande órgão da voz articulada se aninha nela, isto é, a língua, que, como disse Sócrates, articula e forma a voz quando golpeia e toca ora aqui ora ali, tornando-a verdadeiramente racional. Ademais, há um ninho dentro da cabeça. E há certo ninho do cérebro, que se chama *dura mater*. E o tórax é o ninho dos pulmões e do coração. E tanto aqueles como este são ninhos de outras partes, chamadas internas; os pulmões são o ninho da respiração, e o coração é o ninho do sangue e da respiração. Pois o coração tem duas cavidades, como se fossem ninhos a aninhar-se no tórax; um é o sangue, a partir do qual as veias se irrigam como receptáculos, e o outro é a respiração, por meio da qual, novamente, espalhando-se nos receptáculos, a traqueia se irriga. E tanto a parte mais firme como a mais macia são ninhos em certo sentido, e nutrem seus pintinhos, os ossos; as partes mais firmes são os ninhos do tutano, e a carne mais macia é o ninho dos prazeres e das dores. E, se alguém inquirisse acerca de outras partes, constataria que têm o mesmo tipo de construção.

4. *(Gn 6, 14) Por que Ele ordena que a arca seja untada <com betume> por dentro e por fora?*

O betume assim se chama por ser firme como o piche, e porque cimenta o que se põe junto a partir de coisas separadas e desunidas, e é um elo indissolúvel, intocado e indivisível. Pois tudo o que é posto junto pela cola é forçosamente sustentado por ela em união natural. Mas nosso corpo, que se constitui de muitas partes, é unido tanto por fora como por dentro. E permanece [assim] por meio de sua própria coesão. E o hábito mais elevado destas partes é a alma, que, estando no centro, de todas as partes sai para a superfície superior inteira, e da superfície superior retorna ao centro, de modo que uma [única] natureza psíquica é envolta por um duplo laço, adequando-se, deste modo, a uma consistência e a uma união mais firmes. Portanto, pelas razões anteriormente mencionadas, esta arca é revestida de betume por dentro e por fora. Mas aquela [outra arca] no templo, que é revestida de ouro, é uma imagem do mundo inteligível, como se demonstra no tratado concernente a este assunto.[1] Pois o mundo inteligível, que existe num lugar, está supostamente incorporado nas formas incorpóreas, conformando-se e unindo-se a partir de todas as formas. Sim, porque aquele ouro é proporcionalmente mais valioso que o betume, e na mesma proporção a arca que está no templo é mais excelente que a arca de Noé. Por isso Ele ordenou que a medida desta arca fosse quadrangular, visando à sua utilidade; mas, no caso da outra arca, visava à sua imperecibilidade, já que a essência das coisas incorpóreas e inteligíveis é imperecível e incorruptível e permanente. E esta arca – a de Noé – se move aqui e ali, mas a outra mantém firmemente sua posição no templo. O que é estável está ligado à natureza divina, enquanto esta arca ora se volta para uma direção, ora se volta para outra, e muda naquilo que é gerado. Esta arca, a do dilúvio, é apresentada como um tipo de corruptibilidade. Mas a outra, a que está no templo, observa a condição do incorruptível.

5. (Gn 6, 15-16) Por que a Escritura transmite as dimensões da arca deste modo: "300 côvados será o comprimento da arca, 50 côvados sua largura e 30 côvados sua altura. Farás na arca uma abertura para a luz, a qual disporás em cima, a um côvado do teto"?[2]

Em sentido literal: era necessário construir uma grande obra para receber tantos animais, dos quais os diversos gêneros deveriam levar-se para dentro dela junto com sua comida. Mas, considerada e compreendida simbólica e corretamente, a descrição indica o conhecimento da constituição de nosso corpo, e agora deveria usar-se não a quantidade de côvados, mas a proporção exata que subsiste neles. E as proporções

---

[1] Cf. *De Ebrietate*, 88-90.
[2] Neste parágrafo, Fílon recorre ainda à concepção pitagórica do número.

que subsistem neles são sêxtuplas, décuplas e de cinco terços. Pois 300 são 6 vezes 50 e 10 vezes 30, enquanto 50 são 5/3 de 30. E semelhantes são as proporções do corpo. Pois, se alguém deseja examinar o assunto, perceberá mediante reflexão que o homem tem uma medida nem muito grande nem muito pequena; e, se alguém tomar um cordão e esticá--lo desde a cabeça até os pés, constatará que o cordão é 6 vezes mais longo que a largura do tórax, e 10 vezes mais longo que a espessura das laterais do corpo, e que a largura equivale a 5/3 da espessura. Semelhante, pois, é a proporção real, tomada da natureza, do corpo humano, que é feito com uma medida essencialmente excelente no caso dos que não são desmesurados nem deficientes. E Ele, de forma excelentíssima, determinou que a arca fosse completada em um côvado acima, pois a parte superior do corpo imita a unidade; a cabeça, como a acrópole de um rei, tem por ocupante o intelecto soberano. Mas as partes que ficam abaixo do pescoço são divididas em várias partes, nas mãos e especialmente nos membros inferiores; pois as coxas, as pernas e os pés são separados uns dos outros. Portanto, a supramencionada medida de côvados em proporção será facilmente reconhecida, como indiquei, por quem quer que deseje aprendê-la. Todavia, é conveniente não ignorar o fato de que, quanto ao número de côvados, cada um deles tem sua própria proporção necessária; mas deve começar-se pelo comprimento. Ora, o número 300 é composto de números isolados juntados um a um, com o acréscimo de um por vez destes 24: 1, 2, 3, 4, 5, 6, 7, 8, 9, 10, 11, 12, 13, 14, 15, 16, 17, 18, 19, 20, 21, 22, 23, 24. Mas 24, número bastante natural, é repartido entre as horas do dia e da noite, e entre as letras do som escrito.[3] E, sendo composto de três cubos,[4] é inteiro, completo e totalmente pleno em igualdade, dado que a tríada exibe firmemente a primeira igualdade, tendo um princípio, meio e fim que são iguais. E o número 8 é o primeiro cubo, pois mostra antes de tudo igualdade novamente com outros.[5] E o número 24 tem também muitas outras virtudes, e é a substância

---

[3] As 24 letras do alfabeto grego.
[4] 1 x 3 x 8.
[5] Fílon provavelmente se refere à repetição do número 2 nos fatores de 8 (= 2 x 2 x 2).

do número 300, como se demonstrou; esta é a primeira virtude. Outra virtude é ser composto de 12 quadriláteros, aos quais se adiciona a mônada por meio de extensões simples e duplas, e, ademais, de doze duplas, que são compostas por dois, às quais o 2 é adicionado separadamente. Ora, os números angulares que compõem os doze quadrângulos são os seguintes: 1, 3, 5, 7, 9, 11, 13, 15, 17, 19, 21, 23. E compõem os quadrângulos da seguinte maneira: 1, 4, 9, 16, 25, 36, 49, 64, 81, 100, 121, 144.[6] Mas os números angulares que compõem as outras extensões são os seguintes: 2, 4, 6, 8, 10, 12, 14, 16, 18, 20, 22, 24; estes resultam em 12 (números). Mas desses compõem-se 2, 6, 12, 20, 30, 42, 56, 72, 90, 110, 132, 156, e estes, novamente, resultam em 12 (números).[7] Se somarmos os doze quadrângulos, isto é, 144, às outras doze extensões, isto é, 156, perceberemos que o número 300 se gera. E obter-se-á uma harmonia da natureza do número ímpar, que se completa e se muda para o número par e para o infinito. Pois o número ímpar completo é o criador da igualdade de acordo com a natureza do quadrado. Mas o número par e infinito é o criador da desigualdade de acordo com a composição de outra extensão. Não obstante, o todo consiste no igual e no desigual. Por isso o Criador do mundo, também na corrupção das criaturas terrenas, deu um julgamento com a arca como exemplo. Ora, já se disse o suficiente com respeito ao número 300. E agora devemos falar do número 50.[8] Em primeiro lugar, ele consiste num triângulo retângulo de quadrângulos, pois um triângulo retângulo constitui-se de 3, 4 e 5;[9] mas desses vêm os quadrângulos 9, 16 e 25,[10] cuja soma resulta em 50. Em segundo lugar, o número 50 é completado e preenchido

---

[6] Estes números são os quadrados dos números de 1 a 12.

[7] Cada um dos doze números desta série corresponde à soma do número correspondente na série anterior com os números que o precedem (por exemplo: 2 = 2 + 0; 6 = 4 + 2; 12 = 6 + 4 + 2; 20 = 8 + 6 + 4 + 2, etc.).

[8] A medida da largura da arca em côvados.

[9] Estas são as medidas de cada lado do triângulo retângulo em questão, o qual, por sua vez, pode obter-se mediante um corte diagonal feito em figura quadrangular (o retângulo).

[10] São os quadrados de cada lado do triângulo.

pela unidade dos seguintes triângulos: 1, 3, 6, 10;[11] e, novamente, pelos quatro seguintes, iguais em unidade: 1, 4, 9, 16.[12] Ora, os números triangulares somados resultam em 20, e os números quadrangulares em 30, e sua soma é 50. E, se os números triangulares e quadrangulares são combinados, gera-se o número heptagonal, de modo que esteja potencialmente contido na quinquagésima divina, que o profeta tinha em mente quando a designou como o festival do quinquagésimo ano. Mas o quinquagésimo ano é inteiramente livre e provedor de liberdade. O terceiro argumento é que três quadrados em sucessão a partir da unidade e três cubos em sucessão a partir da unidade dão 50; os três quadrados em sucessão a partir da unidade são os seguintes: 1, 4, 9, dos quais a soma é 14; e os cubos são os seguintes: 1, 8, 27, dos quais a soma é 36; e sua soma é 50. Ademais, o número 30 é bastante natural. Pois, a tríada está para a unidade assim como o número 30 está para a década, de modo que o ciclo da lua é completado com o acúmulo dos meses. Em segundo lugar, constitui-se dos seguintes quatro quadrados em sucessão a partir da unidade: 1, 4, 9, 16, que somados são trinta. Por esta razão, Heráclito não chamou vã ou inapropriadamente a isso geração, dizendo: "De um homem com trinta anos de idade pode surgir um avô, pois ele atinge a virilidade em seu décimo quarto ano, quando está apto a reproduzir, e a criança gerada nasce dentro de um ano e, semelhantemente, gera outra parecida consigo depois de quinze anos." E a partir desses nomes de avô, pai, filho gerado, e a partir de mães, filhas e filhos das filhas, sucede-se uma geração completa.

---

[11] Consideram-se triangulares estes números por serem representados pelos pitagóricos da seguinte maneira:

•
• •   • •
• • • • • •
• • • • • • •

[12] Aparentemente, consideram-se iguais estes quatro números por serem o quadrado dos quatro primeiros algarismos. Ademais, consideram-se números quadrangulares por serem representados do seguinte modo pelos pitagóricos:

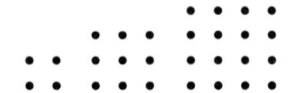

• • • •
• • • • • •
• • • • • • • •
• • • • • • • • •

6. *(Gn 6, 16) Qual o sentido das palavras "a porta da arca a um lado"? Pois as Escrituras dizem: "Porás também a porta da arca a um lado".*

A porta a um lado da arca representa não vulgarmente a estrutura humana que Ele mencionou decorosamente dizendo que estava "a um lado" e através da qual os excrementos se eliminam. Isso é excelente, pois, como dizia Sócrates – ensinado por Moisés ou movido pelas coisas mesmas –, o Criador, respeitando a decência de nosso corpo, pôs os orifícios de passagem dos canais na retaguarda dos sentidos, a fim de que não sentíssemos aversão a nós mesmos e não olhássemos algo tão vergonhoso quando nos purificássemos dos resíduos carregados de bile. Por essa razão, Ele cercou e fechou tal passagem com as partes traseiras como que por meio de montículos elevados; e as nádegas foram feitas macias também para outros usos.

7. *(Gn 6, 16) Por que as Escrituras dizem: "farás nela um pavimento térreo para compartimentos, um no meio e um terceiro em cima"?*

As Escrituras, de modo excelentíssimo, aludiram aos receptáculos de comida chamando-lhes "pavimento térreo para compartimentos", dado que a comida é corruptível, e a corruptibilidade pertence à parte inferior, porque é carregada para baixo. Pois apenas uma pequena quantidade de comida é distribuída de uma parte a outra do corpo, e por meio disso nós nos nutrimos, ao passo que a maior parte é separada e posta para fora no excremento. Mas os intestinos foram feitos compartimentos de segundo e de terceiro pavimento mediante a providência do Criador, para preservação das coisas criadas. Pois, se Ele tivesse feito deles receptáculos diretos de comida do estômago para as nádegas, algo terrível poderia ter acontecido. Em primeiro lugar, poderia ter ocorrido carência, desejo e fome contínuos; esses são os infortúnios que poderiam ter ocorrido em tal caso, além de evacuação instantânea. Em segundo lugar, certo desejo insaciável teria resultado [disso]. Pois, quando os receptáculos tivessem sido esvaziados, necessariamente a fome e a sede se seguiriam logo, como no caso de mulheres de meia-idade grávidas, e o aprazível desejo de comida haveria de tornar-se um desejo insaciável e algo não filosófico. Sim, porque nada é mais incivilizado que entregar-se completamente ao estômago. Em terceiro lugar, a morte permanece à espreita na entrada, pois os que quando comem e logo sentem fome e quando bebem logo sentem sede, ficando famintos e esvaziando-se antes de estar saciados, devem sujeitar-se a uma morte terrena. Mas por meio das curvas e dos entrelaçamentos dos intestinos somos salvos de toda a fome, do desejo insaciável e da sujeição a uma morte terrena. Durante o tempo em que a comida ingerida permanece dentro de nós, transforma-se não a que está de passagem, mas a que é necessária. Pois a energia da comida primeiramente é liberada e espremida no estômago. Depois é esquentada no fígado e transportada. Em seguida, o que quer seja mais saboroso decompõe-se em várias partes – redundando em crescimento para as crianças e em força para os adultos –, mas o resto é separado como excremento e resíduo e é expelido. Ora, consome-se muito tempo em tal distribuição, dado que a natureza facilmente o realiza incessantemente. Mas parece-me que, se a arca é escolhida para referir-se ao corpo humano, a natureza, notavelmente, de fato gosta muito da vida. Por essas razões, quando viventes foram destruídos e pereceram no dilúvio, Ele preparou uma duplicata para a terra. Por essa razão, o que quer que tenha prosperado sobre a terra geralmente tinha sido carregado pela arca. E Ele desejara que o que deveria estar sobre as ondas devesse assemelhar-se à terra, a uma mãe e a uma enfermeira. E, na medida em que eram nutridos à maneira de mulheres grávidas, Ele desejava mostrar-lhes o que havia no sol, na lua, na multidão de outras estrelas e também em todo o céu universal. Pois, vendo por meio do que se construíra mediante a arte, aprenderam de forma a mais clara o princípio e as proporções do corpo humano. Pois nada escravizou tanto o homem como os elementos corpóreos de seu ser e as coisas por meio das quais surgem as paixões, especialmente as perniciosas paixões do prazer e dos apetites.

8. (Gn 6, 17) Por que as Escrituras dizem: "Eu, porém, derramarei as águas do dilúvio sobre a terra, para fazer morrer toda e qualquer carne em que há respiração de vida debaixo do céu"?

Isto é como se agora se desvelasse o que anteriormente fora insinuado. Pois não havia outra razão para que se realizasse a destruição dos homens que o se terem tornado escravos dos prazeres e dos apetites. Eles fizeram tudo <quanto quiseram> e sofreram; por essa razão, obtiveram uma vida de extrema miséria. Todavia, as Escrituras acrescentam algo muito natural ao dizer que o lugar do espírito vital está abaixo do céu, uma vez que nos céus também há viventes. Pois não é afortunado apenas o corpo feito de substância divina, como se apenas ele tivesse obtido uma peculiar e maravilhosa porção, melhor que a das criaturas dotadas de vida. Mas o céu, em primeiro lugar, pareceu merecedor desse benefício na forma de maravilhosos e divinos viventes, que são inteiramente espíritos intelectuais e que, ademais, dão aos que estão na terra uma porção da participação na potência vital, e animam os que podem ser animados.

9. (Gn 6, 17) Por que as Escrituras dizem: "tudo o que há na terra será consumido" – pois que pecado cometeram os animais?

Em primeiro lugar, assim como quando um rei é morto em batalha suas forças militares também são abatidas junto com ele, assim também Ele decide que quando a raça humana é destruída como um rei também outros animais devem ser destruídos junto com ela. Por essa razão, sucede que os animais morrem antes dos homens também numa praga, especialmente os que são criados com os homens e que vivem com eles, como, por exemplo, os cães e seus semelhantes, e os homens morrem depois. Em segundo lugar, assim como quando a cabeça é cortada ninguém culpa a natureza se tantas outras partes do corpo também morrem junto com ela, assim também ninguém condenará isso. Pois o homem é uma sorte de cabeça governante, e quando é destruído não é de espantar que outros viventes devam perecer junto com ele. Em terceiro lugar, os animais foram feitos não para seu próprio bem, como raciocinam os homens inteligentes, mas para o serviço, a necessidade e a honra do homem. É certo que, quando são afastados aqueles para cujo bem foram feitos os animais, também estes devam ser privados da vida. Este é o sentido literal. Mas, quanto ao sentido mais profundo, podemos dizer o seguinte: quando a alma é inundada por torrentes de paixões e, em certo sentido, submerge, os que estão sobre a terra – com os quais me refiro às partes mundanas do corpo – devem morrer com ela. Pois uma vida de males é a morte. Os olhos que olham morrem quando o fazem injustamente. E os ouvidos que escutam morrem quando o fazem injustamente. Todos os <outros> sentidos também morrem quando percebem injustamente.

10. (Gn 6, 18) Qual o sentido das palavras "E eu farei um pacto contigo"?

Em primeiro lugar, Ele declara que ninguém além do virtuoso será herdeiro da divina substância. Embora os homens tenham herdeiros quando já não estão vivos, mas mortos, Deus é eterno e concede aos sábios participação na herança, e alegra-se com esta posse. Pois O que possui todas as coisas não necessita de nada, mas os que carecem de todas as coisas em verdade não possuem nada. Por essa razão, sendo benevolente, Ele favorece os que são merecedores, conferindo-lhes o que quer que lhes falte. Em segundo lugar, Ele confere ao homem sábio certa herança adicional, pois não diz "Eu farei um pacto por ti", mas "contigo", isto é, "tu és um pacto justo e verdadeiro, que estabelecerei como uma classe racional em posse e em gozo daquilo por que é necessária a virtude".

11. (Gn 7, 1) Por que as Escrituras dizem: "Entra na arca tu e toda a tua casa: porque vi que eras justo diante de mim, entre os desta geração"?

Em primeiro lugar, é de todo evidente que por causa de um homem justo e digno se salvam muitos homens que tenham relação com ele, do mesmo modo que marinheiros e uma força militar se salvam – aqueles quando se agrupam sob um bom capitão, e estes quando se agrupam sob alguém que é experiente em batalha e é bom comandante. Em segundo lugar, Ele exalta o homem justo que granjeia a virtude não apenas para si, mas também para sua família, razão por que esta também se torna merecedora da salvação. E acrescenta-se de forma excelentíssima o que se segue: "porque vi que eras justo diante de mim". Pois os homens avaliam de certa maneira o modo de vida de alguém, mas a Deidade julga diferentemente. Sim, porque eles julgam segundo as coisas visíveis, mas Ele julga segundo os pensamentos invisíveis da alma. E é notável que o que se segue a isso se ponha em primeiro lugar, com o que quer Ele dizer: "porque vi que eras justo diante de mim, entre os desta geração", para que não parecesse que condenaria gerações anteriores e não tirasse, assim, a esperança dos que viriam depois. Este é o sentido literal. Mas o sentido mais profundo é o seguinte: quando Deus salva o intelecto soberano, que é mestre da alma, então salva também toda a família com ele. Com isso quero dizer todas as partes e todas as coisas parciais, e a fala, que é projetada para fora, e as coisas do corpo. Pois, assim como o intelecto está na alma, assim também a alma está no corpo. Por meio do raciocínio, todas as partes do corpo ficam em circunstâncias satisfatórias, e toda a sua família também experimenta os benefícios. E, quando toda a alma passa bem, então sua família experimenta o benefício com ela, e o corpo fá-lo mediante a moderação e o controle dos hábitos e mediante a remoção dos desejos insaciáveis, que são a causa das enfermidades.

12. (Gn 7, 2-3) Por que Ele manda Noé levar para a arca sete machos e sete fêmeas de todos os animais limpos, mas dos animais imundos dois machos e duas fêmeas, para que se conserve a casta sobre toda a terra?

As Escrituras, sendo, por assim dizer, condizentes com Deus, chama pura à hebdômada, mas impura à díada, pois o número 7 é, por natureza, verdadeiramente puro, porquanto é virginal, sem mescla *nem mãe*, não dá à luz nem é nascido, como o são os vários algarismos que estão na década, por causa de sua semelhança com o Eterno; pois Ele é incriado e não gerado, e nada é gerado por meio d'Ele, embora Ele seja a causa da geração e das coisas geradas, pois move todas as potências que são naturalmente bem ajustadas à geração do que é criado. Mas o número 2 é impuro; em primeiro lugar, porque é vazio e não denso; e o que não é pleno tampouco é puro. Então, igualmente, é o princípio de vasta infinidade na matéria. E tem desigualdade por causa dos oblongos, pois os números que se multiplicam por dois são oblongos. O desigual, porém, não é puro, nem o é o material, mas o que provém dele é incerto e incongruente, carece de razão para a pureza, ou seja, o que o leva a um fim. E ele é automaticamente levado a um fim através de períodos de harmonia e igualdade. Esses são os aspectos naturais. Mas agora há que falar dos aspectos morais. A parte irracional e inintelligente de nossa alma divide-se em sete partes – os cinco sentidos, o órgão da fala e o da reprodução. Todas estas partes são puras num homem virtuoso, e são femininas por natureza quando pertencem a uma espécie irracional, mas são masculinas quando pertencem a um bom possuidor, pois os pensamentos de um homem virtuoso também lhe trazem virtude, dado que sua parte superior não lhe permite passar aos sentidos externos de maneira estouvada, descontrolada e incontida, senão que ele os subjuga e os faz retornar à reta razão. Mas num homem vicioso o mal produz gêmeos, pois o néscio tem dois intelectos e hesita entre duas direções, misturando coisas que não devem misturar-se e confundindo e misturando as que podem separar-se facilmente. Assim é o que carrega uma mancha na alma, pois é como um maculado e um leproso no corpo, a corromper e sujar seus pensamentos saudáveis mediante pensamentos mortíferos. Todavia, foi acrescentada pelas Escrituras, de modo natural, a razão para a entrada e a proteção dos animais, pois elas dizem que isso se fez para a nutrição e a preservação do sêmen. Em sentido literal, embora pudessem perecer animais específicos, apesar disso o gênero se preservava no sêmen de outros, a fim de que o propósito divino que se formara na criação do mundo pudesse permanecer para sempre inextinguível mediante a salvação do gênero. Mas, em sentido figurado, é necessário que se salvem as partes irracionais da alma, imaculadas de movimento, para serem, como eram, princípios portadores do sêmen também de coisas não sagradas. Pois a natureza do homem é receptiva dos contrários [*enantíōn*] – tanto a virtude como o vício –, tendo cada um deles sido indicado pelas Escrituras no relato da Criação pela árvore chamada do conhecimento do bem e do mal, já que nosso intelecto, em que está o conhecimento e o entendimento, compreende a ambos, o bem e o mal. Todavia, o bem é aparentado à hebdômada, ao passo que o mal é irmão da díada. Ademais, a Lei, rica em beleza e amante da sabedoria, diz que o sêmen deve ser nutrido não [apenas] em um lugar, mas em toda a terra. Isso é muito natural e, ao mesmo tempo, muito moral, pois é muito natural que em todas as partes e seções da terra haja sêmen das coisas viventes; e, além disso, é muito conveniente para Deus encher os lugares vazios com coisas similares por meio de outro ato de criação. É também muito moral que a substância de nosso corpo, sendo material, não seja inteiramente negligenciada nem vazia e destituída de coisas viventes. Pois, se apelarmos à embriaguez, à boa culinária, à caça de mulheres e a um comportamento completamente luxurioso e relaxado, haveremos de tornar-nos portadores do cadáver de nosso corpo. Mas, se o Deus misericordioso desvia a torrente de vícios e torna a alma pura, vivificará e animará o corpo com uma alma mais pura, cujo guia é a sabedoria.

13. (Gn 7, 4-10) Por que depois que eles entraram na arca se passaram sete dias, após os quais veio o dilúvio?

O Salvador benevolente concede o arrependimento dos pecados, a fim de que, quando eles virem rumar em sua direção a arca (que se fez como um símbolo do tempo) e os gêneros de animais dentro dela (os quais a terra carregava em si mesma, conforme suas várias espécies particulares), possam ter fé no anúncio do dilúvio; e de que, temendo a destruição, eles possam, em primeiro lugar, recusar o pecado, demolindo e destruindo toda a impiedade e todo o mal. Em segundo lugar, esta passagem representa claramente a extraordinária abundância da bondade própria do Salvador e Benfeitor ao libertar o homem do mal por muitos anos, estendendo-o quase desde o nascimento até a velhice naqueles que se arrependem por poucos dias. Pois a Deidade é livre de malícia e amante da virtude. Portanto, quando Ele vê virtude genuína na alma, concede-lhe tal honra a ela como maneira de ser bondoso com todos os que permanecem culpados por pecados anteriores. Em terceiro lugar, o número de sete dias, durante os quais a ordem divina reteve o dilúvio antes de eles entrarem na arca, é uma lembrança da criação do mundo, cujo aniversário é celebrado no sétimo dia, e claramente revela o Pai como a dizer: "Eu sou tanto o criador do mundo como O que traz à existência coisas não existentes, e agora estou prestes a destruir o mundo mediante um grande dilúvio. Mas minha bondade e minha benevolência foram a razão da criação do mundo, ao passo que a razão da destruição que está prestes a acontecer é a ingratidão e a impiedade dos que experimentaram o bem." Ele, portanto, refreia <o dilúvio> por sete dias, a fim de que os que carecem de fé e crença possam ficar atentos à criação do mundo e, vindo como suplicantes ao Criador de tudo, possam pedir a perpetuidade de Suas obras, e a fim de que possam pedi-lo não com a boca ou a língua, mas antes com o intelecto purificado.

14. (Gn 7, 4-12) Por que choveu durante quarenta dias e quarenta noites?

Em primeiro lugar, "dia" diz-se em dois sentidos. O primeiro é o tempo passado da manhã à noite, do nascer ao pôr do sol. Deste modo, diz-se que "é dia enquanto o sol está sobre a terra". Mas "dia" diz-se num segundo sentido e conta-se com a noite. Deste modo, dizemos que o mês tem trinta dias contando também o período da noite e juntando-o a eles. Ora, com essas coisas determinadas, digo que afirmam as Escrituras quarenta dias e quarenta noites não à toa ou em vão, mas para enfatizar os dois números que se põem de lado para o nascimento do homem, isto é, quarenta e oitenta, como é relatado por muitos outros, por médicos e também por naturalistas.[13] E isto está especialmente escrito na Lei sagrada, que também foi para eles o princípio de serem fisiólogos. Portanto, dado que estava prestes a abater-se a destruição em todos os lugares sobre todas as pessoas, tanto homens como mulheres, por causa de sua unidade excessiva na discórdia e por causa de seus males desenfreados, o Juiz decidiu estabelecer um momento para sua destruição igual ao que Ele determinara para a criação da natureza e para a primeira criação de viventes. Pois o princípio da geração é a eternidade nas partes das sementes.[14] E era necessário honrar o homem com luz pura e sem sombra, mas a mulher, que é uma mescla, [era necessário honrá-la] com a noite, a escuridão e uma massa mesclada. Portanto, na constituição do universo a singularidade numérica do número masculino composto de unidade produz quadrados, mas o número par feminino, composto de dois, produz oblongos. Ora, os números quadrados são esplendorosos de luz, constituindo-se de uma igualdade de lados. Mas os números oblongos têm a noite e a escuridão em razão de sua desigualdade, pois o que é excessivo lança sombra sobre o que é submetido a excesso. Em segundo lugar, o número 40 é uma potência que produz muitas coisas, como se mostrou alhures,[15] e frequentemente se usa como indicação da apresentação da Lei tanto no caso dos que, merecedores de louvor e honra, realizaram algo corretamente como no caso daqueles que estão sujeitos à culpa e à punição em razão de suas transgressões. E, evidentemente, apresentar testemunhos de tais coisas tornaria o discurso prolongado.

15. Qual o sentido das palavras "Eu destruirei da face da terra todo o crescimento de vegetação que fiz"?

---

[13] Sobre o número de dias necessários para a formação dos embriões masculinos e femininos, cf. *QG*, I, 25.

[14] Isso significa que as espécies são eternas, ao passo que os indivíduos estão sujeitos à morte.

[15] *QG*, I, 91.

Não te levantarias de repente ao ouvir isto, por causa da beleza do pensamento? Ele não diz "destruir da terra", mas "da face da terra", isto é, da superfície, a fim de que nas profundezas a potência vital das sementes de todas as coisas possa preservar-se incólume e de que as sementes não sofram nada que possa feri-las. Pois o Criador não esquece Seu próprio desígnio, mas destrói as coisas que se movem sobre e na superfície mesma, enquanto nas profundezas Ele deixa raízes para a geração de outros impulsos. Ademais, está divinamente escrito "Eu destruirei", pois assim acontece quando algo deve ser apagado: a escrita é apagada, mas as tábuas usadas para a escrita sobrevivem. Por meio disso Ele mostra que, em razão da impiedade deles, destruirá a criação superficial à maneira da escrita, mas preservará eternamente a função e a substância da raça humana como semente para os que virão no futuro. De acordo com isso está o que se segue, pois junto a "Eu destruirei" está "crescimento de vegetação". Ora, "crescimento" é a dissolução dos opostos, e o que é dissolvido perde sua qualidade, mas mantém sua substância e sua matéria. Este é o sentido literal. Mas o sentido mais profundo é o que se segue: o dilúvio é um símbolo da dissolução espiritual. E assim, quando pela graça do Pai nós desejamos expulsar e remover do intelecto todas as coisas sensíveis e corpóreas pelas quais ele foi maculado como que por meio de úlceras, ele é inundado assim como uma superfície com sal [é inundada] pelo fluxo de rios doces e fontes potáveis.

16. (Gn 7, 5) Por que as Escrituras dizem: "Fez, pois, Noé tudo o que o Senhor Deus lhe tinha ordenado"?

Isto é um grande elogio ao homem justo, primeiramente porque ele obedeceu não a uma parte das ordens, mas a todas estas, com firme convicção e inteligência dócil. Em segundo lugar, porque Ele não deseja ordenar-lhe algo tanto quanto deseja instruí-lo. Pois os mestres ordenam coisas a seus servos, mas os que amam instruem os amigos, especialmente os mais velhos com respeito aos mais jovens. Desse modo, é uma dádiva maravilhosa estar na fileira dos servos e dos ministros de Deus. Mas também é uma superfluidade da beneficência ser amado pelo louvável e incriado Uno. Ademais, agora as Escrituras apresentam cuidadosamente ambos os nomes;[16] falam das potências mais elevadas, a destrutiva e a beneficente, e põem em primeiro lugar "Senhor" e em segundo "Deus" beneficente. Pois – como era o momento do julgamento – as Escrituras afirmam que o destruidor veio primeiro. Todavia, sendo rei amável, bom e benevolente, Ele deixa alguns vestígios – princípios seminais por meio dos quais os lugares desocupados possam ser novamente preenchidos. Por isso, no princípio das coisas criadas a expressão "faça-se" não era uma potência destrutiva, mas beneficente. E, então, na criação do mundo Ele mudou o título de seus nomes. Pois Ele é chamado Deus por benevolente, e Ele usou este nome regularmente ao constituir o universo. Mas, depois que tudo isso foi completado, Ele passou a chamar-se Senhor na criação do mundo, e este é o seu nome majestoso e destrutivo. Pois onde há gênese "Deus" é posto em primeiro lugar, mas onde há punição "Senhor" vem antes de "Deus".

17. (Gn 7, 11) Por que a Escritura diz "No ano seiscentos da vida Noé, no dia vinte e sete do sétimo mês do mesmo ano, romperam-se todas as fontes do grande abismo e abriram-se as cataratas do Céu"?

Talvez tivesse sido conveniente para o homem justo ter nascido no começo do primeiro mês, oportunamente no começo do ano, o qual por hábito se chama, em costume honorário, mês sagrado. Pois de outro modo as Escrituras não teriam sido tão precisas ao determinar o mês e o dia em que ocorreu o dilúvio, tanto o sétimo mês como o vigésimo sétimo dia. Mas talvez desse modo elas mostrem claramente o período do equinócio vernal, pois que este sempre ocorre no vigésimo sétimo dia do sétimo mês. Mas por que o dilúvio ocorre no equinócio vernal? Porque neste período vêm o crescimento e o nascimento de todas as coisas, tanto de animais como de plantas. Portanto, a punição carrega uma ameaça mais terrível no período de crescimento e de abundância de toda produção, e num período de fertilidade o mal sobrevém para declarar culpados de impiedade os que são sujeitos a punição. Veja-se, dizem as Escrituras: a natureza de todas as coisas contém suficientemente em si mesma sua própria plenitude – pense-se em

---

[16] Isto é, os dois mais elevados atributos de Deus, identificados respectivamente pelo nome "Deus" e pelo nome "Senhor".

cereais, cevada e também todas as outras coisas que são semeadas e levadas a acabamento –, e começa a carregar de frutos as árvores. Mas vós, como mortais, corrompeis Seus benefícios e com isso corrompeis a intenção da dádiva divina. Pois se o dilúvio tivesse acontecido no equinócio outonal, quando não havia nada sobre a terra, senão que as coisas tinham sido coletadas em sua maioria, pareceria menos um castigo que um benefício, em razão da água que purificava campos e montanhas. Portanto, neste período veio a ser o primeiro homem terreno, chamado Adão pelos oráculos divinos; pois era conveniente e apropriado que o progenitor da raça humana (ou antepassado, ou pai, ou como quer que queirais chamar ao homem mais antigo) fosse formado no período do equinócio vernal, quando todas as coisas terrenas estão cheias de frutos. E o equinócio vernal ocorre no sétimo mês, e também se lhe chama o primeiro conforme uma hipótese diversa. Portanto, dado que Noé, depois da destruição da humanidade pelo dilúvio, se torna o primeiro princípio da raça, com a humanidade sendo novamente propagada, é feito semelhante, tanto quanto possível, ao primeiro homem terreno. Ora, o sexcentésimo ano tem como fonte o número seis, e o mundo foi criado com o número seis; portanto, mediante isso, Ele expõe novamente os que agem impiamente e envergonha-os, pois de maneira alguma Ele, que trouxe todas as coisas à existência por meio do número seis, teria destruído as criaturas terrenas sob a forma do seis não fosse o excesso de suas más ações. Pois o número seiscentos é um terceiro e inferior seis,[17] e o número sessenta é o meio-termo entre eles, pois as dezenas carregam uma semelhança com o um, e, em grau menor, as centenas.

18. (Gn 7, 11) Qual o sentido das palavras "romperam-se todas as fontes do grande abismo e abriram-se as cataratas do Céu"?

O sentido é claro, pois que se afirma que a terra e o céu são os princípios e extremidades do universo, e se juntaram na condenação e destruição dos mortais no momento em que as águas se encontraram umas com as outras, umas saindo da terra, outras entornando-se do céu. E mais clara e mais evidente é a razão por que se diz que "romperam-se as fontes do

---

[17] Na sequência 6: 60: 600.

grande abismo", pois quando ocorre uma rachadura o curso das águas fica descontrolado. Quanto porém ao sentido mais profundo, deve dizer-se isto: o céu é simbolicamente o intelecto humano, e a terra é a percepção sensível e o corpo. E grande infortúnio e dúvida ocorrem quando nenhum dos dois permanece constante, mas ambos praticam a fraude. Ora, que quero dizer com isto? Muitas vezes o intelecto acolhe a astúcia e o mal, e mostra severidade para com todas as coisas quando os prazeres sensuais do corpo são reprimidos e suprimidos. E muitas vezes experimenta o contrário: quando os prazeres sensuais são afortunados, movem-se lentamente, crescem no amor do luxo e no esbanjamento da vida. E os sentidos e o corpo são os refúgios dessas coisas. Ora, quando o intelecto permanece resoluto, indiferente a tais coisas, elas diminuem e tornam-se inertes. Mas, quando aquele e estas se juntam – usando na razão de todos os tipos de perversidade, e estimulado o corpo por todos os sentidos e viciando-se em todas as paixões até a saciedade –, então somos inundados. E quando as torrentes do intelecto são abertas pela insensatez, pela loucura, pelo desejo insaciável, pelas más ações, pela estupidez, pela negligência e pela impiedade; e quando as fontes do corpo são abertas pelo prazer sensual, pelo desejo, pela embriaguez, pela glutonaria, pela libertinagem com os parentes e com as irmãs e por vícios incuráveis; então se trata verdadeiramente de grande dilúvio.

19. (Gn 7, 16) Qual o sentido das palavras "e o Senhor fechou-o por fora"?

Assim como dissemos que a estrutura do corpo humano é mostrada simbolicamente pela arca, assim também deve observar-se que nosso corpo é fechado na parte externa por uma pele rígida, que está posta em volta dele como cobertura para todas as partes. Pois a Natureza fez dela uma vestimenta para que o frio e o calor não tivessem potência para fazer mal algum. O sentido literal é claro. Pois a arca foi fechada cuidadosamente por fora pela potência divina para que pudesse ser protegida da entrada de água por qualquer parte, já que estava destinada a ser sacudida pela tempestade por todo um ano.

20. (Gn 7, 18) Qual o sentido das palavras "Porque crescendo muito a inundação, cobriram as águas tudo na superfície da terra: a arca, porém, era levada sobre as águas"?

O sentido literal é claro. Mas deve alegorizar-se da seguinte maneira: nosso corpo deve, em certo sentido, cruzar o oceano e ser sacudido pelas necessidades, superando a fome e a sede, o frio e o calor, pelos quais é jogado para cima e para baixo, é perturbado, é movido.

21. *(Gn 7, 20) Por que a água se elevou quinze côvados acima do cume das montanhas?*
Deve observar-se, quanto ao sentido literal, que ela não só se elevou quinze côvados acima de todas as montanhas altas, mas acima das mais elevadas e mais extensas, e, portanto, permaneceu assim acima das mais baixas. Mas este trecho deve ser tratado alegoricamente. As montanhas elevadas indicam os sentidos em nosso corpo, pois acontece que eles têm sua posição firmada no topo da cabeça. E são cinco, sendo cada um deles visto como se fosse triplicado, de modo que no conjunto são quinze: a visão, a coisa vista e o ato de ver; a audição, a coisa ouvida e o ato de ouvir; o olfato, a coisa cheirada e o ato de cheirar; o paladar, a coisa saboreada e o ato de saborear; o tato, a coisa tocada e o ato de tocar. São estes os quinze côvados que estavam acima das montanhas. Pois também eles são inundados e destruídos pela investida súbita dos intermináveis vícios e males.

22. *(Gn 7, 21) Qual o sentido das palavras "Toda e qualquer carne que se move sobre a terra foi consumida"?*
As Escrituras falaram excelente e naturalmente da destruição da carne movente, pois a carne se move e é movida pelos prazeres sensuais. Mas tais movimentos são as causas da destruição das almas, assim como as regras do autocontrole e da paciência são as causas de sua salvação.

23. *(Gn 7, 22) Qual o sentido das palavras "Tudo o que estava sobre a terra seca morreu"?*
O sentido literal é conhecido por todos, pois no grande dilúvio tudo o que estava sobre a terra foi completamente destruído. Mas o sentido mais profundo é que, assim como a madeira das árvores, quando está completamente seca, é imediatamente consumida pelo fogo, assim também a alma, quando não está misturada à sabedoria, à justiça e à piedade e ainda a outras virtudes que sozinhas são capazes de alegrar os pensamentos, assim

também ela se seca e se torna árida como uma planta estéril e desfolhada, ou como uma árvore idosa, e morre quando cede ao dilúvio do corpo.

24. (Gn 7, 23) Qual o sentido das palavras "Ele destruiu todo o crescimento que estava sobre a face da terra"?

O sentido literal tem explicação clara, mas deve alegorizar-se este trecho como se segue: as Escrituras não dizem à toa "crescimento" – este é o nome da arrogância e do orgulho, em razão dos quais os homens desprezam a Deidade e os direitos dos homens. Mas a arrogância e o orgulho exagerados sobre a superfície de nossa natureza terrena e corpórea aparecem mais facilmente quando o rosto se levanta e as sobrancelhas se franzem. Pois alguns se aproximam com as pernas, mas com o tórax, com o pescoço e com a cabeça se inclinam para frente e para trás, empinando-se e oscilando como uma balança; com metade do corpo – as pernas – vão para frente, mas do tórax para cima se inclinam para trás como aqueles cuja coluna vertebral ou cujo occipício lhes causam dor, pelo que são impedidos de inclinar-se naturalmente. Mas era razoável que todos os homens deste tipo fossem arrancados da memória do Senhor e da narrativa divina das Escrituras.

25. (Gn 7, 25) Qual o sentido das palavras "Ficaram somente Noé e os que estavam com ele na arca"?

O sentido literal é claro. Mas o sentido mais profundo deve ser algo como o que se segue: o intelecto que é desejoso de sabedoria e de justiça, como uma árvore remove todo e qualquer desenvolvimento prejudicial que cresce nele e lhe drena a nutrição. Com isso [todo e qualquer desenvolvimento prejudicial], quer-se dizer a falta de moderação das paixões e a perversidade e os atos resultantes delas. Ele é deixado a sós. E particulares a cada um são todos os pensamentos que se ordenam conforme a virtude. Razão por que se acrescenta que "ficaram somente ele e os que com ele estavam", para dar clara impressão da mais verdadeira alegria. E ele permaneceu na arca, com o que se quer dizer o corpo, que é livre de todas as paixões e doenças espirituais, mas não está apto a tornar-se inteiramente incorpóreo. Todavia, devem dar-se graças ao Salvador e Pai também por este favor, isto é, por ele ter recebido um parceiro e alguém ligado a ele, já não alguém que o governasse, <mas alguém que estivesse> sob seu comando. Portanto, seu corpo não foi submerso pelo dilúvio, mas permaneceu acima dele, sem ser destruído pelas torrentes das cataratas que gorgolejavam, isto é, a voluptuosidade, a intemperança, os hábitos lascivos e os desejos vazios.

26. (Gn 8, 1) Por que as Escrituras dizem: "Mas tendo-se Deus lembrado de Noé e de todos os animais, e de todas as feras", mas não menciona sua mulher e seus filhos?

Quando um homem está unido e associado a sua mulher, e um pai a seus filhos, não há necessidade de vários nomes, mas apenas do primeiro. E então as Escrituras, tendo mencionado Noé, mencionam potencialmente os que eram de sua família. Pois quando um homem e uma mulher brigam, e [também] seus filhos e parentes, a família já não porta seu nome, mas em lugar de um há muitos. Quando porém há concórdia, uma família é descrita conforme a pessoa mais velha, e todos os outros dependem dela como os galhos que crescem de uma árvore ou como os frutos de uma planta que não caem. E diz o profeta em algum lugar:[18] "considerai Abraão, vosso pai, e Sara, que vos pôs no mundo", o que mostra de maneira muito clara que havia apenas uma raiz com respeito à concórdia com a mulher.

27. (Gn 8, 1) Por que as Escrituras mencionam primeiro os animais selvagens e posteriormente o gado, dizendo que "Ele lembrou-se de Noé, das feras e dos animais domésticos"?

Em primeiro lugar, este dito poético, a saber, que "conduziu os desprezíveis para o meio",[19] não está aí de modo inepto. Pois Ele colocou os animais selvagens no meio dos animais domésticos, isto é, homens e gado, a fim de que pudessem ser domados e domesticados mediante aquisição de familiaridade com ambos. Em segundo lugar, não parecia correto ao Observador conceder ao mesmo tempo um benefício aos animais selvagens. Pois as Escrituras, ademais, estavam prestes a referir o início da diminuição do dilúvio. Este é o sentido literal. Quanto ao sentido mais profundo, ei-lo: o intelecto íntegro, vivendo no corpo como numa arca,

---

[18] Is 51, 2
[19] *Ilíada*, IV, 299

também tem animais domésticos e animais selvagens, mas não especificamente os que mordem e são prejudiciais, e sim, como dizer?, os genéricos, que têm estatuto de semente e princípio; pois sem estes a alma não é capaz de aparecer no corpo. Portanto, a alma do homem perverso pratica todas as coisas venenosas e letais, mas a do homem virtuoso pratica as coisas que transformam a natureza dos animais selvagens na dos animais domésticos.

*28. (Gn 8, 1) Qual o sentido das palavras "Ele mandou um espírito sobre a terra, e as águas diminuíram"?

Alguns diriam que por "espírito" se queria dizer o vento mediante o qual o dilúvio cessou. Mas eu mesmo não estou seguro quanto a que água seja diminuída por um vento. Mais propriamente, ela é agitada e excitada [pelo vento]. Se assim não fosse, vastas extensões do oceano já desde há muito se teriam consumido. Portanto, as Escrituras parecem falar agora do espírito da Deidade, por meio do qual todas as coisas são protegidas da terrível condição do mundo e das coisas que estão no ar e em todas as misturas de plantas e de animais. Pois desta vez o dilúvio não foi uma efusão de água insignificante, mas ilimitada e imensa, e quase fluiu para além dos Pilares de Héracles e do Grande Oceano. Portanto, toda a terra e as regiões montanhosas foram inundadas. Não era conveniente que tal quantidade de água fosse removida pelo vento, justa ou provavelmente; mas, como eu disse, tal deve ter sido feito pela potência invisível de Deus.

*29. (Gn 8, 2) Qual o sentido das palavras "Fecharam-se as fontes do abismo, como também as cataratas do Céu"?

Em primeiro lugar, está claro que o aguaceiro foi incessante durante os primeiros quarenta dias, quando de sob a terra jorravam as fontes, e do céu acima se abriam as cataratas, até que todas as regiões de planície e de montanha se inundassem. E durante outros cento e cinquenta dias completos as torrentes não pararam de cair nem as fontes pararam de jorrar, mas ficaram mais suaves, já não para crescer, mas para a continuação do jorro de água. E das alturas veio o socorro. Isto se indica pelo que se diz agora: "depois de cento e cinquenta dias as fontes e cataratas foram cobertas". Deste modo, está claro que elas estavam ativas enquanto não eram contidas.

Em segundo lugar, era necessário que se fechasse o que as Escrituras referem como torrentes do dilúvio, isto é, o duplo reservatório de água, um as fontes da terra e o outro as torrentes do céu; pois, proporcionalmente, assim como acabavam os suprimentos adicionais de material, assim também ele [o duplo reservatório de água] se consome gastando-se a si mesmo, especialmente quando a potência divina o ordenou. Este é o sentido literal. Quanto ao sentido mais profundo, ei-lo: dado que o dilúvio da alma brota de duas fontes (da razão como que do céu, e do corpo e dos sentidos como que da terra), com o mal penetrando-a por meio das paixões, e as paixões por meio do mal ao mesmo tempo, era necessário para a palavra do divino médico que ela penetrasse a alma para uma visita de cura, para curar sua doença e conter as duas torrentes. Pois o princípio da cura é o conter as causas da doença e o já não deixar nenhum material para os efeitos da doença. As Escrituras indicaram-no também no caso do leproso;[20] pois, quando a mancha permanece e já não se espalha, então, com respeito à sua permanência no mesmo lugar, as Escrituram definiram como lei que ele[21] está limpo, pois o que se move contra a natureza é impuro.

30. (Gn 8, 3) Qual o sentido das palavras "E as águas agitadas de uma parte à outra retiraram-se de cima da terra, e começaram a diminuir depois de cento e cinquenta dias"?

Devemos perguntar-nos se de fato estes cento e cinquenta dias de diminuição e redução são diferentes do período que durou cinco meses[22] ou se, ao contrário, aludem a este último período, quando o dilúvio ainda não cessava, isto é, quando ainda aumentava.

31. (Gn 8, 4) Por que as Escrituras dizem: "E no dia 27 do sétimo mês parou a arca sobre os montes da Armênia"?

Convém considerar que o início do dilúvio caiu no vigésimo sétimo dia do sétimo mês, e que a diminuição do dilúvio, quando a arca parou no topo das montanhas, também caiu no vigésimo sétimo dia do sétimo mês.

---

[20] Lv 13, 6 ss.
[21] O suspeito de lepra.
[22] Gn 7, 24, não citado por Fílon.

Diga-se, portanto, que há uma homonímia de meses e de dias, pois o início do dilúvio caiu no sétimo mês, no aniversário do homem justo[23] durante o equinócio vernal, mas o abrandamento do dilúvio começou no sétimo mês, tomando seu início do dilúvio, no equinócio outonal. Pois os equinócios são separados e divididos um do outro por sete meses, com cinco meses no meio. Sim, porque o sétimo mês do equinócio também é potencialmente o primeiro, pois a criação do mundo ocorreu neste mês, já que todas as coisas estavam completas neste período. Semelhantemente, o mês do equinócio outonal, que é o sétimo no tempo, é o primeiro em honra, tendo início o sétimo a partir do ar. Portanto, o dilúvio ocorre no sétimo mês, não segundo o tempo, mas segundo a natureza, tendo como início o equinócio vernal.

32. (Gn 8, 5) Por que as Escrituras dizem: "Enquanto isso, as águas diminuíam até o décimo mês; e no primeiro dia do décimo mês apareceu o cume dos montes"?

Assim como entre os números a década é o limite das unidades, e é o número perfeito e completo, sendo o ciclo e o fim das unidades e o princípio e o ciclo das dezenas e de uma infinidade de números, assim também o Criador pensou que seria bom, quando o dilúvio cessasse, que o cume das montanhas aparecesse mediante o perfeito e completo número 10.

33. (Gn 8, 6) Por que o homem justo abriu a janela da arca após quarenta dias?

Observe-se atentamente que o teólogo[24] usa o mesmo número do transcurso do dilúvio que o de sua interrupção e da completa reparação do desastre. No vigésimo sétimo dia do sétimo mês do sexcentésimo ano da vida de Noé, isto é, em seu aniversário, começou, na primavera, o dilúvio. No vigésimo sétimo dia do sétimo mês, a arca parou nos cumes das montanhas, no equinócio outonal. E a partir de três coisas está claro que o dilúvio se tornou invisível no sexcentésimo primeiro ano, também no vigésimo sétimo dia do sétimo mês; pois apenas um ano depois haveria de cessar, restabelecendo-se a terra tal como era na época da destruição, a florescer e a prosperar na primavera, repleta de todas as classes de frutos. Além

---

[23] Noé.
[24] Moisés.

disso, as torrentes do dilúvio vieram em quarenta dias, quando as cataratas foram abertas no céu e as fontes brotaram de sob a terra. E, novamente, a esperança de estabilidade retornou quarenta dias após uma longa interrupção, quando Noé abriu a janela. Mais uma vez, a duração do restante do dilúvio foi de cento e cinquenta dias, enquanto sua diminuição também durou cento e cinquenta dias, de modo que alguém pode admirar-se por tal igualdade, porque o desastre cresceu e cessou com o mesmo número de dias, como ocorre com a lua. Sim, porque com o mesmo número de dias ela começa seu crescimento a partir de sua conjunção até ficar cheia, e [também] sua diminuição, quando retorna à sua conjunção depois de ter estado cheia. Semelhantemente, nas visitações divinas o Criador preserva a ordem devida e expulsa a desordem das fronteiras divinas.

34. (Gn 8, 6) Que é a "janela da arca", que foi aberta pelo homem justo?

O sentido literal não admite dificuldade ou dúvida; é de todo claro. Quanto porém ao sentido mais profundo, deve dizer-se o que se segue. As várias partes do sentido são semelhantes a janelas do corpo. Pois através delas, como através de uma janela, a apreensão das coisas sensíveis penetra o intelecto, e, novamente, o intelecto estica-se para entender estas através daquelas. E uma das janelas, ou seja, um dos sentidos, é a visão, porque está especialmente ligada à alma e também é íntima da luz, a mais bela das coisas existentes e ministra das coisas divinas. E este mesmo sentido foi o primeiro a talhar e construir o caminho para a filosofia. Pois, quando vê os movimentos do sol, da lua e dos outros planetas, a revolução inerrante de todo o céu, a ordem que está acima de toda e qualquer descrição, a harmonia e o único verdadeiro e incontestável Criador do mundo, ele reporta a seu único soberano, a razão, o que viu. E esta, vendo com olho aguçado ambos os fenômenos celestiais e, por meio deles, as formas paradigmáticas mais elevadas e a causa de todas as coisas, apreende imediatamente estas coisas, a criação e a providência, pois infere que a natureza visível não veio a ser por si mesma; porque seria impossível que a harmonia e a ordem, a medida e as proporções da verdade, tais concordâncias, a prosperidade real e a felicidade surgissem por si mesmas. Mas é necessário que haja um Pai e Criador, um piloto e cocheiro, que tanto gerou como preserva e guarda as coisas geradas.

35. (Gn 8, 7) Por que Noé primeiro enviou um corvo?

Quanto ao sentido literal, o corvo é tido como uma classe de criatura realizadora e mensageira. Por essa razão, até hoje muitos prestam vigilantemente atenção a seu voo e a seu som quando ele crocita, como se estivesse indicando algo escondido. Quanto porém ao sentido mais profundo, o corvo é uma criatura escura, indiferente e veloz, o que é símbolo do mal, pois que traz a noite e a escuridão para a alma, e é muito veloz, saindo para conhecer todas as coisas no mundo de uma só vez. Em segundo lugar, ele leva à destruição os que o apanham, e é de todo indiferente, pois que origina a arrogância e o desaforo impudico. E a isso se opõe a virtude, que é lúcida, estável, modesta e reverente por natureza. Então foi correto expelir para além das fronteiras todo e qualquer resíduo de escuridão que houvesse no intelecto e que pudesse ter levado à loucura.

36. (Gn 8, 7) Por que, depois de ter saído, o corvo não voltou, uma vez que ainda nem todas as partes da terra estavam secas?

A passagem deve interpretar-se alegoricamente, pois a iniquidade é adversária da luz da retidão, de modo que ela se considera muito alegre com seu parente, o dilúvio, mais desejável que as boas obras do homem virtuoso. Porque a iniquidade é amante da confusão e da corrupção.

37. (Gn 8, 7) Por que as Escrituras usaram de hipálage ao dizer: "até que as águas se secaram", uma vez que não é a água que se seca de terra, mas é a terra que se seca de água?

Elas alegorizam com estas palavras, indicando, pelo exemplo da água, a imensurabilidade das paixões. Quando abarrotada e inchada destas, a alma corrompe-se. E salva-se quando as paixões se enxugam. Pois então estas não são capazes de ferir a alma de maneira alguma, e são, em certo sentido, enfraquecidas e mortas.

38. (Gn 8, 8) Por que Noé, na segunda vez, envia uma pomba tanto "de si mesmo" como para verificar se a água havia cessado, o que não se diz no caso do corvo?

Em primeiro lugar, a pomba é criatura pura e, portanto, mansa e dócil, coabitante do homem. Por isso, recebeu a honra de ser oferecida no altar entre os sacrifícios. Por conseguinte, as Escrituras afirmaram definida e positivamente: "ele enviou-a de si mesmo", mostrando que a pomba era um coabitante. Mas com "para ver se a água havia cessado" mostraram que a pomba era sociável e da mesma opinião. E estes pássaros, o corvo e a pomba, são símbolos [respectivamente] do vício e da virtude. Pois aquele é sem lar, insensível, sem pátria, selvagem, implacável e insociável. Mas a virtude é uma questão de humanidade e sociabilidade, e é útil. O homem virtuoso envia-a como a uma mensageira das coisas sãs e saudáveis, desejando aprender por meio dela por que motivo conhecer. Mas ela – a pomba –, como um mensageiro, presta verdadeiro serviço, a fim de que o homem possa guardar-se das coisas injuriosas e possa receber coisas úteis com grande zelo e com boa vontade.

39. (Gn 8, 9) Por que a pomba, não encontrando um local de descanso para os pés, retornou a Noé?

Não seria isso, então, evidência clara de que mediante o símbolo do corvo e o da pomba se mostram o vício e a virtude? Veja-se que a pomba, depois de ter sido enviada, não encontra lugar de repouso. Como então poderia o corvo, que saíra primeiro, enquanto ainda havia dilúvio excessivo, encontrar lugar de descanso? Pois o corvo não era um *artawazahawd*,[25] nem um íbis, nem nenhum dos pássaros que habitam a água. Mas indica que o vício, saindo das torrentes surgidas das paixões e dos desejos, que inundam e destroem tanto as almas como as vidas humanas, lhes dá as boas-vindas e se associa a elas como a parentes e familiares com que habita. Mas a virtude, atormentando-se à primeira vista, retrocede sem retornar, e não encontra lugar de repouso para os pés, quer dizer, não encontra nenhum lugar permanente digno dela. Pois que mal maior poderia haver que a virtude não encontrar nenhum lugar na alma, nem o menor, onde repousar e permanecer?

40. (Gn 8, 9) Qual o sentido das palavras "e Noé estendendo a mão, tomou a pomba, e tornou a recolhê-la na arca"?

---

[25] Uma espécie de pássaro da água [?], segundo a glosa armênia.

O sentido literal é claro. Mas o sentido mais profundo deve determinar-se precisamente. O homem sábio usa da virtude como de um inspetor e mensageiro dos acontecimentos. E, quando os vê como naturezas dignas dele mesmo, permanece e habita com eles, corrigindo-se e tornando-os melhores. Pois a sabedoria é algo muito comum, constante e útil. Quando todavia os vê crescer perversamente na direção oposta e ficar inteiramente descontrolados e teimosos, retorna a seu próprio lugar. E a virtude admite-o, estendendo a mão com palavra e com obra, abrindo todo o intelecto, desdobrando-o e expandindo-o até o número perfeito, equilibrado e pleno, com toda a boa vontade. Nem então, quando a enviou de si mesmo, ele a tinha separado de si, a fim de examinar a natureza de outros, mas fê-lo do modo mesmo como o sol manda seus raios à terra, tornando claras todas as coisas. Pois na imensa força de sua luz não há separação ou divisão.

41. (Gn 8, 10) Por que, após ter esperado ainda outros sete dias, Noé enviou a pomba novamente?

Este era um excelente modo de vida. Pois, embora ele visse, em primeiro lugar, que sua natureza era inflexível, não abandonava a esperança de sua mudança para melhor. Mas, assim como um bom médico não aplica imediatamente o tratamento para atingir a doença de uma vez, mas permite, primeiro, que a natureza abra caminho para a recuperação, e então usa como médico medicamentos salutares e provedores de saúde, assim também o homem virtuoso usa princípios que estão de acordo com as leis da filosofia. E a hebdômada é sagrada e divina; e foi em conformidade com isto que se disse que o Pai do universo, quando criou o mundo, viu Seu trabalho. Mas a compreensão do mundo e das coisas que nele estão não é nada mais que filosofia, sua parte mais gloriosa e seleta, que é alcançada pela sabedoria científica, que [por sua vez] contém em si mesma a atividade mais necessária para a compreensão.

42. *(Gn 8, 11) Qual o sentido das palavras "ao anoitecer, a pomba retornou novamente a ele, segurando no bico um ramo seco de oliveira"?*

Trata-se de símbolos e de indícios escolhidos [especialmente] – o "retornar novamente", "ao anoitecer", o "segurando uma folha de oliveira", o "ramo seco", o "óleo"[26] e "no bico". E os vários símbolos devem estudar-se detalhadamente. Ora, o retorno distingue-se do voo anterior. Pois este trouxe a notícia de uma natureza completamente corrupta e rebelde e destruída pelo dilúvio, isto é, pela imensa ignorância e pela falta de educação. Mas aquele – o retorno – se arrepende de seu início. E encontrar o arrependimento não é fácil, senão que é tarefa laboriosa e muito difícil. Por essas razões ele vem ao anoitecer, tendo passado o dia inteiro – desde a manhã até o anoitecer – em inspeção; com respeito à palavra, atravessando vários lugares, mas, com relação ao feito, examinando e inspecionando as partes de sua natureza e vendo-as claramente do início ao fim, pois o anoitecer é símbolo do fim. E o terceiro símbolo é "segurando uma folha". A folha é uma pequena parte da planta. E semelhante a ela é o início da conversão. Pois o início desse processo de melhora dá pequena indicação, como se fosse uma folha, de que deve ser protegido e de que também pode sofrer perturbações. Mas há grande esperança, além disso, de que ele alcance a correção de seus modos. O quarto símbolo é que a folha era da oliveira e não de nenhuma outra árvore. E o óleo é a matéria da luz. Pois o mal, como eu disse, é a escuridão profunda, mas a virtude é o esplendor mais radiante; e o arrependimento é o princípio da luz. Não se pense, no entanto, que o início do arrependimento já está nas coisas crescentes e florescentes; elas não têm um princípio seminal senão enquanto estão secas e áridas. Por essa razão, o quinto símbolo é o de quando veio o pombo: este portava um "ramo seco". E o sexto símbolo é que o "ramo seco" estava "no bico", dado que seis é o primeiro número perfeito;[27] pois a virtude traz na boca, isto é, na fala, as sementes da sabedoria e da justiça e geralmente a da bondade da alma. E não só as traz, senão que as reparte com estranhos, oferecendo água à sua alma e lavando com arrependimento seu desejo de pecado.

43. (Gn 8, 11) Por que as Escrituras afirmam que Noé sabia que a água tinha cessado de cobrir a terra?

O sentido literal é claro. Pois, se a folha tivesse sido tomada da água, ainda estaria úmida e molhada. Mas já estava seca; e as Escrituras falam

---

[26] Deduzido da folha de oliveira.

[27] Segundo os pitagóricos.

de "ramo seco" como se se tivesse secado sobre terra seca. Quanto, porém, ao sentido mais profundo: o homem sábio toma-a como a um símbolo do arrependimento, e o ter trazido a folha como a uma prevenção da ocorrência de grande ignorância, ainda que ela já não estivesse florescendo e floreando, mas, ao contrário, fosse "ramo seco", pelas razões expostas anteriormente. E, ao mesmo tempo, deve admirar-se o Pai por Sua grande bondade e amabilidade. Pois, conquanto a destruição tenha surpreendido as criaturas terrenas por causa de seu excesso de injustiça e de impiedade, permanecera, não obstante, um resíduo da antiguidade e daquilo que fora no começo, e uma pequena e ligeira semente das antigas virtudes. E não menos se trata de símbolo do fato de que a memória das boas pessoas que foram criadas no começo não estava completamente destruída. Por essa razão, a afirmação seguinte foi dada como lei por algum profeta que foi discípulo e amigo de Moisés: "se o Deus Todo-Poderoso não nos tivesse deixado uma semente, nós deveríamos ter-nos tornado como o cego e o estéril", de modo que não conhecêssemos o bem e não fôssemos capazes de gerar descendência. E a cegueira e a esterilidade são chamadas, na linguagem ancestral dos caldeus, "Sodoma" e "Gomorra".

44. (Gn 8, 12) Por que Noé, uma terceira vez, manda sair a pomba depois de outros sete dias, e por que a pomba não retornou novamente a ele?

O não retornar a ele aplica-se, quanto à palavra, à pomba, mas, quanto ao fato, aplica-se à virtude. Não se trata de símbolo da separação, pois naquele momento, como eu disse, ela não se separou, mas, ao modo de um raio de luz, foi enviada para ver a natureza dos outros. Naquele momento, todavia, não encontrando ninguém que estivesse recebendo disciplina, retornou e apressou-se imediatamente em direção a ele. Mas agora a pomba já não está apenas na posse de um bem: é o bem comum de todos os que desejam tomar o jorro de sabedoria como que da terra e como se desde sempre tivessem ansiado a posse da sabedoria.

45. (Gn 8, 13) Por que a água cessou na terra no sexcentésimo primeiro ano da vida de Noé, no primeiro dia do primeiro mês?

Esse "primeiro", em conexão com "interrupção", pode referir-se tanto ao mês como ao homem, e leva-os a ambos em consideração. Pois, embora a interrupção da água deva entender-se como ocorrendo no primeiro mês, devemos supor que sétimo haja de entender-se como significando o que é primeiro com respeito ao equinócio, pois o mesmo mês é tanto o primeiro como o sétimo; isso equivale a dizer que o primeiro por natureza e por potência é o sétimo no tempo. Por isso, em outro lugar[28] as Escrituras dizem: "Este mês será para vós o princípio dos meses; será o primeiro dos meses do ano." Desse modo, a Escritura chama "primeiro" ao mês que é primeiro por natureza e por potência, mas é o sétimo quanto ao número temporal, pois o equinócio tem a primeira e a mais elevada posição entre as estações anuais. Mas, se "primeiro" é dito do homem, sê-lo-á do modo mais apropriado, pois o homem justo é verdadeira e particularmente o primeiro, assim como o capitão é o primeiro no navio, e o governante é o primeiro no estado. Mas ele[29] é o primeiro não apenas quanto à virtude, mas também quanto à ordem, pois ele mesmo foi o princípio e o primeiro na regeneração da segunda semente humana. Ademais, nesta passagem se afirma de modo excelente que o dilúvio veio durante a vida do homem justo, e novamente cessou, e tudo retornou ao estado anterior. Por essa razão, quando veio o dilúvio, só ele estava destinado a viver com toda a sua família, e, quando o mal já havia passado, só ele estava destinado a encontrar-se sobre a terra antes da regeneração – sua vida posterior. E tanto então como agora isto não é atestado de forma inepta. Pois, enquanto ele deseja apenas verdadeira vida, que seja segundo a virtude, outros perseguem a morte ansiosamente em razão dos males mortais. Portanto, foi necessariamente no ano seiscentos e sessenta e um que cessou o mal, pois havia corrupção no número seis, e no número um havia salvação, pois o número um é o maior gerador de almas e o mais capaz de formar vida. Por essa razão, o recuo das águas ocorreu durante a lua nova, a fim de que a mônada tivesse preeminência no ser honrada acima tanto dos meses como dos anos, quando Deus

---

[28] Ex 12, 2.
[29] Noé.

salvasse os que estivessem sobre a terra. Pois em sua língua ancestral os hebreus chamam "Noé" a alguém que seja excelente no caráter, enquanto os gregos lhe chamam "justo". Mas ele não é afastado e liberto das necessidades corporais, pois, conquanto não esteja sob a autoridade de outrem e ele mesmo não tenha autoridade, ele, não obstante, é obrigado a morrer, e desse modo o número seis está associado à mônada. Pois o dilúvio recuou não em um ano visto separadamente e por si mesmo, mas em seis, o número adequado ao corpo e à desigualdade, já que o número seis é o primeiro número oblongo.[30] Por essa razão, as Escrituras dizem "no sexcentésimo primeiro ano" e "justo entre os de sua geração". Ele era justo não com respeito à geração que é universal, nem com respeito à que deveria ser destruída, mas com respeito a uma, determinada. Pois a comparação se dá com sua própria geração. Mas também é digna de louvor a geração que Deus escolheu e julgou merecedora da vida acima de todas as gerações, aquela para a qual ele estabeleceu um limite mediante o qual deveria ser como o fim das eras e das gerações, isto é, dos que devem perecer, e como o início dos que deveriam vir em seguida. Todavia, é oportuno louvar sobretudo aquele que se estendeu com todo o corpo e olhou para cima por causa de sua semelhança com Deus.

46. (Gn 8, 13) Qual o sentido das palavras "Noé abriu o teto da arca"?
O sentido literal não requer explicação. Quanto porém ao sentido mais profundo, dado que a arca é simbolicamente o corpo, sua cobertura deve considerar-se como o que o protege e preserva, e guarda rigorosamente sua potência, isto é, o prazer. Pois pelo prazer ele é verdadeiramente preservado e sustentado na proporção da natureza e em conformidade com ela, assim como se desintegra com a dor. Portanto, quando o intelecto é inflamado pelo prazer divino, deseja lançar-se para cima e remover todo e qualquer prazer sensual, a fim de poder remover de seu centro o que o cobre como um véu e o escurece como uma sombra, e a fim de ser capaz de conduzir a percepção a naturezas descobertas e incorpóreas.

---

[30] Isto é, gerado pela multiplicação de fatores desiguais.

47. (Gn 8, 14) Por que a terra se secou no vigésimo sétimo dia do sétimo mês?[31]

Não é verdade que pouco antes as Escrituras falaram do primeiro mês e agora falam do sétimo? Pois o sétimo é o mesmo segundo o tempo, como eu disse,[32] mas segundo a natureza é o primeiro, na medida em que está ligado ao equinócio. Ademais, o advento do dilúvio caiu, excelentemente, no sétimo mês, no vigésimo sétimo dia, e a diminuição e o apaziguamento do dilúvio um ano depois caiu no mesmo sétimo mês e no mesmo dia.[33] Porque o dilúvio veio no equinócio, e absolutamente no mesmo período se deu o retorno da vida. Já escrevi a respeito das causas disto. Mas o sétimo mês é homônimo de tais meses e dias. E, novamente, foi no vigésimo sétimo dia que a arca repousou sobre as montanhas. Este mês é o sétimo segundo a natureza, mas o primeiro segundo o tempo, que está no equinócio. De modo que as distinções são feitas nos equinócios por meio dos sétimos meses e dos vigésimos sétimos dias. Pois o dilúvio ocorreu no sétimo mês, em que cai o equinócio vernal, e que é o sétimo segundo o tempo e o primeiro segundo a natureza. Mas com o mesmo número houve o retorno e o retrocesso da água, quando água veio a repousar sobre os cumes das montanhas; isto, novamente, ocorreu no sétimo mês, não no mesmo, mas no que cai no equinócio outonal, que é o sétimo segundo a natureza e o primeiro segundo o tempo. Ademais, a completa reparação do mal, quando se esgotou, ocorreu semelhantemente no vigésimo sétimo dia do sétimo mês, no equinócio vernal. Pois tanto o começo como o fim do dilúvio tinham recebido previamente um limite estabelecido no mesmo tempo, mas no meio de sua vida posterior estava o tempo intermediário. E o que se diz nas Escrituras deve explicar-se com mais exatidão: o dilúvio – incluindo seu término – durou um ano. Pois seu início se deu no sexcentésimo primeiro ano, de modo que o espaço de tempo foi um ano completo: tomou seu início do equinócio vernal e terminou semelhantemente no mesmo tempo, no equinócio vernal. Pois, como eu disse, assim como eles corromperam as coisas terrenas quando se saciaram com frutos, assim também, quando os que usaram esses frutos pereceram e os sobreviventes

---

[31] A versão hebraica do Antigo Testamento e a maioria dos manuscritos da Septuaginta trazem "segundo".

[32] Cf. § 17 e 45.

[33] Cf. § 17.

foram libertos e resgatados do mal, a terra novamente se viu cheia de coisas portadoras de semente e de árvores que portavam tal fruto à medida que a primavera surgia. Pois Ele pensou que seria bom que, assim como estava a terra ao ser inundada, assim também, ao ficar seca, deveria mostrar-se novamente e revelar sua produção. E não nos surpreendamos com que a terra, passado um dia, tenha feito crescer pela potência de Deus todas as coisas, como sementes, árvores, grama abundante, cereais, plantas e frutas, e tenha ficado inesperadamente cheia de todas as espécies. Pois, também na criação do mundo, em um dos seis dias Ele completou a criação das plantas. Mas estas, em primeiro lugar, eram completas em si mesmas e portavam tantos frutos quantos eram apropriados para a fertilidade da estação da primavera. Sim, porque todas as coisas são possíveis para Deus, que como quer que seja não precisa do tempo para criar.

48. (Gn 8, 15-16) Por que, depois de a terra se ter secado, Noé não saiu da arca antes de ouvir a palavra de Deus, pois: "Então falou o Senhor a Noé, dizendo: Sai da arca tu e tua mulher, e teus filhos e as esposas de teus filhos contigo"?

A retidão é reverente tanto quanto, por outro lado, a injustiça, que é seu oposto, é presunçosa e autossuficiente. E é um sinal de reverência o não acreditar na razão e aquiescer a ela mais que em e a Deus. E especialmente para ele – que subitamente viu toda a terra tornar-se um oceano ilimitado – era natural e apropriado pensar que, já que era natural e possível, o mal poderia retornar. E ele também acreditava no que era compatível com isto, a saber, que, assim como ele entrara na arca por ordem de Deus, assim também deveria sair dela por ordem d'Ele, pois uma pessoa não pode ter completo poder sobre o que quer que seja se Deus não a guiar e primeiro lhe der uma ordem.

49. (Gn 8, 18) Por que, quando eles entraram na arca, havia a ordem de palavras "ele e seus filhos" e, depois, "e as esposas de seus filhos", mas quando saíram a ordem havia mudado? Sim, porque as Escrituras dizem "Noé e sua mulher saíram" e, depois, "seus filhos e as esposas de seus filhos".

Em sentido literal, a Escritura indica por "entrando" a não geração de semente, mas por "saindo" indica a geração. Pois, quando eles entraram, os filhos foram mencionados junto com o pai, e as noras foram mencionadas junto com sua sogra. Mas, quando eles saíram, foram mencionados como casais, o pai junto com a esposa, e cada um dos vários filhos com a respectiva esposa. Pois Ele deseja ensinar a Seus discípulos mais por meio de fatos que por meio de palavras, o que é correto. Portanto, Ele não disse nada mediante explanação vocal no sentido de que os que entraram deveriam abster-se de relações sexuais com a [respectiva] esposa, e de que, quando saíssem, deveriam espalhar a semente de acordo com a natureza. Indicou isso mediante uma ordem, mas não gritando e bradando: "Depois de uma destruição tão grande dos que estavam na terra, não cedais à luxúria, pois isso não é adequado ou legítimo. É-vos suficiente receber a honra da vida." Mas deitar-se com a esposa é próprio dos que procuram e desejam a satisfação sensual. Para esses era adequado simpatizar com a humanidade desprezível, já que eram aparentados a ela. E ao mesmo tempo eles estavam esperando algo não visto que pudesse ser iminente, com receio de que o mal se apossasse deles em algum momento. Além disso, todavia, naquelas circunstâncias teria sido absurdo para eles – enquanto os vivos pereciam – gerar os que ainda não estavam na existência e se enganarem e se fartarem com o prazer sensual em hora inapropriada. Mas, depois de o dilúvio ter cessado e chegado ao fim, e depois de eles terem sido salvos do mal, Ele instruiu-os novamente mediante a ordem para acelerar a procriação, especificando não que homens devessem sair com homens, nem mulheres com mulheres, mas mulheres com homens. Quanto porém ao sentido mais profundo, deve dizer-se isto: quando a alma está prestes a lavar-se e a purificar-se de seus pecados, o homem deve unir-se ao homem, isto é, o intelecto soberano, como um pai, deve unir-se a seus pensamentos particulares como a seus filhos, mas não deve unir-se a ninguém do sexo feminino, isto é, ao que pertence ao sentido. Pois se trata de um período de guerra, no qual cada um deve separar suas fileiras e ficar atento para que não se misturem e tragam a derrota em vez da vitória. Exatamente, no entanto, quando chega o momento adequado para a purificação, e quando ocorre a secagem de toda a ignorância e de tudo o que é capaz de causar prejuízo, é então adequado e apropriado para a alma reunir os elementos que foram divididos e separados; não que os pensamentos masculinos devam tornar-se afeminados e frouxos em razão da brandura, senão que o elemento feminino, os sentidos, deve tornar-se varonil seguindo os pensamentos masculinos e recebendo deles a semente da procriação, para que assim se possam perceber as coisas com sabedoria, prudência, justiça e coragem: em suma, com virtude. Mas em segundo lugar, ademais, é adequado observar também que, quando a confusão invade o intelecto (como num dilúvio, em que muitos baluartes se erigem ao mesmo tempo na vida do mundo), é impossível propagar, conceber ou gerar algo bom.[34] Não obstante, quando discordâncias, ataques e invasões graduais de pensamentos monstruosos são repelidos e se tornam, então, secos, como os lugares férteis e produtivos da terra ele gera virtudes e coisas excelentes.

50. (Gn 8, 20) Por que ele construiu um altar sem que isso lhe fosse ordenado?
Era adequado que atos de gratidão a Deus se realizassem sem ordem nem atraso deliberado, para mostrar uma alma livre de paixões. Pois era adequado que o que recebera o bem por meio da graça de Deus agradecesse com disposição condescendente. Mas alguém que espera uma ordem é ingrato, [pois] é compelido a tal pela necessidade de honrar seu benfeitor.

51. (Gn 8, 20) Por que se diz que ele construiu um altar para "Deus", e não para o "Senhor"?
Porque nos atos de caridade e por ocasião da regeneração, assim como na criação do mundo, Ele assume apenas sua potência beneficente, por meio da qual faz todas as coisas, e faz que Sua potência majestosa se ponha de lado, preferindo a primeira. Semelhantemente, também agora ocorre o início da regeneração, e Ele transforma-se em Sua potência beneficente, que se chama "Deus". Pois Ele instituiu sua potência majestosa, que se chama "Senhor", quando fez cair o castigo em forma de água.

52. (Gn 8, 20) Qual o sentido das palavras "E, tomando de todas as rezes e de todas as aves limpas, ofereceu-lhas em holocausto sobre o altar"?

---

[34] Período bastante obscuro.

Tudo isto se diz em sentido mais profundo, porque ele recebera tudo de Deus como gentileza e presente, e o que era do gênero dos animais puros e sem mácula, e dos domesticados, os mais mansos e mais puros, ele poderia queimar como sacrifícios completos. Pois eles são sacrifícios de coisas boas, são completos e cheios de inteireza,[35] e têm o estatuto do fruto; e o fruto é o fim para o qual existe a planta. Este é o sentido literal. Quanto porém ao sentido mais profundo, os pássaros e os animais puros são os sentidos e o intelecto do homem sábio, pois os raciocínios vagueiam no intelecto. E é adequado trazê-los todos, quando se tornam frutos por completo, como ação de graças ao Pai, e oferecê-los em sacrifício como oferendas imaculadas e puras.

53. (Gn 8, 21) Por que ele sacrifica à potência beneficente de Deus, quando a recepção do sacrifício é feita por ambas as potências, isto é, a do Senhor e a de Deus, pois que dizem as Escrituras: "o Senhor Deus sentiu um suave cheiro"?

Tal é assim porque, quando a esperança vacila, nós, que inesperadamente somos salvos do mal que nos atinge, consideramos apenas os atos de caridade de Deus, e em nossa alegria o atribuímos mais ao Benfeitor[36] que ao Senhor. Mas o Benfeitor dirige-se a nós com qualquer das potências, aceitando Ele mesmo nosso sacrifício e honrando a gratidão do homem bom, para que não fique a impressão de que Ele nos dá um retorno imperfeito. Mas agrada muito ao Eterno o uso de ambas as Suas potências.

*54. (Gn 8, 21) Qual o sentido das palavras "E o Senhor Deus disse, refletindo, Não amaldiçoarei mais a terra por causa dos homens, porque o sentido e o pensamento do coração do homem são inclinados para o mal desde a mocidade. Não tornarei, pois, a ferir vivente algum, como fiz"?

A afirmação indica arrependimento, que é uma paixão estranha à potência divina. Pois as tendências dos homens são fracas e instáveis, assim como seus feitos são repletos de grande incerteza. Mas nada é incerto e inatingível para Deus, pois Ele é o mais resoluto na opinião e o mais estável.

---

[35] Significado incerto.
[36] Simbolizado pelo nome "Deus".

Por que, então, com a mesma causa presente, e com Seu conhecimento desde o início de que o pensamento do homem está resolutamente voltado para os males desde a mocidade, Ele destruiu a raça humana mediante o dilúvio, mas depois disse que não os destruiria novamente, ainda que os mesmos males tivessem permanecido em sua alma? Ora, deve dizer-se que, nas Escrituras, as formas de palavras como essas geralmente se usam na Lei tendo em vista antes o aprendizado e o auxílio no ensino da verdade. Pois, embora possam encontrar-se dois textos na Legislação, um em que se diz "Deus não é como o homem",[37] e outro em que se diz que o Eterno castiga como um homem castiga seu filho, o primeiro é a verdade. Pois na realidade Deus não se parece com o homem, nem com o sol, nem com o céu, nem com o mundo sensível, mas apenas com Deus mesmo, se é que é certo dizer mesmo isso. Pois O mais abençoado, O mais feliz não admite nenhuma semelhança, comparação ou parábola; mais ainda, está mais propriamente além da mesma bem-aventurança, da mesma felicidade e do que quer que seja mais excelente e melhor que estas. Mas o segundo texto – isto é, "castiga como um homem" – pertence ao ensino e à exposição, com a finalidade de nos castigar a nós, criaturas terrenas, a fim de que não sejamos eternamente castigados por Sua ira e vingança mediante Sua inimizade implacável e sem paz. Pois é suficiente ser rancoroso e amargo neste único momento e exigir punição dos pecadores. Mas punir outros muitas vezes pela mesma razão é ato de um espírito selvagem e bestial. "Pois, ao castigar alguém que deve ser punido como possível, farei uma recordação adequada de cada proposição." Então, "refletindo" usa-se adequadamente com respeito a Deus, dado que Seu intelecto e Sua intenção são as mais firmes, ao passo que nossas inclinações são inseguras, inconstantes e vacilantes. Por isso, nós não refletimos adequadamente ao raciocinar, pois a reflexão é a ordem do intelecto. Mas é impossível que o intelecto humano se estenda e se dissemine, porque é muito fraco para passar por entre todas as coisas muito fácil e completamente. Mas as palavras "não tornarei, pois, a ferir vivente algum" são usadas de modo excelentíssimo. Porque não é adequado acrescentar novas maldições às já feias, visto que estão cheios de

---

[37] Nm 23, 19.

males. Não obstante, embora os males da terra sejam infinitos, mas dado que o Pai é bom, gentil e ama a humanidade, Ele alivia tais males em vez de acrescentá-los a seus infortúnios. Mas, como diz o provérbio, remover o mal da alma do homem, que está selada com sua marca, é o mesmo que "secar tijolo" ou "carregar água em rede". Pois, se o mal existe desde o princípio, dizem as Escrituras, não existe incidentemente, senão que está gravado na alma e intimamente ligado a ela. Ademais, uma vez que o intelecto é a parte reinante e soberana da alma, as Escrituras acrescentam "resolutamente", e o que é refletido com resolução e cuidado é investigado com exatidão. Todavia, a resolução não se volta apenas para um mal, mas, como está claro, para todos os males, e esse estado não existe momentaneamente, mas "desde a mocidade" – o que significa quase desde a época em que se usavam fraldas –, como se até certo ponto estivesse unido e ao mesmo tempo fosse alimentado e acrescido de pecados. Não obstante, diz Ele: "Não tornarei, pois, a ferir vivente algum, como fiz", mostrando que não destruirá novamente toda a humanidade, mas apenas a maior parte dos indivíduos que cometam erros indescritíveis. Pois Ele não deixa o mal impune nem lhe concede liberdade ou segurança, senão que, ao mostrar consideração pela raça humana em razão de Seus desígnios, pela necessidade especifica a punição para os que pecam.

55. (Gn 8, 22) Qual o sentido das palavras "Ver-se-ão sempre as sementes e as searas, o frio e o estio, o verão e o inverno, o dia e a noite a suceder-se todo o tempo que a terra durar"?

Em sentido literal, isso indica a permanente recorrência das estações do ano e que já não ocorrerá destruição dos climas terrenos, dos animais e das plantas, pois, quando as estações são destruídas, destroem a tais criaturas também, e, quando são seguramente preservadas, as mantêm fora de perigo. Pois de acordo com cada uma das estações elas permanecem sadias e não se enfraquecem, senão que costumam gerar-se, cada uma de modo maravilhoso, e crescer com as estações. Mas a natureza foi constituída como uma harmonia de sons contrários, de tons baixos e altos, assim como o mundo foi composto de contrários. Quando temperamentos mortais preservam completamente sem mescla a ordem natural do frio e do calor, da umidade e da secura, tornam-se responsáveis pelo fato de não cair a destruição sobre todas as coisas terrenas. Mas, quanto ao sentido mais profundo, a semente é o início, e a colheita é o fim. E tanto o fim como o início são as causas da salvação. Pois cada um é por si imperfeito, dado que o início requer um fim, e o fim mira o início. Mas o frio e o calor causam o inverno e o outono. Sim, porque o outono marca um intervalo: chega depois da colheita anual, resfria o verão abrasador. Mas simbolicamente, em conexão com a alma, o frio indica medo, que provoca tremor e arrepio, mas o calor indica raiva, pois a raiva e a ira são causticantes e semelhantes ao fogo. É que também para estes é necessário vir a ser e resistir sempre com as coisas que vêm a ser e que são destruídas. Pois o verão e a primavera são reservados para as frutas, e a primavera para o amadurecimento das sementes, enquanto o verão é para o amadurecimento das frutas e da folhagem. E estas são tidas como pertencentes ao intelecto, porque portam frutos de dois tipos, os necessários, como os da estação vernal, e os supérfluos, como os do verão. Desse modo, são necessários os alimentos que se produzem durante toda a primavera, como as sementes para o corpo, e para o intelecto o que é produzido por meio das virtudes. Mas os que são supérfluos, como os frutos corpóreos das árvores de verão, trazem bens corpóreos e externos às almas, pois os externos são úteis para o corpo. Mas os bens do corpo são úteis para a alma, enquanto os do intelecto o são para Deus. Ademais, dia e noite são medidas de períodos e de números; e número e tempo resistem longamente; então, o dia é símbolo da razão lúcida, e a noite é-o da loucura obscura.

56. (Gn 9, 1-2) Por que Deus abençoa a Noé e seus filhos, dizendo: "Crescei e multiplicai-vos, e enchei a terra. Temam e tremam diante de vós todos os animais da terra, todas as aves do céu e tudo o que se move sobre a terra. Em vossas mãos foram entregues todos os peixes do mar"?

Esta bênção foi dada ao homem criado à imagem de Deus no início mesmo da criação, no sexto dia. Pois dizem as Escrituras: "E criou Deus o homem à sua imagem: Ele o criou à imagem de Deus, macho e fêmea criou-os. Deus abençoou-os e disse: Crescei e multiplicai-vos, e enchei toda a terra, e sujeitai-a, e dominai sobre os peixes do mar, e sobre as aves do céu, e sobre todos os animais que se movem sobre a terra."[38] Mas de fato já não se mostrou claramente, por meio dessas palavras, que Ele considera Noé, que supostamente se tornou o princípio de uma segunda gênese do homem, de mesma honra que o que primeiramente fora feito à Sua imagem? Então, Ele concedeu o comando sobre as criaturas terrenas com a mesma medida para aquele e para este. E deveria observar-se que as Escrituras mostram que o que no dilúvio foi feito justo rei das criaturas terrenas foi igual em honra não ao homem moldado e feito do barro, mas ao que fora feito em forma e à semelhança do verdadeiro Ser incorpóreo; Ele também concede autoridade a Noé indicando como rei não ao homem moldado, mas ao que fora feito à imagem e semelhança de Deus, que é incorpóreo. Por essa razão, a criação do que era incorpóreo na forma ocorreu no sexto dia, em conformidade com o perfeito número seis. Mas o homem moldado foi criado depois da conclusão do mundo e depois dos dias da criação de todas as criaturas, no sétimo dia, pois, então, no último momento foi modelado como estátua de terra. E então, depois dos dias da criação, no sétimo dia do mundo, dizem as Escrituras: "porque ainda o Senhor Deus não tinha feito chover sobre a terra nem havia ainda homem que a cultivasse";[39] depois, dizem elas: "formou, pois, o Senhor Deus o homem do barro da terra e inspirou-lhe no rosto um sopro de vida, e fez-se o homem em alma vivente".[40] Assim, demonstrou-se mediante o significado literal das Escrituras que o início da segunda criação da raça humana era digno da mesma realeza que o homem feito à imagem e semelhança de Deus. Mas o sentido mais profundo deve interpretar-se da seguinte maneira: Ele deseja que a alma dos homens inteligentes cresça em grandeza e número e em forma de virtudes, e que preencham o intelecto com sua forma [de virtude], como se fosse a terra, não deixando nenhuma parte vazia e livre para tolices; e que dominem e governem o corpo terreno e seus sentidos e incutam medo e terror nos animais, o que é o exercício da vontade contra o mal, pois este é selvagem e indomado. E Ele deseja que eles governem os pássaros, isto

---

[38] Gn 1, 27-28.
[39] Gn 2, 5.
[40] Gn 2, 7.

é, os que são ligeiramente avoados no pensamento, os que são cheios de arrogância vã e vazia e que, tendo-se armado previamente, causam grande prejuízo, não sendo contidos pelo medo. Ademais, Ele deseja que eles imperem sobre os répteis, que são um símbolo das paixões venenosas; pois os prazeres sensíveis, os desejos, a tristeza e o medo se arrastam em todas as almas, apunhalando, trespassando e ferindo. E com os peixes faz-se referência aos que acolhem com alegria uma vida úmida e fluida, mas não uma vida moderada, saudável e duradoura.

57. (Gn 9, 3) Por que as Escrituras dizem "todo e qualquer réptil que vive deverá servir-vos de comida"?

A natureza dos répteis é dupla. Uma é venenosa, a outra é domesticada. [Répteis] venenosos são as serpentes, que em lugar dos pés usam o ventre e o tórax para arrastar-se; e domesticados são os que têm pernas acima dos pés. Este é o sentido literal. Mas, quanto ao sentido mais profundo, as paixões parecem-se com répteis impuros, ao passo que a felicidade se assemelha a répteis puros. Pois ao lado dos prazeres sensuais há a paixão da felicidade. E ao lado do desejo do prazer sensual há a reflexão. E ao lado da tristeza há o remorso e o constrangimento. E ao lado do desejo há a prudência. Desse modo, tais paixões ameaçam as almas com a morte e com o assassinato, ao passo que as alegrias são verdadeiramente vivificantes, como Ele mesmo mostrou mediante a alegoria, e já que são as causas da vida para os que as possuem.

58. (Gn 9, 3) Qual o sentido das palavras "eu vos entreguei todas estas coisas, como as viçosas hortaliças"?

Alguns dizem que mediante esta afirmação: "eu vos entreguei todas estas coisas, como as viçosas hortaliças", a ingestão de carne é prescrita. Não obstante, conquanto esta interpretação também seja admissível, creio que a legislação indica que acima de tudo é necessário o consumo de ervas, e que sugere, sem legislar, outros acréscimos em forma de ervas. Mas agora elas são habituais não apenas entre uma raça de homens escolhida, nem tão somente entre os que são desejosos da sabedoria, pelos quais é honrada a continência no hábito, mas entre todos os homens, a todos os quais é impossível impedir, ao mesmo tempo, que comam carne. Mas talvez a passagem não trate de comida, e sim da autoridade; pois nem tudo o que é erva é comestível, nem é confiável e segura a comida derivada de todas as criaturas. Pois Ele viu as criaturas venenosas e portadoras da morte, que também se encontram entre elas [as outras criaturas]. Então, talvez as Escrituras queiram dizer o seguinte: as criaturas irracionais devem dar-se ao homem e prestar-lhe obediência, assim como semeamos as ervas e cuidamos delas mediante a agricultura.

59. (Gn 9, 4) Qual o sentido das palavras "com a exceção de que não comereis carne com sangue"?

As Escrituras parecem indicar por estas palavras que o sangue é a substância da alma, mas da alma sensitiva e vital, não da que se chama [alma] *katexochen*, isto é, a que é racional e inteligente. Pois há três partes da alma: uma é nutritiva, outra é sensitiva, e a terceira é racional. Ora, de acordo com o teólogo,[41] o espírito divino é a substância da parte racional, pois se diz no relato da criação do mundo: "e soprou-lhe no rosto um sopro de vida" como sua causa. Mas o sangue é a substância da alma sensitiva, pois diz ele em outro lugar:[42] "a alma[43] de toda a carne é o sangue". As Escrituras dizem de modo muito apropriado que o sangue é a alma da carne. E na carne estão a sensação e a paixão, mas não o intelecto ou a reflexão. Ademais, a expressão "no sangue da vida" indica que a alma é uma coisa e o sangue é outra, de modo que a substância da alma é verdadeira e infalivelmente espírito. O espírito, porém, não ocupa lugar algum por si mesmo sem o sangue, mas é transportado e misturado com o sangue. Pois as artérias, os vasos da respiração, contêm não apenas ar – puro e sem mistura –, mas também sangue, conquanto talvez em pequena quantidade. Pois há dois tipos de vasos, as veias e as artérias; as veias têm mais sangue que ar, ao passo que as artérias têm mais ar que sangue, mas a mistura nos dois tipos de vasos se diferencia pela maior ou pela menor quantidade de

---

[41] Moisés
[42] Lv 17, 14.
[43] Isto é, a vida.

sangue e de ar. Este é o sentido literal. Quanto todavia ao sentido mais profundo, as Escrituras chamam "sangue da vida" à sua virtude quente e abrasadora ou retidão. E o que está preenchido dessa sabedoria despreza toda e qualquer comida e todo e qualquer prazer sensual, que pertencem ao ventre e às partes que estão abaixo dele. Pois alguém que seja libertino e brincalhão como o vento, ou que se cinja a uma vida indolente e baixa, não faz senão cair sobre o ventre como um réptil sobre o chão, e termina a vida sem provar da comida celeste que obtêm as almas amantes da sabedoria.

60. (Gn 9, 5) Qual o sentido das palavras "Porque requererei o sangue de vossas almas da mão de todas os animais; e requererei a vida do homem da mão do homem, da mão do varão, e de seu irmão".

Há duas classes de rapinantes; uma constituída de animais, a outra de homens. Mas aos animais fazem muito pouco mal, porque não têm familiaridade com os que aqueles procuram caçar, e especialmente porque não têm poder nas mãos, senão que caçam aos que detêm a autoridade. E as Escrituras chamam "irmãos" aos homens que tramam conspirações, demonstrando três coisas. Uma, que todos os homens somos da mesma família e irmãos, estando unidos pela posse de antigo parentesco, dado que recebemos de uma mãe a porção de natureza racional. A segunda é que quase todas as grandes disputas e intrigas ocorrem entre os que estão ligados pelo sangue, especialmente irmãos, seja por causa de bens herdados, seja por causa da honra familiar. Pois a disputa familiar é ainda pior que a que se dá entre estranhos, porque na primeira os homens disputam com grande conhecimento [da fraqueza dos oponentes]. Em verdade, aqueles são como irmãos genuínos com experiência e conhecimento da forma de ataque que se deve usar na batalha. E, em terceiro lugar, parece-me que as Escrituras usam o nome "irmãos" quando se trata da impiedosa e implacável punição dos homicidas, a fim de que possam sofrer sem clemência pelo que fizeram, pois assassinaram não a estranhos, mas a seus próprios e verdadeiros irmãos. E as Escrituras afirmam de modo excelentíssimo que Deus é o inspetor e supervisor dos que são assassinados pelos homens. Porque, ainda que alguns homens desprezem e diminuam a execução da justiça, que tais homens não se despreocupem nem pensem em escapar e ficar seguros, ainda que sejam impuros e selvagens, senão que saibam que já foram apanhados num grande julgamento, na divina corte da justiça armada para a punição dos homens selvagens, no interesse dos que sofreram ataques injustos e imerecidos. Este é o sentido literal. Mas, com respeito ao sentido mais profundo, dizem as Escrituras que o beneficente, bom, filantrópico e único Salvador não negligencia o valor da pureza da alma que pode salvar-se da corrupção eterna e intolerável, mas rechaça e dispersa a todos os inimigos que a circundam, isto é, os animais e os homens chamados irmãos. Pois aquelas são simbolicamente animais que agem selvagemente e ameaçam a outros de assassínio perverso. Mas as Escrituras chamam, simbolicamente, os homens e irmãos por variados pensamentos e palavras que se ouvem e se expressam pela língua e pela boca, pois estas são associadas e trazem insuperável infortúnio, por não omitir nenhuma palavra ou nenhum feito que resultem em miséria.

61. (Gn 9, 6) Qual o sentido das palavras "Todo o que derramar sangue humano será castigado com a efusão de seu próprio sangue"?

Não há erro neste texto, mas antes ênfase, pois que, dizem as Escrituras, aquele deverá ser morto com o mesmo sangue que derrama sangue; pois o que é derramado flui e é absorvido, e não tem potência para consistência. E com isso indicam as Escrituras que a alma dos que agem impiamente imita o corpo mortal no ser corrompida, na medida em que parece estar habituada a sofrer corrupção. Pois o corpo se dissolve nas partes de que foi composto como mistura, e decompõe-se nos elementos originais. Mas a alma bárbara e pecaminosa agita-se e é oprimida por seu modo de vida intemperante e pelos males com que cresceu, os quais, em certo sentido, são seus membros e crescem junto com ela.

*62. (Gn 9, 6) Por que as Escrituras, como se estivessem falando de outro Deus, dizem "porque o homem foi feito à imagem de Deus"?

Este oráculo foi dado por Deus da maneira mais excelente e mais verdadeira. Nada mortal pode ser feito à semelhança do Altíssimo e Pai do universo, mas tão somente à imagem do segundo Deus, que é Seu Logos. Pois era justo que a parte racional da alma humana fosse formada como estampa pelo Logos divino, dado que o Deus pré-Logos é superior a toda e qualquer natureza racional. Mas a Ele, que está acima do Logos e que existe de forma especial e superior – que coisa que vem a ser pode portar legitimamente Sua semelhança? Ademais, as Escrituras desejam mostrar também que Deus vinga da forma mais justa os homens virtuosos e decentes, porque têm certo parentesco com Seu Logos, de que o intelecto humano é retrato e imagem.

63. (Gn 9, 11)[44] Qual o sentido das palavras "já nem daqui por diante haverá dilúvio que assole a terra"?

Por esta última afirmação, mostram-nos claramente as Escrituras que poderá haver muitos dilúvios, mas nenhum capaz de inundar toda a terra. Este é o sentido literal. Quanto porém ao sentido mais profundo, é a graça divina a que, conquanto não auxilie todas as partes da alma segundo todas as virtudes, adorna todavia algumas delas em alguns aspectos. Pois assim também, ainda que alguém não seja capaz de tornar-se vigoroso em todo o corpo, deve no entanto aplicar-se com todo o cuidado e diligência ao que possa fazer para alcançar o vigor. E, se alguém é demasiado fraco para corrigir completamente seu modo de vida, tampouco deveria desesperar das coisas de que é capaz e que pode alcançar. Pois, na medida em que alguém não trabalha em conformidade com a capacidade que todos têm, torna-se pessoa preguiçosa e, ao mesmo tempo, ingrata. Alguém é preguiçoso na medida em que é moroso, e é ingrato na medida em que, tendo recebido excelente impulso, se opõe ao Ente.

*64. (Gn 9, 13-17) Por que, como sinal de que não haverá dilúvio sobre toda a terra, Ele fala de pôr Seu arco nas nuvens?

Alguns supõem que isto significa o arco chamado arco-íris, dado que por sua forma consideram seja este um símbolo fidedigno. Eu, todavia, não considero inteligente esse argumento. Em primeiro lugar, aquele arco há de ter sua própria natureza e sua própria substância distintas, já que se chama "arco de Deus", porque, com efeito, se diz: "Eu porei meu

---

[44] Fílon não comenta Gn 9, 7-10 provavelmente porque estes versículos são em grande medida repetição dos anteriores.

arco..." E o pertencer a Deus e o ser posto significam que não pode ser não existente. Mas o arco-íris não tem natureza especial separada por si mesma, senão que é uma aparência dos raios solares em nuvens úmidas, e todas as aparências são não existentes e imateriais. E uma evidência disso é que o arco-íris nunca aparece durante a noite, ainda que então haja nuvens. Em segundo lugar, ademais, deve dizer-se que até durante o dia, quando as nuvens estão ofuscadas, o arco-íris nunca aparece antes de o sol surgir. Mas é necessário não dizer falsidade também com respeito às outras coisas que diz o legislador, a saber: "Eu porei meu arco nas nuvens." Atente-se a que enquanto há nuvens o arco-íris não aparece; mas as Escrituras dizem que o arco aparecerá no meio das nuvens quando estas se reunirem. Sim, porque, quando sucede uma reunião de nuvens e a atmosfera se obscurece e se adensa, muitas vezes não aparece arco-íris em lugar algum. Mas talvez o teólogo queira dizer algo mais com "arco", a saber, que na frouxidão e na força[45] das coisas terrenas não ocorrerá uma dissolução, por estarem elas completamente soltas até à incongruência, nem serão forçadas a subir até atingir a ruptura. Mas qualquer potência é determinada por medidas fixas. Pois o grande dilúvio aconteceu por uma ruptura, como afirmam as próprias Escrituras, dizendo: "Romperam-se todas as fontes do grande abismo", mas não com nenhum grau específico de violência. Em segundo lugar, o arco não é uma arma, mas instrumento de uma arma, da flecha que perfura; e, se a flecha lançada pelo arco percorre um longo caminho, não tem todavia nenhum efeito sobre o que está a muito pouca distância e permanece perto. Este é um sinal de que jamais toda a terra tornará a ser inundada, pois que nenhuma flecha atinge todos os lugares, mas tão somente lugares distantes. Assim, o arco é, de modo simbólico, a potência invisível de Deus, que está no ar. E este ar é dizimado quando se divide em bom tempo, e fica condensado quando há nuvens.[46] A potência divina não permite que as nuvens se transformem completamente em água, cuidando para que um dilúvio não inunde novamente a terra, pois orienta e direciona a densidade do ar, como se a

---

[45] Trecho obscuro mesmo no fragmento grego.
[46] Frase obscura.

controlasse por meio de um freio, ainda que nesse momento normalmente se mostre rebelde, em razão de sua excessiva abundância. Pois, por causa das nuvens, também se mostra reabastecida, encharcada e saturada.[47]

65. (Gn IX, 18-19) Por que ao mencionarem os filhos do homem justo[48] (Sem, Cam e Jafé) as Escrituras descrevem apenas a genealogia do filho do meio, dizendo "Cam era o pai de Canaã", e depois disso acrescenta "estes eram os três filhos de Noé"?

Após mencionarem quatro pessoas – Noé e seus filhos –, as Escrituras dizem que três eram [...].[49] Dado que a descendência[50] era semelhante em caráter ao pai que a gerou, as Escrituras consideram-nos uma só pessoa, de modo que sejam quatro em número, mas três em potência. Mas agora ele[51] fala nas Escrituras apenas da geração do meio, porque depois o homem justo falará de seu caso.[52] Pois, embora Cam fosse de fato pai de Canaã, ele não repreendeu ao pai e não deu ao progenitor uma parte do que julgava justo dividir com o filho.[53] Em segundo lugar, talvez as Escrituras prenunciem – para os que são capazes de ver, com os olhos perspicazes do intelecto, o que está distante – que Ele tomará a terra dos cananeus depois de muitas gerações e a dará à raça por Ele escolhida e amada. Assim, as Escrituras desejam mostrar que Canaã, o governante e habitante daquela terra, praticara males que lhe eram específicos, assim como o eram os de seu pai, de modo que sua ignobilidade e a estranheza de seu nascimento humilde são mostradas por ambos os lados. Este é o sentido literal. Quanto porém ao sentido mais profundo, as Escrituras não afirmam que Canaã seja filho de Cam, senão que usam uma expressão específica, dizendo que "Cam era

---

[47] Também são bastante obscuros estes dois últimos períodos.
[48] Noé.
[49] A palavra *bnaxratakan*, que completa esta oração, não se encontra nos léxicos armênios.
[50] Canaã.
[51] Moisés.
[52] Depois (Gn 9,25), Noé amaldiçoará Canaã, filho de Cam, por Canaã ter desrespeitado a Noé.
[53] Aparentemente, isso quer dizer que Noé não amaldiçoou a Cam como de fato amaldiçoou ao filho de Cam, Canaã. O fragmento grego de Procopius tem sentido diferente, a saber, que Cam não respeitou seu pai (Noé) e não lhe votou a porção de respeito que Noé julgava justo receber do filho.

o pai de Canaã", pois tal personagem é sempre o pai de tais pensamentos. Isso é demonstrado pela interpretação de seus nomes, pois que, quando vertidos de uma língua para a outra,[54] "Cam" é o "calor" ou o "quente", ao passo que "Canaã" significa "mercador" ou "mediador". Mas agora evidentemente não se trata de parentesco ou de que um seja o pai ou o filho do outro, mas, evidentemente, do parentesco entre pensamento e pensamento que as Escrituras mostram em razão do distanciamento de Canaã do parentesco da virtude.

66. (Gn 9, 20) Qual o sentido das palavras "Noé, aplicando-se à agricultura, começou a trabalhar a terra"?

As Escrituras comparam Noé ao primeiro homem moldado do barro, pois usam para ele, quando saiu da arca, a mesma expressão que usam para o outro:[55] com efeito, houve um início de agricultura tanto naquele tempo como agora, em ambos os períodos após um dilúvio. Sim, porque durante a criação do mundo a terra foi, em certo sentido, inundada. Deus não teria dito "as águas que estão debaixo do céu ajuntem-se num mesmo lugar, e o elemento árido apareça",[56] se não tivesse ocorrido uma inundação em algum abismo da terra. Mas as Escrituras não dizem ineptamente "ele começou a trabalhar a terra", uma vez que na segunda criação da humanidade ele era o princípio de ambas: semente e agricultura, e de outras formas de vida. Este é o sentido literal. Quanto porém ao sentido mais profundo, há diferença entre ser agricultor e ser trabalhador da terra; por essa razão, quando se introduz o fratricídio, diz-se que ele deverá trabalhar a terra, mas não que deverá cultivá-la. Pois o corpo é chamado simbolicamente "terra", dado que nosso corpo é, por natureza, terreno, e trabalha baixa e mamente como um mercenário inexperiente. Mas o homem virtuoso cultiva como um zelador de plantas experimentado e experiente, e o agricultor é um supervisor do bem. Sim, porque o intelecto-trabalhador do corpo, em conformidade com sua natureza

---

[54] Isto é, do hebraico ao grego.
[55] Adão, quando foi expulso do Éden (Gn 3, 23).
[56] Gn 1, 9.

corpórea, procura os prazeres corporais, mas o intelecto-agricultor esforça-se por obter frutos úteis, os que vêm da continência e da moderação; e remove as fraquezas supérfluas que crescem em volta de nossas qualidades como aos galhos de árvore que se espalham sobre amplas áreas.

67. (Gn 9, 20) Por que o homem justo plantou primeiro uma vinha?

Era conveniente para ele ficar perplexo quando encontrasse uma planta depois do dilúvio, uma vez que todas as coisas que estavam sobre a terra haviam perecido e definhado. Mas parecia verdade o que foi dito um pouco antes,[57] a saber, que a terra se secara na primavera, pois que esta produzira um cultivo de plantas; portanto, era natural se verificasse que ambos, sarmentos de vinha e vinhas, pudessem florescer, e que fossem recolhidos pelo homem justo. Deve mostrar-se, todavia, por que ele plantou primeiro uma vinha, e não trigo e cevada, já que alguns frutos são necessários e é impossível viver sem eles, ao passo que outros são matéria de luxo supérfluo. Ora, ele consagrou e reservou para Deus, como úteis ao homem, os que são necessários à vida, sem contar com nenhuma cooperação em sua produção; mas atribuíram-se ao homem coisas supérfluas, pois o uso do vinho é supérfluo e desnecessário. Assim, Deus mesmo, com Sua própria mão, fez jorrar as fontes de água potável sem cooperação dos homens; e assim também deu o trigo e a cevada. Pois ambas as formas de nutrição, comida e bebida, Ele por Si só as proporcionou ao homem. Mas Ele não manteve para Si os alimentos que são para uma vida de luxo nem teve inveja de que ficassem em posse do homem.

68. (Gn 9, 21) Qual o sentido das palavras "e, tendo bebido do vinho, se embebedou"?

Em primeiro lugar, o homem justo[58] não bebeu todo o vinho, mas uma porção dele, e não sozinho. Pois o homem imoderado e comodista não renuncia a participar de rodadas de bebida antes de pôr dentro de si todo o vinho puro. Mas o homem continente e abstêmio mede as coisas necessárias para o uso. E "se embebedou" é usado no sentido de "usar o vinho".

---

[57] § 47.
[58] Noé.

Pois há dois modos de embriagar-se: um deles é beber vinho em excesso, pecado específico do homem mau e vicioso; o outro é compartilhar o vinho, o que sempre acontece com o homem sábio. Portanto, é no segundo sentido que o homem virtuoso e sábio é tido por bêbado, e não por beber vinho em excesso: tão somente por compartilhá-lo.

69. *(Gn 9, 21) Qual o sentido das palavras "e apareceu nu em sua tenda"?*

É motivo de elogio para o homem sábio, tanto literalmente como em sentido mais profundo, que sua nudez não tenha ocorrido em lugar externo, senão que ele tenha ficado em sua mesma casa, oculto pela proteção dela. Pois a nudez de seu corpo foi oculta por sua casa, que era de pedra e de madeira. Mas a cobertura e abrigo da alma é o conhecimento. Ora, há dois tipos de nudez. Um ocorre por acaso, como resultado de transgressões involuntárias, pois, em certo sentido, o que pratica a retidão está vestido, e se falha não é por seu próprio livre-arbítrio, senão que <o faz> como no caso dos que estão bêbados e cambaleiam trêmulos de um lado para o outro, ou como os que dormem, ou como os que são acometidos de loucura. Com efeito, os que transgridem desse modo não o fazem com malícia premeditada. Mas é uma obrigação instigar, como a uma cobertura, boa instrução e bom treino. E há outra nudez, a da alma, que pode escapar, como de uma tumba, de todo o oneroso peso do corpo, dos prazeres sensíveis, das inumeráveis misérias de outras paixões, das perturbações das ansiedades com respeito ao mal e dos problemas causados por cada uma dessas <afecções>. Pois o que tem o poder de superar tantos fatos e tantos ferimentos, e para despojar-se de todos eles, obtém uma porção abençoada e afortunada, sem falsa aparência nem deformidade. Sim, porque eu deveria dizer que tal é a beleza e o adorno naqueles que se mostraram dignos de viver incorporeamente.

70. *(Gn 9, 22) Por que as Escrituras não dizem simplesmente "Cam viu a nudez", em vez de "Cam, pai de Canaã, viu a nudez de seu pai"?*

Elas condenam tanto o filho por meio do pai como o pai por meio do filho, pois eles cometeram, individualmente e em comum, um ato de loucura, de perversidade e de impiedade, além de outros males. Este é o sentido literal. Quanto porém ao sentido mais profundo, trata-se do que já se disse sobre estas coisas.[59]

71. (Gn 9, 22) Qual o sentido das palavras "ele contou isso a seus dois irmãos do lado de fora"?

As Escrituras ampliam de modo crescente a acusação. Em primeiro lugar, não foi apenas a um dos irmãos que ele contou a transgressão involuntária do pai, mas aos dois. E se houvesse muitos ele teria contado a todos, em vez de apenas àqueles a que poderia contar. E fê-lo ironicamente, quando lhes falou de assunto merecedor não de escárnio e gracejo, mas de modéstia, respeito e reverência. Em segundo lugar, as Escrituras afirmam que ele relatou <o ocorrido> não dentro, mas fora <de casa>, o que mostra claramente que o revelou não apenas a seus irmãos, mas também aos que estavam em volta deles do lado de fora <da casa>, homens e mulheres igualmente. Este é o sentido literal. Quanto porém ao sentido mais profundo, a pessoa perversa e malévola estava satisfeita, alegrou-se e julgou malevolamente os infortúnios alheios, julgando-os estranhamente por conta própria, como se estivesse certa. Por causa disso, agora até exulta diante do comportamento involuntário do amante da sabedoria,[60] celebra e proclama seus infortúnios, e se torna adversário e acusador, embora fosse adequado mostrar tolerância e clemência, em vez de culpar e acusar. Assim, como eu já disse,[61] porque estes três – o bom, o mau e o indiferente – são irmãos uns dos outros, bem como a prole de um raciocínio, eles zelam por várias coisas; alguns louvam as virtudes, alguns os males, outros as riquezas e as honras, e outros os bens que estão em volta e fora do corpo. Esses guardas e zelotes do mal se alegram com a queda do homem sábio e o escarnecem, acusam e difamam, em razão de que de algum modo ele não tira proveito das partes por que se deve zelar e que são boas para a alma, nem das que são boas para corpo e são materiais – nem das virtudes internas nem das coisas que são bens corporais e materiais. Mas

---

[59] § 65.
[60] Noé.
[61] Livro I, § 88.

eles argumentam que, sozinho, o que é experimentado em más ações pode atingir seu objetivo, que ele costumou considerar o único vantajoso para a vida humana. Essas e <outras> coisas similares são afirmadas pelos que são guardas da loucura perversa e que escarnecem os amantes da virtude e das coisas por que a virtude vem a formar-se, assim como alguns pensam que o que é corporal e material tem o estatuto de instrumento de serviço.

*72. (Gn 9, 23) Qual o sentido das palavras "mas Sem e Jafé, tendo-lhe posto uma capa sobre os ombros, e andando para trás, cobriram com ela a nudez de seu pai. Não lhe viram a nudez, porque tinham o rosto voltado para outra parte"?

O sentido literal está claro. Quanto porém ao sentido mais profundo, deve dizer-se isto: o homem fraco e impaciente satisfaz-se ao ver o que está bem em frente e diante de seus olhos. Mas o homem sábio vê o que está por vir, isto é, o futuro. Pois, assim como as coisas por vir vêm depois das coisas que estão em frente, assim também o futuro vem depois do presente, e o resoluto e sábio alcança a visão disto, como o mítico Linceu, tendo olhos para todos os lados. O sábio, todavia, não o homem, mas o intelecto, também se volta para o passado, isto é, olha para trás como para uma luz muito radiante; e, vendo tudo claramente de todos os lados, e olhando em volta, percebe-se rodeado e fortalecido, para que nenhuma parte da alma permaneça desnuda e indecorosa diante dos golpes e dos ataques que o surpreendem.

73. (Gn 9, 24) Qual o sentido das palavras "Noé, porém, despertando da bebedeira"?

O sentido literal é bastante compreensível. Mas o sentido mais profundo deve ser expresso. Quando o intelecto é forte, é capaz de ver claramente e com sobriedade tanto as coisas <que estão em frente> como as que estão por vir, isto é, o presente e o futuro. Mas a cegueira ataca ao que não é capaz de ver claramente o presente nem o futuro. E a bebericação de vinho e a embriaguez atribuem-se ao que vê o presente mas não se protege pela previsão do futuro. No que é capaz de olhar em volta, todavia, e compreender a diferente natureza das coisas presentes, há sobriedade e moderação.

74. (Gn 9, 24) Por que, após terem dito que Cam era o irmão do meio, as Escrituras lhe chamam "o mais novo" dizendo "o que lhe tinha feito seu filho menor"?

As Escrituras alegorizam claramente. Consideram como mais novo não o que o é segundo a idade e o tempo, mas o que é mais imaturo, porque a maldade é incapaz de receber ensino amadurecido e superior, e superior é o pensamento das inclinações que são verdadeiramente respeitáveis – isso, ademais, não no corpo, mas no intelecto.

75. *(Gn 9, 26) Por que, ao rezar por Sem, Noé diz "Bendito seja o Senhor Deus de Sem, e seja seu escravo Canaã"?*

"Senhor" e "Deus" constituem aposição das duas principais potências, a beneficente e a majestosa, mediante as quais o mundo veio a ser. Ora, o rei fez o mundo em conformidade com sua caridade, e este, após sua conclusão, foi posto em ordem mediante Sua soberania. Portanto, ao homem sábio, Ele considerou-o merecedor da honra notória que o mundo inteiro recebeu em comum, pois as partes do mundo se juntaram a ele mediante a potência do Senhor e mediante a de Deus, e Ele concedeu Sua graça beneficente e Sua dádiva com magnificência peculiarmente abundante. Por conseguinte, o nome da potência beneficente, "Deus", é usado duas vezes; uma, como se disse, em aposição à potência majestosa, e uma segunda vez sem conexão visível, a fim de que o homem sábio pudesse tornar-se merecedor de ambas as dádivas de Deus, a especial e a comum, e fosse amado tanto pelo mundo como por Deus – pelo mundo, em razão da graça comum; por Deus, em razão da graça especial.

76. *(Gn 9, 27) Por que, ao rezar por Jafé, Noé diz "dilate Deus a Jafé, e habite Jafé nas tendas de Sem; e seja seu escravo Canaã"?*

Deixando de lado o sentido literal, que está claro, deve examinar-se o sentido mais profundo: assim, têm aumento os bens secundários e os terciários, como a saúde e a perspicácia da percepção, a beleza, o poder, a riqueza, a glória, a nobreza, os amigos, os ofícios e muitas outras coisas semelhantes. Por essa razão se diz "dilate". Pois a completa posse de tantas coisas, separadamente e por si próprias, causa dano em muitos que não vivem de acordo com a retidão, com a sabedoria e com outras virtudes, cuja completa posse permite controlar as coisas corporais e materiais. Mas a inacessibilidade e o distanciamento das virtudes deixa [a posse dos bens temporais]⁶² sem gerência nem utilidade. E, quando ela é abandonada e deixada pelos bons supervisores, traz prejuízo em vez do benefício que poderia ter trazido. Por isso ele reza por aquele que possui coisas temporais e corporais, para que "habite na casa do homem sábio", a fim de poder observar o exemplo de todos os bons e, vendo-os, possa corrigir seu próprio caminho.

77. (Gn 9, 27) Por que, quando Cam peca, as Escrituras apresentam seu filho Canaã como escravo de Sem e de Jafé?

Em primeiro lugar, porque ambos, pai e filho, misturando-se indistintamente, praticaram a mesma perversidade, como se estivessem usando um só corpo e uma só alma. E, em segundo lugar, porque também o pai deveria entristecer-se muito por causa da maldição do filho, sabendo que não era tanto por sua própria causa mas por causa de seu pai que ele fora punido, pois o castigo recaiu sobre o primeiro proponente e professor de maus pensamentos, palavras e feitos. Este é o sentido literal. Quanto porém ao sentido mais profundo, eles são potencialmente dois – não tanto homens como personagens. E isso é demonstrado pela distribuição de nomes, a qual também indica claramente a natureza das coisas. Pois "Cam" deve interpretar-se como "calor" ou "quente", ao passo que "Canaã" quer dizer "mercadores" ou "revendedores".

78. (Gn 9, 28) Por que Noé, depois do dilúvio, viveu trezentos e cinquenta anos?

A forma do mundo era representada como fundada no princípio em quatorze anos, e o homem justo viveu o mesmo número de anos vezes vinte e cinco, pois quatorze multiplicado por vinte e cinco são setenta vezes cinco anos, e cinquenta vezes sete. Ora, o cálculo do sétimo quinquagésimo número tem ordem específica, que é levítica, porque foi lá que se estabeleceu.

79. (Gn 10, 1) Por que, entre os três filhos de Noé, Cam sempre aparece no meio, ao passo que os das extremidades variam? Quando nasceram, Sem foi mencionado primeiro,

---

⁶² A posse dos bens temporais.

como se segue: "Sem, Cam, Jafé", mas, quando geraram crianças, Jafé foi posto em primeiro lugar, e a família começou a contar-se a partir de Jafé.

Os que investigam a natureza literal das Sagradas Escrituras fingem acreditar – no que diz respeito à ordem dos filhos – que o que é mencionado primeiro, Sem, é o mais novo, ao passo que último, Jafé, é o mais velho. Mas tais pessoas podem pensar como lhes agrada individualmente e podem aderir a qualquer crença que considerem conveniente. Para nós, que investigamos a natureza inteligível dos outros, deve dizer-se que destes três, o bom, o mau e o indiferente, que são chamados bens secundários, o mau sempre aparece no meio, a fim de que possa ser apanhado no meio e conquistado por qualquer lado; desse modo, quem quer que seja pode apanhá-lo, acossá-lo de perto e esmagá-lo. Mas o bom e o indiferente ou bem secundário trocam de ordem. Se o mau estiver presente apenas em potência, não atualmente, o bom vem primeiro e tem o posto de governante e soberano. Quando porém da vontade e da intenção resulta um ato mau, e a injustiça não permanece meramente no intelecto, senão que é percebida nos atos injustos, então o bom, que é o primeiro, muda para outro lugar na ordem, como fazem os bons traços com que é adornado, e toma permissão para a instrução e para a gerência, como se não fosse capaz de entendê-los, como um médico quando vê uma doença incurável. Todavia, o bem mais velho atende à virtude que é corporal e material, e observa cuidadosamente os fins das extremidades, confinando o animal numa rede e mostrando que ele já não tem potência para morder e causar dano. Quando todavia percebe que tal não se fez, muda-se para lugar mais seguro e mais estável, e deixa o lugar anterior por um mais eficaz, e, tendo obtido alguém de fácil captura, segura-o; o encarceramento e a guarda deste são assegurados por um guarda ainda mais poderoso, pois não há nada mais poderoso que a virtude.

80. (Gn 10, 4-5) Por que "os citanitas e os dodanitas e as ilhas dos gentios" nasceram de Jafé?

Porque seu nome deve interpretar-se como "extensão", porque ele é extenso em crescimento e progresso, e já não é contido pelas outras partes das regiões que foram concedidas pela Natureza para uso do homem, isto é, a terra, mas ainda atravessa para outra parte, o oceano, e para as ilhas que estão nele. Este é o sentido literal. Quanto porém ao sentido mais profundo, as coisas que são bens materiais por natureza, como a saúde, a honra e a autoridade, brotam e estendem-se por todos os lugares tanto para aqueles em cujas mãos estão como, ao longe, para aqueles em cujas mãos não estão. E ainda mais – ou não menos – os cercam e os mantêm perto por causa dos que estão repletos de desejo e são amantes do dinheiro e da glória, para os quais, por amarem a autoridade e por seu desejo insaciável, nada é suficiente.

81. (Gn 10, 6) Por que Cus é o filho mais velho de Cam?

O teólogo expressou um princípio muito natural ao chamar Cus ao fruto mais velho do mau (Cam), dado que ele é a natureza dispersa da terra. Pois a terra que é fértil, bem cultivada, bem irrigada, rica em pastagem e cereais e bem arborizada se distribui e divide nos produtos do fruto. Mas a terra dispersa e pulverulenta é seca, infrutífera, pobre e estéril, e é levantada e carregada pelo vento, e faz que o ar saudável se encha de poeira. Tais são os primeiros germes do mal, pois que são pobres e não produzem bons costumes, e são a causa da pobreza em todas as partes da alma.

82. (Gn 10, 8-9) Por que Cus gerou Nemrod, que "começou a ser poderoso na terra" diante do Senhor, razão por que disseram: "robusto caçador diante do Senhor, como Nemrod"?

É conveniente que alguém que tenha natureza dispersa, que nenhum laço espiritual consegue juntar e manter firmemente, e não é pai da constância da alma, da natureza ou do caráter, mas um gigante que valoriza e honra mais as coisas terrenas que as celestes, é conveniente que esse alguém anuncie a verdade sobre a história dos gigantes e Titãs. Pois em verdade ele, que é zeloso das coisas terrenas e corruptíveis, sempre guerreia as coisas divinas e as naturezas maravilhosas e louváveis, e constrói muralhas e torres na terra contra o céu. Mas as coisas que estão aqui [na terra] são contra as coisas que estão lá [no céu]. Por essa razão, não se diz ineptamente isto: "um gigante diante de Deus", o que claramente é uma oposição à Deidade. Porque o homem ímpio não é senão o inimigo e adversário que se opõe a Deus. Por isso, é proverbial que todo e qualquer grande pecador seja comparado a ele como a seu líder e comandante, como quando dizem: "semelhante a Nemrod". Desse modo, o nome é clara indicação da coisa significada, porque deve traduzir-se por "etíope",[63] e sua técnica é a do caçador. Ambos devem ser condenados e repreendidos, o etíope porque o puro mal não participa da luz, mas segue a noite e a escuridão, ao passo que a caça está o mais afastada possível da natureza racional. Mas ele, que está entre os animais, procura equiparar-se aos hábitos bestiais destes mediante as más paixões.

---

[63] Fílon confunde a etimologia de "Nemrod" com a de seu pai, Cus, interpretada alhures como "etíope" (ainda que não mais acima, no § 81).

LIVRO III

1. (Gn 15, 7) Qual o sentido das palavras "Eu sou o Senhor, o que te tirou de Ur dos caldeus, para dar-te esta terra, e a possuíres"?

O sentido literal é claro. O que deve apresentar-se como o sentido mais profundo é o que se segue: a "terra dos caldeus" é simbolicamente a teoria matemática, da qual é parte a astronomia. E neste campo os caldeus não trabalham sem êxito ou indolentemente. Desse modo, Ele exalta o homem sábio com duas dádivas. Primeiro, salva-o da doutrina caldeia, que, além de ser de difícil entendimento e compreensão, é causa de grandes males e de impiedade – em razão do atribuir as potências do Criador ao que é criado –, e persuade os homens a honrar e a cultuar os trabalhos do mundo em vez de a seu Criador. E, novamente, Ele concede-lhe sabedoria fecunda, a que Ele chama simbolicamente "terra". E o Pai mostra que a sabedoria e a virtude são imutáveis e sem alteração, pois não convém a Deus revelar o que é admite alteração ou mudança, porque o que é revelado deve ser e permanecer imutável e constante. Mas o que é sujeito à mudança e está habituado a permanecer fluido não admite a verdadeira e adequada revelação.

2. (Gn 15, 8) Por que Abraão diz "Senhor Deus, por onde poderei eu conhecer que a hei de possuir"?

Ele procura um sinal por meio do qual possa conhecer Seu acordo. Mas descrevem-se duas coisas dignas de admiração. Uma, que é uma afecção do intelecto, é a confiança em Deus em conformidade com o que Ele disse anteriormente. E a outra é ter enorme desejo de não ficar sem participação em certos sinais por meio dos quais é possível, pela percepção, ser informado de que uma promessa foi confirmada. E a Ele, que fez a promessa, ele mostra-lhe temor reverencial mediante o uso da expressão "Senhor"; "pois", diz ele, "eu sei que Vós sois o Senhor e Soberano de todas as coisas, e que Vós podeis fazer todas as coisas e que não há nada impossível para Vós. E, embora eu mesmo tenha fé no que prometestes, agora desejo e anseio obter, se não o cumprimento, ao menos algum sinal claro por que o cumprimento possa revelar-se. Pois eu sou um mortal, e, ainda que tenha alcançado o mais elevado grau de integridade, não sou sempre capaz de conter os impulsos do desejo, de modo que, quando vejo ou ouço algo bom, vou em busca disto lenta e não imediatamente. Por essa razão, rogo-Vos me mostreis um modo de saber, para que eu possa compreender o futuro".

3. (Gn 15, 9) Por que Deus diz "Toma-me uma vaca de três anos, e uma cabra de três anos, e um carneiro de três anos, e também uma rola, e uma pomba"?

Ele refere cinco animais que se oferecem no altar sagrado, divididos nestes tipos de oferenda: as criaturas terrestres, três – boi, cabra e touro –,[1] e os pássaros, dois – rola e pomba. Pois as Escrituras louvam o fato de as oferendas eternas tomarem sua origem do patriarca, que também foi o fundador da raça. Mas, em vez de "traz-me", diz-se de forma excelentíssima "toma-me", pois para uma criatura mortal não há nada propriamente seu, senão que todas as coisas são dádiva e graça [*dỗron kaì kháris*] de Deus, a quem agrada que alguém que tenha recebido algo mostre gratidão com toda a vivacidade. E Ele ordena-lhe que tome, de cada animal, um com três anos de idade, dado que o número três é pleno e perfeito, constituindo-se começo, meio e fim. Todavia, é oportuno pôr em dúvida a razão por que se referem duas fêmeas entre os três animais – a vaca, a cabra – e um macho – o carneiro. Não seria em razão de o boi e o bode serem oferecidos pelos pecados, e a ovelha não sê-lo? O pecado vem da fraqueza, e a fêmea é fraca. Era conveniente e adequado dizer tudo isso primeiramente. Mas tenho consciência de que todas essas coisas são ocasião para os caluniadores indolentes rejeitarem as Sagradas Escrituras e dizerem estupidezes

---

[1] Fílon usa aqui os nomes genéricos, mas o último nome, "touro" (arm. *dowar* = ταῦρος), é enigmático; espera-se o termo armênio *ošxar* ("ovelha"), como abaixo.

sobre elas. Neste caso, dizem que nada além da vítima sacrificatória é descrito e indicado pelo desmembramento e pela partilha dos animais e pelo exame das entranhas. E, quanto ao que lhes acontece, dizem que é uma indicação do acaso e de semelhanças oportunamente visíveis. Mas tais pessoas, parece-me, estão na classe dos que julgam e avaliam o todo por apenas uma parte, e não, ao contrário, julgam a parte pelo todo. Pois este é o melhor critério para qualquer coisa, quer para um nome, quer para um objeto. Portanto, a Legislação[2] é, em certo sentido, uma criatura unificada, que alguém deve ver de olhos abertos de todos os lados em sua inteireza, para examinar de modo preciso, verdadeiro e claro a intenção de todo o escrito, sem retalhar sua harmonia ou dividir sua unidade. Pois, quando as coisas são destituídas de seu elemento comum, parecem ser de formas e de espécies um tanto diferentes. Qual então é a intenção da Legislação? É gnóstica,[3] e descreve as várias formas de conhecimento, dado que o ato sacrificatório deve interpretar-se como conjectura ou raciocínio oportuno e <como> todas as classes de conhecimento, os quais não só são levados a efeito mediante os traços da verdade, mas também são escondidos, assim como o amor é escondido pela lisonja, e como coisas naturais e genuínas são sujeitas a testes mediante comparação com coisas alheias e não comprovadas. E a natureza dos animais referidos está ligada às partes do universo. O boi está ligado à terra, porque sulca e ara o solo. A cabra está ligada à água – o animal assim se chama por correr de um lado para outro e por saltar –,[4] porque a água é impetuosa; isto se atesa pelas correntes dos rios e pelas efusões do vasto oceano e do oceano fluido. O carneiro está ligado ao ar, porque é muito violento e vigoroso, donde ser ele a alma mais proveitosa e o mais útil dos animais para a humanidade, porque lhe fornece roupa. Por tais razões, parece-me, Ele ordena-lhe que tome primeiro as fêmeas, isto é, a cabra e a vaca, porque o elemento terra e o elemento água são materiais e, supostamente, femininos, enquanto o terceiro animal, o carneiro, é macho porque o ar ou vento, em certo sentido, se faz masculino.

---

[2] ἡ νομοθεσία (*he nomothesía*, a Lei Mosaica).

[3] γνωστική (*gnōstikḗ*); parece alusão à interpretação alegórica dos três sacrifícios de animais como estados da alma dada em *Quis Rer. Div. Heres*, 125.

[4] Fílon joga com αἴξ (cabra) e ἄττειν (aoristo de ἄξαι [correr]); *cf. Quis Rer. Div. Heres*, 126.

Pois toda a natureza se divide em terra e em água, e estas são femininas por natureza; ao passo que o ar, semelhante à alma, vem sob o comando do espírito mais vital. E isso, como eu disse, é masculino. Portanto, é conveniente chamar masculina à causa movente e ativa, e feminina à que é movida e passiva. Mas todo o céu é igualmente apropriado aos pássaros, como a pomba e a rola, os quais se dividem entre as rotas dos planetas e as estrelas fixas. E assim as Escrituras circunscrevem aos planetas a pomba, pois esta é criatura mansa e domesticada, mas os planetas também nos são muito familiares e harmoniosos, ainda que contíguos aos lugares terrestres. A rola, porém, está ligada às estrelas fixas, porque este animal é algo amante da solidão e evita encontrar-se e misturar-se com a multidão. Assim, também a esfera fixa está distante de nós e nos confins do mundo, nos próprios extremos da natureza. E a duas ordens de pássaros comparam-se às forças celestes, razão por que diz o Platão socrático[5] que provavelmente o "Céu é uma carruagem voadora" em razão de sua revolução muito rápida, que ultrapassa em velocidade até aos pássaros em sua trajetória. Ademais, os pássaros citados são cantores, e o profeta[6] alude à música que se aperfeiçoa no céu e é produzida pela harmonia do movimento das estrelas. Pois é uma indicação da técnica [*tékhnēs*] humana <o fato de> toda melodia harmônica ser formada pelas vozes dos animais e dos órgãos viventes, mediante o mecanismo da inteligência. Mas o canto celeste não alcança ou se estende até à terra do Criador, como fazem os raios do sol, em razão de Sua preocupação providencial com a raça humana. Pois ele[7] incita a loucura nos que o escutam, e produz na alma um prazer indescritível e ilimitado. Faz que desprezem comida e bebida e provoca-lhes morte prematura de fome e de seu desejo de canção. Pois o canto das sereias, como diz Homero,[8] não convoca o ouvinte de forma tão violenta que eles se esquecem da pátria, do lar, dos amigos e dos alimentos necessários? E aquela música perfeitíssima, extremamente harmoniosa e verdadeiramente celeste não os levaria à loucura e ao frenesi, quando atingisse o órgão da audição?

---

[5] Fedro, 246 e.
[6] Moisés.
[7] O canto celeste.
[8] *Odi*sseia, XII. 39-45 (parafraseado)

Ora, falamos acima do fato de esses diversos animais terem três anos de idade e serem três. Mas aqui se deve dizer algo conforme a outra forma de raciocínio. Pois parece que cada uma das coisas que são sublunares, isto é, a terra, a água e o ar, são tríadas.[9] Sim, porque as divisões da terra são vastos continentes, ilhas e penínsulas. E as da água são o oceano, os rios e os lagos. E as do ar são os dois equinócios; o solstício de verão e o de inverno contam-se como um, pois os equinócios têm o mesmo intervalo de noite e de dia e, do mesmo modo, não são quentes nem frios. E o solstício de verão e o de inverno...[10] Pois o sol se exibe do princípio ao fim destes três ciclos, o do verão, o do inverno e o do equinócio.[11] Ora, essa interpretação é muito natural.[12] Mas deve discutir-se uma interpretação mais ética. Pertencem a cada um de nós estas coisas: o corpo, a percepção sensível e a razão. Portanto, a vaca está ligada à substância corporal, porque nosso corpo é domado, guiado, forçado a obedecer e subjugado em benefício da vida. E a Natureza é feminina segundo a matéria, e com a investigação se mostra exclusivamente passiva e sofredora em vez de ativa. E a cabra deve comparar-se à comunidade dos sentidos, seja porque os vários objetos percebidos se reportam a seus sentidos próprios, seja porque o impulso e o movimento da alma vêm das impressões feitas nos sentidos. E estas se seguem primeiramente da inclinação e da aversão, a que alguns chamam ocasião,[13] que, por sua vez, é um impulso[14] de algum tipo. Como a percepção sensível é feminina, pois é afetada pelo objeto percebido, as Escrituras ligam-na a um animal fêmeo, uma cabra. Mas o carneiro é aparentado com a razão, em primeiro lugar, porque esta é masculina e porque é ativa [*energós*] e, em segundo, porque é a causa do mundo e de sua fundação.

---

[9] Em Quis *Rer. Div. Heres*, 133-136, Fílon fala da dupla divisão dos elementos naturais para adaptá-la à sua alegoria da divisão ao meio que Abraão faz dos animais sacrificatórios; ver abaixo, III, 5.

[10] No texto armênio a frase não se completa.

[11] Fílon preserva artificialmente a tripla divisão do clima contando os dois equinócios como um, e os dois solstícios separadamente.

[12] Ou "física" – φυσικωτάτη.

[13] Provavelmente, ἀφορμήν.

[14] ὁρμή. Não está claro se Fílon contrasta aqui ὁρμή com ἀφορμή, como fizeram os estoicos algumas vezes, ou se considera ἀφορμή um tipo especial de ὁρμή.

Pois o carneiro é necessário pela roupa que produz, ao passo que a razão é necessária para a ordenação da vida. Sim, porque o que quer que não seja desordenado e indisciplinado, por isso mesmo tem razão. Mas há duas formas de razão: há uma na natureza, pela qual as coisas no mundo sensível se separam; e a outra se encontra nas formas chamadas incorpóreas, e é por meio desta que as coisas do mundo inteligível se separam. A pomba e a rola comparam-se com elas. Porque a pomba é um símbolo da teoria física, dado ser um pássaro muito manso, e as coisas sensíveis são íntimas da visão. E a alma do físico e do fisiólogo lança-se, desenvolve asas, é carregada nas alturas e viaja pelos céus, visualizando todas as suas partes e suas várias causas. Mas a rola é comparada à forma inteligível e incorpórea; pois, assim como esta criatura é afeiçoada à solidão, assim também a razão supera por esforço as formas da sensação e se une em essência ao invisível.[15]

4. (Gn 15, 10) Por que as Escrituras dizem "e ele tomou para Ele todas essas coisas"?

As Escrituras acrescentam de forma excelentíssima a expressão "ele tomou para Ele" porque se trata da ação de amante que ama a Deus, e que recebeu teorias e doutrinas boas e preciosas para atribuí-las não a si, mas a Deus, que concede as graças.

5. (Gn 15, 10) Qual o sentido das palavras "partiu-os ao meio e pôs as duas metades uma defronte da outra"?

A estrutura do corpo, até certo ponto, também é deste tipo em sua composição. Pois as partes afins são como que divididas e separadas em oposição, e inclinam-se e defrontam-se uma à outra por causa da cooperação natural; porque o Criador da vida assim dividiu em razão do uso, a fim de que uma parte possa ocupar-se da outra e de que possam servir-se mutuamente uma à outra mediante troca de serviços necessários. Por exemplo, o que se vê diretamente do meio do nariz divide-se entre os dois olhos, movendo-se continuamente cada um na direção do outro. Porque,

---

[15] Para o simbolismo da pomba e o da rola como a razão humana e a divina, ver *Quis Rer. Div. Heres*, 126-27.

quando as pupilas se inclinam para um lado, em certo sentido, olham-se uma para a outra, e não deambulam para fora ou se desviam da posição dos olhos, mas cada uma olha na direção da outra, especialmente quando deparam com algo para ser visto. Novamente, a audição divide-se em duas orelhas, e cada uma está [em certo sentido] voltada na direção da outra, tendendo a um só lugar e à mesma atividade. Ademais, o cheiro divide-se entre as duas narinas, indo completamente para os dois canais, porque elas não são viradas, inclinadas ou erguidas de modo que uma delas se volte para a direita e a outra para a esquerda, senão que, estando juntas e voltadas para dentro, acolhem os odores mediante um ato comum. Além disso, as mãos são feitas não como permutáveis, mas como irmãos e como partes divididas que estão voltadas uma para a outra, e, por natureza, estão preparadas com antecedência para sua própria atividade e ações: receber, entregar e trabalhar. Ademais, as duas solas cooperam entre si, porque cada pé é feito de modo que um se submeta ao outro, e o caminhar é alcançado pelo movimento dos dois, e não pode ser concluído apenas por um deles. E não apenas os pés e as pernas, mas também as coxas, a espinha dorsal,[16] as costelas, os seios, o lado direito e o esquerdo, estando divididos do mesmo modo, indicam harmonia e conveniência e, supostamente, a união natural de cada forma considerada. E, em geral, quem quer que considere simultaneamente e de modo idêntico duas partes divididas que foram postas juntas num lugar perceberá que as duas formam uma natureza. Por exemplo, quando as mãos estão unidas e estendidas na direção dos dedos, parecem formar com eles uma simetria. E, quando os pés se põem juntos, fixam-se no mesmo lugar. E as orelhas juntam-se em forma de teatro com círculos e unem-se pelos dois lados da cavidade.[17] Assim, também no caso de cada uma das formas das partes que nos pertencem, a natureza produz uma divisão e separa as partes divididas de modo que se oponham e se defrontem, pelo que é obtido um efeito ornamental, e, ao mesmo tempo, o que é útil é posto em fácil operação. E novamente une todas essas várias

---

[16] Talvez Fílon se refira às vértebras da espinha dorsal.

[17] Fílon compara os sulcos da orelha aos degraus de um anfiteatro, como em *De Poster. Caini*. A "cavidade" parece significar a concavidade do crânio, representada como semelhante ao lugar côncavo do teatro circundado pelos degraus.

formas numa operação e no mesmo trabalho, agregando e reunindo o que se vê de forma abrangente. Ora, não são apenas as partes do corpo as que então se veem conectadas e pareadas, separadas na união e unidas na divisão, mas também as partes da alma. Pois também são duas – como nas praças[18] públicas – as mais elevadas divisões da alma, isto é, a racional e a irracional, e as partes de cada divisão possuem suas próprias seções. Desse modo, por exemplo, a <parte> racional divide-se em intelecto e em discurso,[19] ao passo que a parte sensível se divide nos quatro sentidos, já que o quinto, o tato, é comum às outras quatro. Dois destes, por meio dos quais vemos e ouvimos, são filosóficos, e por meio deles alcançamos uma vida boa. Mas os outros, o olfato e o paladar, sendo não filosóficos, são servos e foram criados apenas para a sobrevivência. O cheirar existe graças ao olfato, porque eles absorvem um ao outro;[20] e a respiração contínua é o alimento dos viventes. E o paladar existe em razão da comida e da bebida. Desse modo, o olfato e o paladar fortalecem o corpo mortal. Mas a visão e a audição podem auxiliar o intelecto imortal. Portanto, tais divisões de nossos membros em corpo e em alma foram feitas pelo Criador. Mas deve reconhecer-se que as partes do mundo também se dividem em duas e estão estabelecidas uma defronte da outra. A terra divide-se em montanhas e planícies, e a água em doce e em salgada; a doce ou potável é a que faz brotar e nascer os vegetais, e a salgada é a do oceano. E o clima divide-se em inverno e em verão, e novamente em primavera e em outono. E Heráclito, partindo deste fato, escreveu livros *Sobre a Natureza* tomando de nosso teólogo[21] suas opiniões acerca dos opostos e somando-lhes a elas[22] grande número de argumentos laboriosos.

6. *(Gn 15, 10) Por que as Escrituras dizem "mas não dividiu as aves"?*[23]

---

[18] Ou "colunatas" (possivelmente, colunatas duplas). O ponto de comparação é obscuro.
[19] εἰς νοῦν καὶ προφορικὸν λόγον – terminologia estoica usada frequentemente por Fílon.
[20] Significado duvidoso.
[21] Moisés.
[22] Fílon também afirma, em *Quis Rer. Div. Heres*, 214, que Heráclito tinha uma dívida com Moisés por sua teoria da harmonia dos opostos.
[23] Para outra alegoria deste meio versículo, cf. *Quis Rer. Div. Heres*, 230-36.

Indicam assim a quinta e cíclica natureza,[24] de que disseram os antigos é feito o céu. Pois os quatro elementos, como se chamam, são misturas e não elementos, e por meio deles se dividem as coisas naquilo a partir de que são misturadas. Deste modo, por exemplo, a terra também contém em si um elemento úmido, um aéreo e o que se chama ígneo mais em razão da compreensão que da visão. E a água não é tão pura e sem mescla, que não tem nenhuma porção de ar e de terra. E em cada um dos outros há misturas. Mas apenas a quinta substância[25] é pura e sem mescla, razão por que não é de natureza divisível. Por isso, está bem dito que "não dividiu as aves", já que, como no caso dos pássaros, é da natureza dos corpos celestiais — os planetas e as estrelas fixas — permanecer elevados e assemelhar-se aos dois tipos de pássaros puros,[26] a rola e a pomba, que não admitem corte ou divisão, [e assim é porque] pertencem à quinta substância, mais simples e sem mescla; esta natureza, portanto, assemelhando-se mais especialmente à unidade, é indivisível.

7. (Gn 15, 11) Qual o sentido das palavras "E as aves desceram sobre os corpos divididos"?[27]

Os três animais divididos, a vaca, a cabra e o carneiro, são simbolicamente, como dissemos, terra, água e ar. Mas devemos ajustar harmoniosamente a resposta à questão, examinando cuidadosamente a verdade da comparação em nossa razão. As Escrituras, com o voo dos pássaros sobre os corpos divididos, não poderia aludir aos ataques do inimigo e prevenir-nos deles? Pois toda e qualquer natureza sublunar está repleta de batalhas e de desastres domésticos e externos. É por causa da comida e da glutonaria que os pássaros se veem a sobrevoar os corpos divididos; e por natureza os mais poderosos se precipitam sobre os mais fracos como sobre

---

[24] Isto é, a quinta-essência. Cf. *Quis Rer. Div. Heres*, 283. Basicamente, o termo baseia-se em Aristóteles, *De Caelo* I, 2.
[25] Ou "quinta-essência".
[26] Isto é, ritualmente puros.
[27] O Antigo Testamento armênio e a Septuaginta trazem esta versão deste versículo, mas o Antigo Testamento hebraico difere levemente de ambos, e traz o seguinte: "E as aves desceram sobre os cadáveres".

corpos mortos, muitas vezes aproximando-se deles inesperadamente. Mas não voam sobre a rola e sobre a pomba, porque as coisas celestes são destituídas de paixão e de logro.

8. (Gn 15, 11) Por que as Escrituras dizem "Abraão afugentava-as"?

Ora, os que acreditam que na presente passagem se indica um sacrifício dizem que o homem virtuoso supostamente para e se senta numa assembleia, e examina as entranhas e toma-as como indicação confiável do que anuncia a verdade. Mas nós, discípulos de Moisés, compreendendo claramente a intenção de nosso mestre, que desvia a face de toda e qualquer forma de vaticínio e acredita apenas em Deus, afirmamos que ele representa por tais pássaros agora reunidos e que voam alto o homem virtuoso, e não indica simbolicamente nada além de que ele reprime a má ação e a ganância e é hostil a brigas e discussões, mas ama a paz e a estabilidade. E ele é de fato o guardião da paz. Pois por causa do homem mau nenhuma cidade tem sossego e paz, senão que permanece indiferente à bondade de um ou de dois habitantes cuja virtude cura tais doenças cívicas, porque o Deus amante da virtude admite como uma honra para o homem excelente auxiliá-lo não apenas a Ele, mas também aos que d'Ele se aproximam.

9. (Gn 15, 12) Qual o sentido das palavras "E ao pôr do sol veio um profundo êxtase[28] sobre Abraão, e um horror grande e tenebroso o acometeu"?[29]

Certa tranquilidade divina caiu repentinamente sobre o homem virtuoso. Pois o êxtase, como seu próprio nome mostra claramente, nada mais é que o afastamento do entendimento. Mas a raça dos profetas está habituada a experimentá-lo. Pois, quando o intelecto é divinamente possuído e preenchido de Deus, já não está em si mesmo: recebe o espírito divino para que o habite. Não somente isto, mas, como ele[30] mesmo disse, tal caiu

---

[28] Septuaginta: ἔκστασις; heb. *tardēmāh* (sono profundo).

[29] Fílon explica este versículo detalhadamente em *Quis Rer. Div. Heres*, 249-65, enumerando quatro tipos de êxtase, o quarto dos quais é ἐνθουσιῶντος καὶ θεοφορήτου τὸ πάθος (a afecção inspirada e divinizada).

[30] Moisés.

sobre Abraão, pois que o espírito de Deus não cai sobre alguém suave e brandamente, mas realiza inesperado ataque. Ademais, é excelente o que se acrescenta, isto é, que "um horror grande e tenebroso o acometeu", pois todos esses são êxtases do intelecto, uma vez que o que está com medo não está em si. E a escuridão é um obstáculo para a visão; e, quanto maior o medo, mais entorpecido se torna o intelecto quanto à visão e ao entendimento. Estas coisas, além disso, não se dizem ineptamente, senão que <se dizem> como evidência do conhecimento claro da profecia, por meio da qual oráculos e leis são dados por Deus.

10. (Gn 15, 13-14) Por que as Escrituras dizem "E foi-lhe dito: Sabe desde agora que tua posteridade será peregrina numa terra estrangeira, e será reduzida à escravidão, e afligida por quatrocentos anos"?[31]

Indica-se de modo excelentíssimo que "foi-lhe dito", porque o profeta parece afirmar algo, mas não fornece seu próprio oráculo, senão que é intérprete de outro,[32] que põe as coisas em seu intelecto. Todavia, o que ele pronuncia e murmura em palavras é completamente verdadeiro e divino; em primeiro lugar, porque a raça humana vive na terra de outrem, pois tudo o que está sob o céu é possessão de Deus, e os que vivem sobre ela podem ser tidos própria e legitimamente como hóspedes e não habitantes de seu próprio território, que eles não possuem por natureza. Em segundo lugar, porque toda a raça dos mortais é escrava. E ninguém é livre, senão que todos têm muitos mestres e apanham e são maltratados tanto fora como dentro de si; do lado de fora há o inverno, que lhe provoca arrepios, e o verão, que o abrasa, a fome, a sede e muitas outras atribulações; e do lado de dentro há os prazeres sensíveis, os desejos, a tristeza e o medo. Mas essa escravidão é limitada a quatrocentos anos depois de as paixões supramencionadas recaírem sobre eles.[33] Por isso, disse-se

---

[31] O versículo é discutido também em *Quis Rer. Div. Heres*, 266-71.
[32] Isto é, de Deus.
[33] O argumento é construído de modo mais claro na passagem paralela *Quis Rer. Div. Heres*, 269: "E a escravidão é de quatrocentos anos, em conformidade com as potências das quatro paixões".

anteriormente[34] que "Abraão afugentava-as", isto é, obstruía, rechaçava e rejeitava, segundo as palavras, os pássaros carnívoros que voavam sobre os animais divididos, mas, segundo as ações, obstruía, rechaçava e rejeitava as atribulações que recaem sobre os homens. Pois o que por natureza é entusiasta da virtude, e é na prática amante do homem, é curador de nossa raça e verdadeiro e genuíno farmacêutico e dispersador de males. Ora, todas estas são alegorias da alma. Pois a alma do homem sábio, quando vem de cima, do éter, e entra num mortal e se dissemina pelo campo do corpo, é verdadeiramente peregrina em terra que não lhe pertence, pois a natureza terrena do corpo é estranha ao intelecto puro, o sujeita à escravidão e faz cair sobre ele todos os tipos de sofrimento até que o Salvador leve a julgamento e condene a raça tomada como cativa pela paixão; pois desse modo novamente alcança a liberdade. Portanto, acrescentam as Escrituras:[35] "Mas eu julgarei também o povo a que estiverem sujeitos, e sairão em seguida dessa terra com grandes riquezas", isto é, com a mesma medida e até melhor, na medida em que o intelecto é liberto de seu elo maligno, o corpo. Ele vai adiante e troca seu estado não apenas pela salvação e pela liberdade, mas também por posses, pois que não pode deixar nada bom ou útil para os inimigos. Sim, porque toda e qualquer alma racional traz consigo o bom fruto ou é fecunda. Mas o que é considerado muito responsável e virtuoso em seus pensamentos pode ser, não obstante, incapaz de preservá-los até o fim. Por esta razão, é oportuno que o homem virtuoso alcance com resolução o que tem em mente, e por causa disso é conveniente que tenha pensamentos de sabedoria. Pois, assim como algumas árvores gozam da fertilidade no primeiro crescimento de seus frutos mas não são capazes de mantê-los nutridos, de modo que por alguma razão não importante todos podem cair ou ser tirados antes de atingir a maturidade, assim também a alma dos homens inconstantes compreende muitas coisas que levam à fertilidade, mas é incapaz de preservá-las intactas até que estejam perfeitas, como é adequado a um homem virtuoso que angaria suas próprias posses.

---

[34] *QG*, III, 8.
[35] Gn 15, 14.

11. (Gn 15, 15) Qual o sentido das palavras "Tu, porém, irás em paz para teus pais, sendo nutrido[36] numa ditosa velhice"?

Isto indica claramente a incorruptibilidade da alma, que remove sua moradia do corpo mortal e como que retorna à cidade-mãe, de que originalmente moveu sua moradia para tal lugar.[37] Pois, quando se diz a um moribundo "Tu irás para teus pais", o que é isto senão representar outra vida sem o corpo, a qual somente a alma dos sábios pode viver? E as Escrituras falam dos "pais" de Abraão referindo-se não aos que o geraram – seus avôs e antepassados –, porque não eram dignos de louvor a ponto de ser fonte de orgulho e de glória para os que alcançam o mesmo posto, mas na opinião de muitos parece que "os pais" indica todos os elementos em que se realiza a dissolução do corpo. Parece-me, todavia, que tal indica os *Logoi* incorpóreos do mundo divino, aos quais alhures é costume chamar "anjos". Ademais, as Escrituras não falam ineptamente de "sendo nutrido em paz" e "numa ditosa velhice". Pois o homem mau e pecador se nutre e vive da discórdia, e envelhece e morre no mal. Mas em ambas as suas vidas – na corporal e na incorpórea – o homem virtuoso goza da paz, e é bom por si mesmo, ao passo que nenhum dos néscios o é, ainda que tivesse de viver mais que um elefante. Por isso, as Escrituras disseram corretamente "Tu irás para teus pais" nutrido não numa longa mas numa ditosa velhice. Pois muitos homens idiotas se estendem numa longa vida, mas apenas o que é amante da sabedoria se demora numa vida boa e virtuosa.

12. (Gn 15, 16) Por que Deus diz "Mas na quarta geração tornarão aqui teus descendentes"?

O número quatro é o mais harmonioso de todos os números, já que é o mais perfeito. E é a raiz e a base da década mais perfeita. Ora, segundo o princípio do número quatro, todas as coisas reunidas retornam aqui, como Ele mesmo disse. E, como ele é em si mesmo perfeito, está repleto de entes perfeitos. Ora, o que quero dizer com isto? A propagação da semente é o primeiro estágio da geração dos viventes. O segundo dá-se quando

---

[36] Também a Septuaginta, τραφείς; a versão hebraica traz "sepultado" (ταφείς).

[37] Isto é, este mundo ou o corpo.

vários órgãos são modelados por algo semelhante à natureza. O terceiro, após a modelagem, é o crescimento. E o quarto, acima de todos estes, é o aperfeiçoamento de sua geração. O mesmo princípio aplica-se às plantas. A semente é espalhada na terra e depois se move para cima e para baixo, em parte em raízes, em parte em pedúnculos. Em seguida cresce, e no quarto estágio produz frutos. Novamente, as árvores produzem frutos em primeiro lugar, os quais então crescem. No terceiro estágio mudam de cor, tornando-se maduros, e no quarto estágio, que é o último, se dá a plenitude e completude. Logo após se segue seu uso e aproveitamento.

13. (Gn 15, 16) Qual o sentido das palavras "porque a iniquidade dos amorreus não chegou ainda ao cúmulo"?

Alguns dizem que mediante esta expressão o Destino foi introduzido por Moisés em sua narrativa, como se todas as coisas tivessem de estar completas conforme esse período, e os tempos[38] devessem ser determinados pelos períodos.

14. (Gn 15, 17) Qual o sentido das palavras "Quando o sol se pôs, formou-se uma chama"?[39]

Ou o sol apareceu semelhante a uma chama em seu ocaso, ou outra chama – não um raio, mas algum tipo de fogo semelhante a ele – caiu sobre o anoitecer. Tal é a clara interpretação do oráculo. Mas isso deve dizer-se como conjectura.

15. (Gn 15, 17) Qual o sentido das palavras "e eis que um braseiro fumegante e uma tocha ardente passaram pelo meio das carnes divididas"?

O sentido literal está claro, pois a fonte e a raiz do Logos divino[40] deseja que as vítimas sejam consumidas não pelo fogo que nos foi dado para uso, mas pelo que vem de cima, do éter, a fim de que a pureza da substância do céu possa ser atestada pela santidade que está nas vítimas. Quanto

---

[38] O armênio usa duas palavras para "tempo".
[39] A versão hebraica traz "Quando o sol se pôs, formou-se uma densa escuridão".
[40] Isto é, Deus.

porém ao sentido mais profundo, todas as coisas sublunares se assemelham ao braseiro fumegante, por causa do vapor da terra e da água, nas quais estão as divisões da natureza. Como se demonstrou mais acima,[41] as várias coisas que fazem parte do mundo dividem-se em duas. E, por meio destas,[42] como tochas de fogo, inflamam-se os moventes mais rápidos e as potências mais efetivas, as palavras divinas, candentes e chamejantes. Ora, elas mantêm o universo intacto, um junto do outro,[43] e agora purificam a névoa supérflua. A causa mais específica e mais apropriada deve explicar-se da seguinte maneira: a vida humana é como um braseiro fumegante, pois não tem fogo puro e claro e luz pura,[44] mas uma fumaça abundante oriunda de chama fumegante e obscurecedora, que produz névoa e escuridão e encobre os olhos – não os do corpo, mas os da alma –, impedindo se que veja claramente o mundo exterior até que o Deus Salvador ilumine as tochas divinas. Por estas refiro-me às centelhas mais puras e mais sagradas, que unem as duas partes dividas no lado direito e no esquerdo e ao mesmo tempo as iluminam, tornando-se as causas da harmonia e do esplendor.

16. (Gn 15, 18) Por que as Escrituras dizem "Naquele dia, o Senhor fez uma aliança com Abraão: Eu darei à tua posteridade esta terra desde o rio do Egito até o grande rio Eufrates"?

O sentido literal descreve os limites da região entre os dois rios, o do Egito e o Eufrates, pois antigamente a terra e o rio eram homonimamente chamados "Egito". Testemunho disto dá-o o poeta,[45] que diz: "No rio do Egito permanecem as embarcações que podem ser guiadas por ambos os

---

[41] *QG*, III, 5.

[42] Não está totalmente claro a que "destas" se refere. A julgar pelo paralelo em *Quis Rer. Div. Heres*, 311-12, "destas" refere-se às "coisas divididas", que são inflamadas pelas potências divinas. Portanto, deveríamos corrigir a construção armênia, para que ficasse assim: "e estas [...] são inflamadas pelas [...] palavras divinas".

[43] Este é o sentido literal do obscuro texto armênio. A ideia geral é a mesma que em *Quis Rer. Div. Heres*, 312: "As potências divinas, à medida que passam pelo meio dos corpos e dos objetos, não destroem nada – pois as metades das partes permanecem ilesas –, mas dividem e distinguem muito bem suas respectivas naturezas".

[44] O armênio usa duas palavras para "puro".

[45] Homero, *Odisseia*, XIV, 258.

lados." Quanto porém ao sentido mais profundo, as Escrituras indicam a bem-aventurança, que é a satisfação de três perfeições: os bens espirituais, os bens corporais e os bens materiais. Esta doutrina foi exaltada por alguns dos filósofos que vieram depois, como Aristóteles e os peripatéticos. Ademais, esta é tida também como a legislação de Pitágoras. Pois o Egito é o símbolo dos bens corporais e dos materiais, ao passo que o Eufrates é o símbolo dos espirituais, pois por meio destes vem a ser a verdadeira e autêntica alegria, tendo como fonte a sabedoria e todas as virtudes. E os limites têm seu princípio justamente no Egito e terminam no Eufrates. Pois no final acontecem com a alma coisas de que só conseguimos aproximar-nos com dificuldade, mas primeiramente alguém deve atravessar e transpor os bens corporais e os materiais[46] – saúde e perspicácia do sentido, beleza e força –, que habitualmente florescem, crescem e são obtidos na juventude. E, da mesma maneira, as coisas que pertencem à <esfera> do lucro e das vendas, como a pilotagem, a agricultura e os negócios. Pois tudo isto é próprio da juventude, especialmente as coisas que foram corretamente descritas.

17. (Gn 15, 19-21) Quem são os "cineus, os ceneseus, os cadmoneus, os heteus, os ferezeus, os rafins, os amorreus, os cananeus, os gergeseus e os jebuseus"?

Estas dez nações são consideradas os males que se destroem por ser vizinhos, assim como um denário falsificado e rejeitado é vizinho dos aceitáveis. Pois a pura perfeição do número dez é a mais harmoniosa e é a medida de infinidade de números, mediante os quais o mundo e o intelecto do homem sábio se ordenam e governam. Mas o mal muda e destrói sua essência, negligenciando as potências mais necessárias, em razão de ter-se dito que só é boa a busca da felicidade.[47] Pois o homem perverso é tal, que admite a opinião em vez da verdade, em que estão aqueles que veem.

*18. (Gn 16, 1) Por que "Sarai, mulher de Abraão, não lhe tinha dado filho"?

---

[46] O texto armênio que vai de "no final" até "materiais" parece-me longe de estar claro. O sentido geral da passagem parece ser que a juventude é a época de aproveitar os bens corporais e os materiais, e a vida tardia é o tempo para aproveitar os bens espirituais.

[47] O texto armênio desta passagem é de difícil compreensão.

A mãe da raça é mencionada como mulher estéril; em primeiro lugar, a fim de que a geração da descendência possa parecer mais maravilhosa e miraculosa. Em segundo lugar, a fim de que a concepção e o parto possam ocorrer não tanto por meio da união com um homem como por meio da providência de Deus. Pois, quando uma mulher estéril dá à luz, não o faz mediante procriação, mas pelo trabalho da potência divina. Este é o sentido literal. Quanto porém ao sentido mais profundo, dar à luz é <algo> inteiramente característico da mulher, assim como procriar o é do homem. Portanto, as Escrituras querem que a alma do homem virtuoso seja comparada com o sexo masculino e não com o feminino, considerando que a atividade e não a passividade é própria dele. Ademais, os dois tipos de intelecto – o virtuoso e o perverso – procriam, mas geram opostos e de modo diferente. O homem virtuoso gera coisas boas e úteis, ao passo que o homem perverso e maléfico gera coisas vis, vergonhosas e inúteis. E o terceiro ponto é o seguinte: aquele que avançou até ao completo fim se aproxima do que é chamado por alguns luz esquecida e desconhecida. O homem que avança não gera vícios nem virtudes, dado que ainda não está completo, pois é o mesmo que alguém cujo corpo não está doente nem inteiramente bem mas está agora recuperando a saúde após uma longa doença.

19. (Gn 16, 1) Qual o sentido das palavras "e ela tinha escrava egípcia, cujo nome era Agar"?

"Agar" é interpretada como "peregrina", e é uma escrava que está à espera de uma natureza mais perfeita. E é, muito naturalmente, uma egípcia de raça. Pois ela é a busca das disciplinas escolares, e sendo uma amante do conhecimento vasto é, em certo sentido, uma escrava que está à espera da virtude, dado que os estudos escolares são úteis ao que precisa de ajuda para recebê-los, na medida em que a virtude tem a alma por moradia, ao passo que os estudos escolares necessitam dos órgãos corporais; e o Egito é simbolicamente o corpo, razão por que as Escrituras descrevem corretamente a forma dos estudos escolares como egípcia. Ademais, também lhe deram o nome de "peregrina" porque a sofística é uma peregrina em comparação com a virtude inata, que está exclusivamente em casa e é a preceptora da educação intermediária e nos sustenta mediante os estudos escolares.

20. (Gn 16, 2) Por que Sarai diz a Abraão "eis que o Senhor me fez estéril; rogo-te que tomes a minha escrava, para ver se, ao menos por ela, eu posso ter filhos"?

Em sentido literal, é o mesmo que não ser invejoso e ciumento, e ser cuidadoso com o homem sábio e marido e com o homem da mesma família. Ao mesmo tempo, para compensar sua incapacidade de gerar filhos, designou a escrava como concubina do marido. Ademais, o exagero de seu amor de esposa é indicado por meio disso, pois, por parecer estéril, ela não considerava correto deixar a família do marido sofrer pela falta de filhos, porque ela valorizava mais o benefício dele que sua própria reputação. Este é o sentido literal. Quanto porém ao sentido mais profundo, tem algo do seguinte argumento: os que são incapazes de realizar feitos admiráveis e louváveis por seus próprios méritos devem buscar educação intermediária e, em certo sentido, gerar filhos a partir dos estudos escolares, pois a polimatia é uma espécie de pedra de amolar do intelecto e da razão. Mas isto foi escrito de modo excelentíssimo: "Ele trancou-me", pois o que está fechado está acostumado a abrir-se no momento apropriado. De modo que sua[48] sabedoria não se conforma com o permanecer sem filhos para sempre, mas sabe que gerará descendência. Todavia, ela não dará à luz agora, mas quando a alma mostrar pureza de perfeição. Enquanto se é imperfeito, é suficiente ter um ensino mais brando e moderado que venha dos estudos escolares. Por isso, não é à toa que, nas competições esportivas sagradas, os que não levam o primeiro prêmio são merecedores do segundo. Pois um primeiro, um segundo e um terceiro prêmio são postos diante dos juízes dos jogos, os quais se assemelham à natureza, pois diante dele[49] ela põe o primeiro prêmio da virtude e o segundo dos estudos escolares.

21. (Gn 16, 3) Por que as Escrituras chamam a Sarai esposa de Abraão,[50] já que dizem: "E Sarai, a esposa de Abraão, tomou sua escrava Agar, a egípcia, havendo dez anos que Abraão habitava a terra de Canaã, e deu-a por mulher a Abraão"?

---

[48] Não está claro a "quê" ou a "quem" "sua" se refere, mas provavelmente ao intelecto.
[49] A pessoa referida não está clara.
[50] Isto é, por que as Escrituras repetem a frase "esposa de Abraão"; cf. *De Congressu*, 73-80.

O teólogo enfatiza o casamento de pessoas honradas devido à intemperança dos lascivos. Pois estes, por causa de suas concubinas, que eles amam loucamente, menosprezam sua sábia esposa. Por essa razão, as Escrituras apresentam o homem virtuoso[51] como um marido mais fiel à esposa quando a ocasião impôs o uso da escrava, e a esposa sábia como mais moderada quando ele se dirigiu à cama de outra pessoa. Pois o envolvimento com a concubina foi <apenas> físico, com o objetivo de gerar prole. Mas a união com a esposa foi da alma harmonizada com o amor divino. Este é o sentido literal. Quanto porém ao sentido mais profundo, ele, que de fato confiara seus pensamentos à sabedoria, à justiça e a outras virtudes, quando outrora recebera os pensamentos da sabedoria e experimentara casamento com ela, permanece seu companheiro e esposo, embora sustente abundantemente a educação da escola. Pois, ainda que o homem virtuoso tenha ao seu alcance a teoria da geometria, a da aritmética, a da gramática, a da retórica e a de outras disciplinas científicas, está, não obstante, atento à sua integridade, e dirige-se a uma como a um trabalho e à outra como a um trabalho secundário. Mas mais digno de louvor é as Escrituras chamarem à escrava "esposa",[52] porque ele se juntou a ela na cama por vontade e por injunção de sua verdadeira esposa, e não de modo algum por sua própria vontade. Por isso as Escrituras não lhe chamam aqui "escrava", pois a escrava, tendo sido dada a ele como esposa, obtém o estatuto de tal, se não efetivamente, ao menos, de algum modo, nominalmente. Todavia, alegorizemos dizendo que o treino nos estudos intermediários tem a força de uma concubina, mas a forma e a dignidade de uma esposa. Pois os vários estudos escolares se assemelham à verdadeira virtude e a imitam.

*22. (Gn 16, 4) *Qual o sentido das palavras "ela viu que estava grávida, e sua senhora ficou desonrada diante dela"?*

Sabiamente, as Escrituras agora chamam a Sarai "senhora", quando ela parece estar eclipsada e reprimida pela escrava – uma mulher sem filho por uma com filho. Mas esse princípio de raciocínio estende-se a quase

---

[51] τὸν σπουδαῖον (Abraão).
[52] Ao menos por implicação. Cf. *De Congressu*, 80.

todos os assuntos necessários à vida. Pois mais nobre é o homem sábio e pobre que o rico e tolo, o inglório mais que o glorioso, e o enfermo mais que o saudável. Pois quem quer que esteja com a sabedoria é completamente nobre, independente e imperioso. Mas quem quer que esteja com a tolice é um escravo e débil. E está bem dito não que ela tenha desonrado sua senhora, e sim que "sua senhora ficou desonrada".[53] Pois a primeira <afirmação> conteria uma acusação pessoal, ao passo que a segunda seria uma declaração das coisas que aconteceram. Mas as Escrituras não desejam pôr a culpa em ninguém com o objetivo de louvar a outrem, e sim deixar clara a mera e simples verdade dos assuntos. Este é o sentido literal. Quanto porém ao sentido mais profundo, os que aceitam e honram a glória mais que à ciência da sabedoria e consideram a percepção sensível mais honrosa que a razão afastam-se da familiaridade com os fatos, pensando que a realização de muitas coisas e o amor complacente das aparências são bens importantes, perfeitos e exclusivamente honrosos, ao passo que a esterilidade com respeito a eles é má e desonrosa. Pois não veem aquela semente invisível e as descendências inteligíveis que o intelecto está habituado a produzir por si mesmo.

*23. (Gn 16, 5) *Por que Sarai supostamente se arrepende do que fez, e diz a Abraão: "Eu dei-te a minha escrava para ser tua mulher; mas ao ver que ela está grávida me senti desonrada diante dela"?*

Esta linguagem revela a ansiedade e a hesitação de Sarai, manifestas em primeiro lugar na expressão "uma vez que", que quer dizer "a partir do momento em que dei minha escrava"; e em segundo lugar a expressão indica estima pela pessoa de que se faz a queixa, pois ela diz: "tu tratas-me de modo injusto", uma afirmação que, em verdade, é uma reprovação, já que ela pensa que seu marido deve sempre manter-se sem nenhuma mácula ou deficiência culpável, sempre virtuoso e verdadeiro, e de modo algum negligente com ela, porque ela sempre o apresenta honrando-o com toda a veneração possível e chamando-lhe senhor. Não obstante, o primeiro fato mencionado por ela é verdadeiro; pois desde o momento em que lhe deu

---

[53] Faz-se distinção até certo ponto paralela em *De Congressu*, 139-50.

por concubina sua escrava ela mesma foi menosprezada. Este é o sentido literal de suas palavras. Mas, se examinarmos seu sentido mais profundo, quando uma pessoa concede a alguém a escrava da sabedoria – sendo esta influenciada pelos conselhos da sofística –, desprezará sua senhora, porque aquela desconhece as boas maneiras; pois, como ela mesma possui conhecimento geral e está encantada com seu esplendor, pois que cada um dos ramos particulares da educação é por si mesmo atrativo para a alma, como se possuísse a potência de puxá-los para si à força, então ela, a escrava, já não pode concordar com sua senhora, isto é, com a imagem da sabedoria e sua beleza gloriosa e admirável, até que a juíza de todas as coisas, a palavra de Deus, ao aparecer, separe e distinga o que é provável do que é verdadeiro, o meio das extremidades e o que é segundo do que é colocado no primeiro posto. Ao final de sua repreensão, diz Sarai a respeito disto: "O Senhor seja juiz entre mim e ti."

24. (Gn 16, 6) Por que Abraão diz: "Eis aí tua escrava; ela está em tuas mãos; faze dela o que quiseres"?

A expressão literal utilizada pelo homem sábio contém um panegírico; pois ele não chama à mulher que concebera graças a ele sua mulher, ou sua concubina, mas a escrava de sua mulher. Dado, porém, que ele percebera que ela também era mãe, não cedeu ao enfurecimento e à exasperação dos sentimentos do intelecto dela, mas antes a tranquilizou e a tornou prudente. Todavia, a passagem contém uma alegoria na expressão "em tuas mãos": como se, se tal se pode dizer, a sofística vivesse sob domínio da sabedoria, porque de fato brota da mesma fonte que esta, mas apenas em parte e não diretamente; ela tampouco preserva puro o conjunto de suas emanações, mas forma com suas águas muitas coisas fétidas e muitas outras de natureza semelhante. Portanto, está em tuas mãos e em teu poder (pois não importa a quem pertence a sabedoria: ele também possui todos os ramos do conhecimento geral) fazer dela o que quer que te agrade, pois estou totalmente persuadido de que tu julgarás com não mais severidade que a justiça; sim, porque aquela coisa mesma é especialmente agradável a ti: quero dizer, o distribuir a cada um segundo seu merecimento, e o não dar a ninguém mais que o que é justo, de modo que o honre ou o despreze.

25. *(Gn 16, 6) Por que ele diz: "E Sarai maltratou-a"?*

O sentido literal das palavras está claro: mas, se olharmos para seu sentido mais profundo, contêm um princípio do seguinte tipo. Nem toda e qualquer atribulação é prejudicial, mas há até ocasiões em que elas [as atribulações] são saudáveis; e isso é sabido por homens doentes [que estão] nas mãos de médicos, por meninos sujeitos a seu tutor, e por pessoas sujeitas aos que as corrigem para levá-las à sabedoria. E de maneira alguma posso consentir em chamar a isso atribulação, mas antes salvação e auxílio tanto da alma como do corpo. Ora, uma parte de tal salvação-benefício produz o círculo do conhecimento geral, advertindo corretamente a alma que se entrega a uma abundância de disciplina, e que está cheia de sofismas, de que não deve rebelar-se como se tivesse obtido algum bem importante e excelente, mas de deve sujeitar-se e venerar àquela natureza superior e mais excelente como à sua senhora, em cujo poder está a própria fidelidade e a autoridade sobre todas as coisas.

26. *(Gn 16, 6) Por que Agar fugiu?*

Nem toda e qualquer alma é suscetível de respeito adequado e de submeter-se a disciplina salutar; mas o intelecto dócil, de bom gênio e firme ama a reprovação e torna-se cada vez mais afeiçoado aos que o corrigem. A alma obstinada, todavia, torna-se mal-intencionada e odeia-os, afasta-se e foge deles, preferindo os discursos agradáveis aos que tendem para sua desvantagem e vendo àqueles como mais excelentes.

27. *(Gn 16, 7) Qual o sentido da afirmação "O anjo do Senhor encontrou-a no deserto junto de uma fonte que está no caminho de Sur"?*

Todas estas afirmações são como símbolos por meio dos quais o escritor sagrado indica que a alma bem instruída, que está na posse da virtude, ainda é, não obstante, incapaz de discernir a beleza de sua senhora. Elas são, digo, símbolos; quero dizer, as afirmações de que ela fora encontrada, e de que fora encontrada por um anjo no deserto, e em nenhum outro caminho senão no que levava até Sur. Todavia, devemos começar pelo que está claro. Ora, o sofista muito sutil e verdadeiro amante de debates é geralmente incapaz de detectar-se por causa de seus artifícios e de suas persuasões sofísticas, com os quais ele está acostumado a enganar e a deixar os homens perplexos. Mas o que, estando livre de maus hábitos, tem apenas desejo impetuoso de obter instrução mediante o progresso do treino geral, conquanto seja difícil detectá-lo, ainda assim não é incapaz de ser completamente de tal modo; pois, se a perdição está perto do que não pode ser detectado, a segurança está próxima do que pode ser descoberto, especialmente quando é procurado e encontrado por um espírito mais santo e mais excelente. E quem é mais santo e mais excelente que o anjo do Senhor? Pois se lhe confiou a procura da alma errante, a alma que, em razão de sua suposta erudição, não sabia ao certo o que devia honrar; mas ela ainda poderia ser suscetível de correção e de aperfeiçoamento, razão por que foi procurada. Ora, a busca não está acabada; ao contrário, ainda se há de realizar. Pois a alma foi flagrada fugindo da virtude, não sendo capaz de submeter-se à disciplina. Mas o terceiro símbolo realiza-se depois de ela ter sido encontrada e depois de a descoberta ter sido feita por um anjo, isto é, pelo fato de ela ter sido encontrada perto de uma fonte, quer dizer, por natureza; pois é a natureza a que confere habilidades às pessoas inteligentes proporcionalmente ao esforço de cada indivíduo, eliminando o aprendizado inadequado, que não é aprendizado por ângulo algum: e o elogio é sugerido no próprio lugar em que é encontrada a alma, a qual anseia o talento e sua lei serena, e deseja extrair água enquanto está na sociedade dos que bebem vinho; pois desse modo ela se associa aos que são sustentados pelo e deleitam-se com o exercício do treino adequado, em que a própria natureza fornece alimento suficiente, isto é, educação e instrução, como que a partir de uma fonte. O quarto símbolo está contido no fato de a descoberta ter ocorrido no deserto, dado que a dificuldade que recai sobre cada um dos sentidos externos – junto com um influxo de cada desejo separado – reprime o intelecto e não permite que ele beba água pura: mas quando não consegue evitar tais coisas, como no deserto, ele aquiesce, e, abandonando os pensamentos que o agitaram e o desorientaram, torna-se convalescente, de modo que receba uma esperança não apenas de vida, mas até de vida eterna. O quinto símbolo está contido no fato de ela ter sido encontrada no caminho; pois disposições incorrigíveis são conduzidas por caminhos afastados; mas o que pode ser mudado para melhor prossegue ao longo da estrada que leva à virtude, e esta estrada é como um muro fortificado e como um guardião das almas que são capazes de ser salvas, pois Sur quer dizer muro fortificado. Não vês, então, que o todo é uma figura simbólica – ou, em verdade, legítima – de uma alma salutar? E, de fato, a alma que é salutar não perece como a que é inteiramente insensata; pois, se a palavra divina é encontrada por ela, então ela novamente a procura; e o que não é puro e limpo em seus hábitos e disposições foge da palavra divina; mas ainda assim tem uma fonte de água em que lava seus vícios e maldades, tirando dali a fertilidade da lei. Além disso, ela ama o deserto, para o qual fugiu de seus vícios e maldades, e, quando tiver notado uma vez o caminho da virtude, retornará dos caminhos errantes da maldade. E todas estas coisas são para ela muros fortificados e baluartes, para protegê-la de ser alguma vez ferida por quaisquer palavras circunstanciais que a ataquem, e de sofrer qualquer dano.

28. (Gn 16, 8) Por que o anjo lhe disse a ela: "Agar, escrava de Sarai, donde vens? E para onde vais?"

O sentido exato do dito não requer explicação, pois está muitíssimo claro; mas, quanto ao sentido mais profundo aí contido, significa-se a violência, pois que o Logos divino é um disciplinador e um excelente curador da fraqueza da alma. Por essa razão, o anjo diz-lhe a ela: "donde vens? Não sabes o que Deus abandonou? De fato, não és inútil e aleijada? Pois tu não vês de modo algum; e, embora sejas dotada dos sentidos externos, não sentes, e, parece-me, não tens nenhuma porção de intelecto, como se fosses completamente irracional. Mas para onde vais? De que excelência para que miséria? Por que erraste a ponto de jogar fora as bênçãos que tiveste em teu poder, e de perseguir coisas boas que estão distantes? Não, não, digo eu, aja deste modo; mas, abrindo mão de tua impetuosidade insana, volta e retorna ao mesmo caminho de antes, olhando com respeito a sabedoria como à tua senhora, a ela, que tiveste antes como tua governanta e diretora em todas as coisas que fizeste".

29. (Gn 16, 8) Qual o sentido da resposta "Eu fujo de Sarai, minha senhora"?

É razoável louvar uma disposição sincera e considerá-la favorável à verdade. E, ademais, é razoável admitir agora a veracidade de um intelecto que confessa o que sofreu; pois diz "eu fujo de Sarai", isto é, rechacei a aparência exterior da sabedoria e da virtude; dado que ela tremeu, notando sua presença majestosa e imperial, sem ser capaz de suportar olhar para sua majestade e grandeza, mas antes considerando-a objeto de fuga; pois há pessoas que não se dissuadem da virtude por medo dela, mas por uma modéstia reverencial, olhando-se a si mesmas como indignas de viver com tal senhora.

30. (Gn 16, 9) Por que o anjo lhe disse a ela "volta para tua senhora e humilha-te diante dela"?

Como a letra do texto está clara, devemos antes investigar seu sentido mais profundo. A palavra de Deus corrige a alma que é capaz de ser seduzida, e instrui-a e converte-a, e condu-la para a sabedoria como para sua senhora, de modo que, sendo abandonada por sua senhora, ela não corra imediatamente para a loucura absurda. Mas adverte-a não apenas de que deve retornar à virtude, mas também de que deve humilhar-se sob suas mãos, isto é, sob suas várias excelências. Mas há dois tipos de humilhação: um de acordo com o defeito que surge da fraqueza espiritual, e que é fácil de ser apanhado, censurado e superado; outro tipo há, todavia, e que, ordenado pela palavra de Deus, procede da reverência e da modéstia, como a humildade que as crianças exibem aos pais, os pupilos aos mestres e os jovens aos velhos, já que é muito vantajoso ser obediente e sujeitar-se aos que são melhores; pois o que aprendeu a permanecer sob autoridade está imbuído de um poder que só ele mesmo pode exercitar; sim, porque, embora qualquer pessoa pudesse ser provida de autoridade sobre toda a terra e todo o mar, ainda assim não seria capaz de possuir a supremacia majestosa da virtude, a menos que primeiro tivesse sido instruída e ensinada a obedecer.

31. (Gn 16, 10) Por que o anjo lhe disse a ela "eu multiplicarei tua posteridade de tal forma, e será tão numerosa, que não se poderá contar"?

É a honra do intelecto dócil não ser presunçoso ou rebelde em razão de seu progresso no conhecimento, ou das sementes muito úteis que recebeu dos vários tipos de erudição; pois ele já não emprega – como fazem os chicaneiros e caviladores – todos os argumentos do aprendizado geral para estabelecer algum objeto extravagante, mas para provar a verdade que está contida neles. E, quando ele – o intelecto – começa a praticar tal mediante a investigação diligente, torna-se então digno de ter a visão de sua senhora, livre de toda e qualquer aprovação ou de toda e qualquer reprovação das pessoas.

32. (Gn 16, 11) Qual o sentido da afirmação "o anjo disse-lhe a ela: 'Estás grávida, e vais dar à luz um filho: dar-lhe-ás o nome de Ismael, porque o Senhor te ouviu em tua aflição"?

O sentido literal das palavras não admite dúvida, mas não assim sua explicação alegórica. A erudição, que é adquirida e treinada pela dispensação da virtude, é encontrada não como estéril, mas enquanto concebeu a semente da sabedoria; e, por ter concebido, dá cria; não obstante, dá cria a um trabalho que não é perfeito, mas imperfeito, como uma criança que necessita de cuidados e de alimentação. Pois, em verdade, está muito claro que a prole, isto é, as palavras e os trabalhos, de uma alma perfeita é perfeita; mas a da alma de segunda classe, que ainda se encontra em servidão e subordinação, é mais imperfeita. Por isso, foi-lhe dado determinado nome (Ismael), que é interpretado como "o que escuta a Deus". Mas a audição é honrada com a segunda dignidade entre os sentidos externos, estando próxima da visão; pois a natureza organizou uma sucessão de posições na disputa dos sentidos, dando o primeiro lugar aos olhos, o segundo aos ouvidos, o terceiro às narinas e o quarto ao sentido mediante o qual sentimos o gosto.

33. (Gn 16, 12) Qual o sentido da afirmação "este será um homem fero, cuja mão será contra todos, e contra o qual terão todos a mão levantada. Ele porá suas tendas defronte de todos os seus irmãos"?

Se olharmos para a letra da afirmação, até este momento Ismael, que foi o primeiro filho de seus pais, não tem nenhum irmão. Mas o escritor sagrado aqui simboliza certa natureza, demasiado secreta para ser inteiramente investigada; pois ele mostrou a imagem de sua personalidade futura. E tal imagem evidentemente representa o sofista, cuja mãe é a erudição ou a sabedoria. Mas o próprio sofista é um homem de opiniões incultas, enquanto o homem sábio, sendo civilizado, está preparado para viver em cidades e para a urbanidade ou para ser estadista e para formar associação política; mas o que é inculto ou é homem de opiniões incultas também é imediatamente irascível. E é por isso que o escritor sagrado faz um acréscimo, dizendo: "sua mão será contra todos, e a mão de todos será contra ele", pois a abundância de conhecimento e o uso da erudição são capazes de contestar a todos os homens – como aos homens de hoje em dia que se chamam acadêmicos e pesquisadores, e que não estabelecem fundamento sob suas opiniões e doutrinas e não preferem uma coisa a outra, porque admitem os que atiram contra a doutrina de todas as escolas, e a esses é costume chamar "combatentes de opinião". Sim, porque eles, primeiramente, provocam disputas e declaram-se os campeões de sua facção nacional, para que não sejam convencidos ou criticados pelos que se opõem a eles. Mas são todos da mesma família e, supostamente, irmãos do mesmo ventre; são a prole de uma mãe, isto é, a filosofia. E é em razão disso que ele diz: "Ele porá suas tendas defronte de todos os seus irmãos"; pois, em verdade, o acadêmico e o investigador são de facções diametralmente opostas, e encontram erro na outra com sua evidente limitação de análise.

34. (Gn 16, 13) Por que as Escrituras dizem: "Então, invocou o nome do Senhor, que lhe falava. Tu és Deus, e viste-me; porque ela disse: Certamente eu vi aqui as costas d'O que me vê a mim"?

Em primeiro lugar, observe-se atentamente que o anjo, à maneira da serva da sabedoria, era para ela ministro da parte de Deus. Mas por que aqui ele ainda é chamado Senhor ou Deus, se devia ter sido chamado apenas anjo do Senhor? Para adaptar o fato à pessoa apropriada; pois era justo que o Senhor e Chefe de todo o universo aparecesse à sabedoria como Deus, e que Sua palavra aparecesse como ministro à criada e serva da sabedoria. Mas não podemos supor que ela, por engano, tenha olhado com respeito o anjo como se este fosse Deus; pois os que são incapazes de olhar para a Causa Primeira podem facilmente enganar-se e olhar a segunda [causa] como à primeira, assim como o que tem visão fraca, não sendo capaz de olhar o sol, que está no céu em sua forma exterior real, pensa que o raio que cai sobre a terra é o próprio sol; e assim como os que nunca viram o rei atribuir amiúde a seus ministros a dignidade do soberano supremo. E, em verdade, os homens moderados e rústicos que nunca olharam uma cidade, nem sequer do cume dos morros onde vivem, pensam que toda e qualquer casa de campo ou todo e qualquer pátio de fazenda são uma imensa cidade, e olham as pessoas que aí habitam como se fossem cidadãos de uma grande cidade, por ignorar o que é realmente uma cidade.

35. (Gn 16, 14) Qual o sentido de: "por essa razão ela chamou àquele poço Poço do que vive, e do que me vê a mim"?

O poço possui nascente e profundidade. Mas o aprendizado dos estudantes da ciência geral não está todo na superfície, nem é destituído dos primeiros princípios; pois tem por fonte a disciplina corretiva. Por conseguinte, é com perfeita precisão que se diz que o anjo apareceu diante do poço como Deus, dado que se espera que a erudição do treino geral, possuidora do segundo posto, se alegre na autoridade primeira, apesar de na realidade estar separada da primeira sabedoria, cuja visão é permitida aos homens sábios, mas não aos sofistas.

36. (Gn 16, 14) Por que se diz que o poço estava entre Cadés e Barad?

"Cadés" é interpretado como sagrado, mas "Barad" é traduzido por granizo ou cereal.

37. (Gn 16, 15) Qual o sentido da afirmação "Agar pariu um filho a Abraão"?

Esta afirmação é feita em perfeita conformidade com a natureza; pois nenhum hábito de posse dá cria para si mesmo, mas para o que o possui; assim como a gramática o faz para o gramático, a música para o músico, a ciência matemática para o matemático; porque é uma parte dele, e permanece necessitado dele. E o hábito não é recebido como uma coisa necessitada de algo, assim como o fogo não necessita do calor, pois é calor por si mesmo; e dá uma porção de participação nele aos que dele se aproximam.

38. (Gn 16, 16) Por que se diz que Abraão tinha oitenta e seis anos quando Agar lhe deu à luz Ismael?

Porque o número que acompanha oitenta, isto é, seis, é o primeiro número perfeito, pois é igual a suas partes e é o primeiro número composto da multiplicação de um número ímpar por um par, recebendo também algo de sua causa eficiente, de acordo com o número ímpar ou redundante, e de sua causa material e eficiente, de acordo com o número par. Por isso, entre os mais antigos de nossos ancestrais, alguns lhe chamaram matrimônio, e outros harmonia; e também nosso historiador sagrado dividiu a criação do mundo em seis dias. Mas, entre os números, o oitenta regozija-se em perfeita harmonia, já que é composto de dois diâmetros amplos em proporção dupla e tripla, de acordo com a figura da medida de quatro lados. E contém em si todas as inferências: a aritmética, a geométrica e a harmoniosa, sendo, em primeiro lugar, composto de números duplos, como, por exemplo, seis, oito, nove, doze, cuja soma dá trinta e cinco; em segundo lugar, de números triplos: seis, nove, doze, dezoito, cuja soma dá quarenta e cinco. E destes dois números, trinta e cinco e quarenta e cinco, o número oitenta se completa. Além disso, quando o historiador sagrado, o próprio Moisés, começou, por inspiração divina, a proferir os preceitos oraculares de cuja transmissão fora incumbido, tinha oitenta anos. E o primeiro homem de nossa nação a existir de acordo com a lei da circuncisão, sendo circuncidado no oitavo dia, e sendo notável pela virtude, porta o nome da alegria e é chamado Isaac na língua caldeia; e Isaac significa riso, e assim é chamado porque a natureza se alegra ou ri de tudo, e jamais se irrita com nada do que se faz no mundo, senão que antes olha com complacência tudo o que ocorre como a algo que é feito satisfatória e proveitosamente.

39. (Gn 17, 1) Por que, quando Abraão tinha noventa e nove anos, o escritor sagrado diz: "O Senhor apareceu-lhe, e disse-lhe: Eu sou o Deus Todo-Poderoso"?

Aqui ele usa os dois títulos de cada virtude superior, aplicando-os no caso de Sua fala ao homem sábio, porque foi por meio delas que todas as coisas foram criadas, e é por meio delas que o mundo se regula após ter sido criado. Por meio de uma delas, portanto, o homem sábio, assim como o próprio mundo, foi moldado e feito de acordo com a imagem de Deus; e

Deus é o nome da virtude criativa; e por meio da outra foi feito de acordo com o Senhor, já que está sob Sua autoridade e supremo poder. Portanto, aqui ele tenciona mostrar que o homem que é notável na virtude é tanto um cidadão do mundo como semelhante em dignidade ao mundo inteiro, declarando que ambas as virtudes do mundo – os atributos reais e divinos – são, de modo singular, designadas para e postas sobre ele como protetoras. E foi com grande justeza e propriedade que tal fenômeno ocorreu quando ele tinha por volta de noventa e nove anos, porque este número é muito próximo da centena. E o número cem é composto do número dez multiplicado por si mesmo, o qual é chamado pelo historiador sagrado "o sagrado dos sagrados", dado que o *kor*,[54] o primeiro dez, simplesmente se chama sagrado, e este pode ser apresentado pelos varredores do templo; mas a dezena das dezenas, a qual ele novamente ordena que os varredores do templo paguem acima de tudo ao atual sumo sacerdote, é o número dez computado junto com o número cem, pois o que é a décima parte da décima parte senão a centésima? Todavia, o número noventa e nove não só foi anunciado e adornado por sua afinidade com o número cem, mas também recebeu participação particular numa maravilhosa natureza, dado que se compõe do número cinquenta e de sete vezes sete. Sim, porque o quinquagésimo ano, como o ano do Pentecostes ou do Jubileu, é chamado remissão na emissão da lei, já que então ganham liberdade todas as coisas, sejam viventes, sejam inanimadas. E o mistério do sétimo ano é o de paz profunda e sossegada tanto para o corpo como para a alma. Pois o sétimo número é a recordação de todas as coisas boas que surgem espontaneamente, sem o esforço do trabalho, as quais a natureza produziu a partir de si mesma na primeira criação do mundo; mas o número quarenta e nove, composto de sete vezes sete, não indica graças levianas, senão antes as que têm virtude e sabedoria em grau tal, que contribuem para uma estabilidade invencível e vigorosa.

40. (Gn 17, 1-2) Qual o sentido de "anda em minha presença e sê perfeito. Quero fazer aliança contigo e multiplicarei ao infinito tua descendência"?

---

[54] Armênio *k'or* = grego κόρος = hebraico *kōr*: uma medida = dez banhos.

Deus emite aqui, de modo algo familiar, uma lei para a raça humana; pois o que não participa da maldade e está livre do mal será perfeitamente bom, o que é próprio das naturezas incorpóreas. Mas os que têm natureza corpórea são chamados bons na medida em que a maldade e a prática do pecado estão afastadas deles. Portanto, a vida daqueles homens parecia ser decente, mas não a dos que ficaram inteiramente livres da doença, a dos que, a partir de um estado de debilidade, avançaram para a sanidade; por essa razão, diz-se direta e claramente: "sê perfeito", pois isto é suficiente para conduzir à felicidade uma natureza mortal, para que ela não seja culpada nem faça ou diga nada merecedor de reprovação; e tal conduta agrada imediatamente ao Pai. É por essa razão que se disse: "anda em minha presença e sê perfeito", em que a forma da expressão sugere reciprocidade, já que os hábitos que agradam a Deus não merecem repreensão, e o que se mantém livre de mácula e evita a reprovação em todas as coisas é inteiramente agradável a Deus. Portanto, Ele promete conceder dupla graça ao que se mantiver livre de toda e qualquer reprovação; em primeiro lugar, para fazer dele o guardião dos depósitos da aliança divina; e, em segundo lugar, para fazer que ele aumente a prole até que se constitua em multidão sem limite. Pois esta expressão: "quero fazer aliança contigo", mostra a posição de guarda da verdade que se confia ao homem honesto; porque todo pacto de Deus é palavra incorpórea, que é a forma e a medida do universo, e de acordo com a qual este mundo foi feito. E, assim, repetindo a expressão: "multiplicarei ao infinito tua descendência", duas vezes mostra manifestamente os números imensos a que a multidão prometida deve chegar, quer dizer, o crescimento que ocorrerá no povo, e não na virtude humana.

41. (Gn 17, 3) Qual o sentido de: "Abraão prostrou-se com o rosto em terra"?

Esta expressão é a interpretação do que já havia sido prometido; pois Deus disse: "sê perfeito", mas não há outra causa para um homem levar uma vida condenável senão o sentido externo, porque esta é a origem e fonte das paixões; por isso ele correta e propriamente cai com o rosto em terra, isto é, as ofensas causadas pelos sentidos externos caem até a parte mais baixa, mostrando que o homem agora se dedica a todas as boas obras. Isto é o suficiente, em primeiro lugar; mas, em segundo lugar, deve dizer-se que ele foi tão afetado pelo manifesto aparecimento do Deus vivo, que, por medo, mal foi capaz de olhá-Lo, senão que se prostrou no chão e O adorou, ficando subjugado pelo terror diante da manifestação que se apresentara a ele. Em terceiro lugar, ele caiu no chão por causa da revelação então feita a ele na forma de sua presença diante do Deus vivo, que existe por si, o qual ele conhecia e considerava como a verdade em oposição à natureza criada, já que uma existe com constância invariável, enquanto a outra oscila e cai em seu lugar adequado, isto é, a terra.

42. (Gn 17, 4) Qual o sentido de "este é o pacto que faço contigo: serás o pai de multidão de povos"?

Uma vez que havia usado, previamente, a expressão "aliança", agora diz: não procure aquela aliança nas letras, já que eu mesmo, em conformidade com o que se disse antes, sou a verdadeira e genuína aliança. Pois, depois que Ele se mostrou e disse "eu", acrescentou algo, dizendo: "Veja-se, minha aliança", que não é nada além de "Eu mesmo", pois "eu mesmo sou minha aliança", de acordo com a qual meu pacto e meu contrato se fazem e se harmonizam, e de acordo com a qual, novamente, todas as coisas se distribuem e se arranjam corretamente. Ora, a forma desse tratamento prototípico agrega-se a partir das ideias, das medidas incorpóreas e das formas de acordo com as quais se fez este mundo. Não são, portanto, um clímax dos benefícios que o Pai conferiu ao homem sábio: (1) criá-lo e conduzi-lo não apenas da terra ao céu, (2) nem apenas do céu ao mundo incorpóreo, apreciável apenas pelo intelecto, mas também (3) atraí-lo desse mundo para Si, mostrando-Se-lhe a ele, não como Ele é em Si, pois isso não é possível, mas até onde podem alcançar os órgãos visuais do observador que olha a própria virtude como apreciável pelo intelecto. E é apenas por essa razão que diz: "Já não sejas um filho, mas um pai; e pai não de um indivíduo, mas de multidão; e de multidão não de uma parte das nações, mas de todas as nações"; portanto, das promessas reveladas, duas admitem interpretação literal, enquanto a terceira admite interpretação mais propriamente espiritual. Uma das [promessas] que admite interpretação literal deve explicar-se desta maneira: "em verdade, deves ser o pai das nações, e deves gerar nações, quer dizer, cada indivíduo entre teus filhos deverá ser o fundador de uma nação". Mas a segunda assim: "como um pai, serás provido de poder e autoridade para governar muitas nações", pois alguém que ama a Deus é necessária e simultaneamente alguém que ama aos homens, de modo que devota diligentemente a atenção não apenas aos parentes, mas ainda a toda a humanidade e especialmente aos que são capazes de praticar a disciplina da atenção estrita e que não têm inclinação para nada selvagem ou severo, e sim para submeter-se facilmente à virtude e para obedecer prontamente à reta razão. A terceira, porém, podemos explicá-la com esta alegoria: a multidão de nações consideradas indica, de certo modo, a variada inclinação da vontade em nosso intelecto, tanto as inclinações que ele está acostumado a constituir em referência a si mesmo como as outras, que ele admite pela mediação dos sentidos, à medida que entram clandestinamente pela intervenção da imaginação; e, se o intelecto possui a autoridade suprema sobre todas, ele [o intelecto], como um pai comum, direciona-as para objetos melhores, (1) cuidando de suas opiniões infantis com leite, por assim dizer, (2) exortando os que são mais velhos e mais maduros, conquanto ainda imperfeitos, ao aperfeiçoamento, e (3) honrando com louvor os que cumprem seu dever corretamente; e, além disso, pondo rédeas, por meio da disciplina e da reprovação, aos que se rebelam e agem estouvadamente, já que, desejando imitar a Divindade, ele [o intelecto] recebe duplo influxo das virtudes daquele mesmo Ser, um de Seus atributos beneficentes e outro de Sua potência vingativa, como de duas fontes. Portanto, o submisso recebe Sua bondade, e quanto ao rebelde Ele usa de reprovação, de modo que alguns são levados ao aperfeiçoamento mediante louvor, e outros mediante castigo: em verdade, o que é notável por sua virtude é capaz de ser de grande, extensivo e justo serviço a todos, de acordo com seu poder.

43. (Gn 17, 5) Qual o sentido de "Daqui em diante já não te chamarás Abrão; mas chamar-te-ás Abraão"?

Alguns dos que são destituídos de qualquer conhecimento sobre música e sobre dança, e são até completamente tolos e indiferentes à companhia divina, escarnecem o único Ser sábio existente, imaculado por natureza, dizendo em tom de escárnio: "Oh, grande dádiva; o Governador e Senhor de todo o universo deu uma letra pela qual o nome do patriarca deveria aumentar e tornar-se muito importante, de modo que se transformasse de dissílabo em trissílabo!" Que grande malícia e impiedade alguns ousarem caluniar a Deus, sendo enganados pelos aspectos superficiais dos nomes, ao passo que seria oportuno que empurrassem seu intelecto para as profundezas em busca das verdades íntimas com o fim de possuir a verdade. Além disso, por que não consideras a concessão de uma letra, ainda que seja pequena dádiva, um ato da providência? E por que não lhe determinas o valor, já que acima de todas as coisas o primeiríssimo elemento da linguagem, expressa em letras, é o A, tanto em ordem como em virtude? Em segundo lugar, também é uma vogal, e a primeira das vogais: está acima de todas como sua cabeça. Em terceiro lugar, não é naturalmente uma das vogais longas nem naturalmente uma das breves, mas uma das que possui ambas as quantidades, pois que se prolonga em maior duração e, então, retorna à brevidade em razão de sua suavidade, que lembra a cera e adota várias formas, formando posteriormente palavras de acordo com os números infinitos; além de tudo isso, é uma causa, pois é a irmã da unidade, da qual todas as coisas têm início e na qual todas as coisas terminam. Portanto, sem que veja semelhante beleza e uma letra anunciada com tal importância e necessidade, como pode alguém acusá-la? Se porém a viu, então se mostra pessoa de disposição insultuosa e odienta do que é bom; e, se não a viu, o que é tão fácil de compreender, como pretende ridicularizar e desprezar o que ele não entende como se o tivesse entendido? Todavia, tais coisas podem ser ditas de passagem, como eu disse antes; e agora devemos examinar seu papel necessário e mais importante. A adição da letra A, um único elemento, mudou e reformou toda a natureza do intelecto, induzindo-o a alcançar uma compreensão da sabedoria em lugar do conhecimento e aprendizado sublime das coisas, isto é, em lugar da astronomia, e, com efeito, é por meio do conhecimento das coisas superiores que se adquire a faculdade de elevar-se até certa porção do mundo, isto é, até ao céu e às revoluções periódicas e movimentos das estrelas; mas a sabedoria tem relação com a natureza de todas as coisas, tanto com as que são visíveis aos sentidos exteriores como com as que são apreciáveis apenas pelo intelecto, pois este é a sabedoria que dá conhecimento das coisas humanas e das divinas e de seus princípios. Portanto, há nas coisas divinas algo que é visível e algo que é invisível e uma ideia demonstrativa. E nas coisas humanas há algumas coisas que são corpóreas e algumas que são incorpóreas. Obter a correta compreensão disso é grande tarefa e verdadeiro uso das habilidades e da coragem do homem. Todavia, ser capaz não apenas de observar as substâncias e naturezas do universo mas também os princípios que regulam cada fato separado indica uma virtude mais perfeita que a que está distribuída pela humanidade; pois é necessário para o intelecto, que percebe tantas e tão grandes coisas, ser inteira e completamente vigilante e dispensar o sono, passando toda a sua existência no mundo em estado de vigilância incessante, e sendo circundado por uma luz que não conhece escuridão e que exibe a aparência da própria luz como por meio de um relâmpago sempre flamejante, tomando a Deus por líder e guia para a compreensão e o conhecimento das coisas que são e para a faculdade de explicar seus princípios. Portanto, o nome dissilábico "Abrão" é explicado como significando "pai excelente", em razão de sua afinidade com a posse da sublime sabedoria, isto é, a astronomia e a matemática. Mas o nome trissílabo "Abraão" é interpretado como "o pai eleito do som", que é o nome de um homem muito sábio; pois o que mais é som em nós que a emissão da palavra pronunciada? Para ela temos um instrumento construído pela natureza, o qual passa pelo grosso tubo da garganta e se une à boca e à língua; e o pai de tal som é nosso intelecto, e o intelecto eleito é dotado de virtude. Mas, se nos ativermos à propriedade exata, então fica claro que o intelecto é o pai íntimo e natural da palavra emitida, porque é a propriedade especial que tem o pai para gerar, e a palavra nasce do intelecto; e teremos uma prova certa disto se nos lembrarmos de que quando ele é movido por deliberações emite sons, e quando as deliberações estão ausentes ele para de emitir sons: e as evidências disso são os retóricos e os filósofos que demonstram seu hábito mediante os objetos; pois sempre que o intelecto exterioriza diferentes esquemas – e, como uma mãe prestes a dar à luz, produz cada forma previamente guardada em si mesmo –, então também a palavra, fluindo como uma fonte, é conduzida aos ouvidos do espectador como a seus receptáculos apropriados: mas, quando são insuficientes, então ele também é incapaz de exteriorizar-se além disso. Ele repousa, e o som fica inativo por não ter sido gerado por ninguém. Portanto, vós, homens cheios e repletos de loquacidade supérflua, a vós, homens destituídos de sabedoria, deveis saber que esta única letra e elemento é uma dádiva e que por meio desta letra e elemento ele se tornou digno da potência divina da sabedoria; e, com efeito, não há nada mais precioso em nossa natureza, pois que, em lugar do conhecimento da astronomia, ou seja, de uma pequena parte, Ele concedeu-lhe a ele o que é perfeito, completo e superabundante. Pois na sabedoria está inclusa a astronomia, como está a parte no todo; e a matemática também é parte. Mas cabe-vos a vós, ó homens, trazê-lo também no intelecto: é possível, porém, que o que é instruído e experimentado na investigação da natureza das coisas mais elevadas[55] tenha caráter perverso e impuro. Mas o homem o sábio é bom e puro em todas as coisas. Então, deixe-se de escarnecer tal dádiva, porque não se encontra nada mais perfeito. Sim, porque o que é pior que a perversidade ou melhor que a virtude? É certo que o bem se opõe ao mal? Pode ele ser comparado à riqueza, às honras, à liberdade, à saúde ou a qualquer coisa do corpo ou a qualquer abundância de posses externas? Pois a filosofia entra em nossas vidas como a cura da alma, para que nos liberte do sofrimento e da enfermidade. E cabe ao homem virtuoso ser filósofo. É muito bom que uma habilidade maravilhosa seja preciosa, mas mais precioso é o fim para o qual existe a habilidade. E isto é a sabedoria e bem, a que Ele chamou "Abraão" em caldeu, e em grego "pai eleito do som", como se desse uma definição do homem sábio. Pois, assim como a definição de homem é "animal mortal racional", assim também a definição de homem sábio é, simbolicamente, "pai eleito do som".

44. (Gn 17, 6) Qual o sentido das palavras "Tornar-te-ei extremamente fecundo, farei nascer de ti nações e terás reis por descendentes"?

Diz-se muito corretamente ao homem sábio "Tornar-te-ei extremamente fecundo", já que todo homem perverso e mau floresce não para o incremento, mas para a deficiência, assim como crescem as flores que estão sujeitas ao enfraquecimento, não para a vida, mas para a morte. Mas ele,

---

[55] Isto é, os corpos celestes.

cuja vida é longa, é como uma nuvem que resiste e cresce muitíssimo, e como um curso de rio, pois transborda e se estende e se torna mais amplo à medida que sai, visto que é também a sabedoria divina.[56] E dizem-se as palavras "farei nascer de ti nações" para mostrar claramente que ele faz algo de valor, como se o homem sábio fosse a fundação, a base e o suporte firme das nações e da humanidade e dos que têm várias opiniões na alma, como se disse anteriormente. Pois o homem sábio é o salvador das nações e um intercessor diante de Deus, e alguém que procura o perdão para seus compatriotas que cometeram pecados. Ademais, Ele diz muito corretamente que "terás reis por descendentes", pois tudo o que pertence à sabedoria é de origem real, e é soberano e prevalente por natureza. E o sábio não produz por si frutos, senão que é fértil e produtivo em razão da semente que procede da Grande Causa [ou Causa Última].

45. (Gn 17, 8) Qual o sentido das palavras "Dar-te-ei a ti e a teus descendentes depois de ti a terra em que moras como peregrino, toda a terra de Canaã, em posse perpétua, e serei o teu Deus"?

O sentido literal está claro, de modo que a passagem não requer nenhuma interpretação. Quanto porém ao sentido mais profundo, deve ser alegorizado como se segue: o intelecto do homem virtuoso é um peregrino em seu lugar corpóreo, e não um residente. Pois sua pátria é o éter e o céu, enquanto sua estada temporária é a terra e é o corpo terreno, no qual se diz que habita temporariamente. Mas o Pai em Suas obras com ele dá-lhe autoridade sobre todas as coisas terrenas como "posse perpétua", como Ele diz, a fim de que jamais possa ser dominado pelo corpo, mas possa sempre ser o soberano e comandante, conquistando o corpo como a um servo e seguidor.

46. (Gn 17, 10-11) Qual o sentido das palavras: "Eis o pacto que faço entre mim e vós, e vossos descendentes, e que tereis de guardar: todo e qualquer homem entre vós será circuncidado. Cortareis a carne de vosso prepúcio, e isso será o sinal da aliança entre mim e vós"?

---

[56] Não está claro qual é o sujeito gramatical desta oração.

Eu vejo duas circuncisões, uma do varão e a outra da carne; a da carne é [feita] no órgão genital, ao passo que a do varão, parece-me, é [feita] na razão. Pois, como se pode dizer, o que é naturalmente masculino em nós é o intelecto, cujas produções supérfluas é necessário cortar e jogar fora, para que ele possa tornar-se puro e privado de todos os males e de todas as paixões e possa, assim, ser sacerdote de Deus. Ora, isso é o que Ele indicou pela segunda circuncisão, determinando na Lei:[57] "Cortai, pois, o prepúcio de vosso coração, e cessai de endurecer vossa cerviz", com o que se significam teus pensamentos duros, rebeldes e obstinados, e se significa que, ao removeres e te livrares da arrogância, tornarás independente e livre a parte soberana.[58]

47. (Gn 17, 10) Por que Ele ordena que apenas os varões sejam circuncidados?

Em primeiro lugar, os egípcios, pelo costume de seu povo, circuncidam os noivos e as noivas ao completarem quatorze anos de idade, quando o homem começa a produzir esperma, e a mulher a menstruar. Mas o legislador divino ordenou a circuncisão apenas para os varões por várias razões. A primeira delas é que o varão tem mais prazer e mais desejo de acasalar que a mulher, e está mais preparado para isso. Portanto, Ele corretamente isenta a mulher de tal e suprime os impulsos inadequados do varão mediante a marca da circuncisão. A segunda é que a matéria da mulher nos resíduos dos fluidos menstruais produz o feto. Mas o varão fornece a causa. E então, dado que o varão fornece a maior e mais necessária parte no processo da geração, era conveniente que seu orgulho fosse detido mediante a marca da circuncisão; mas a causa material, ou feminina, sendo inativa, não mostra ambição no mesmo grau. Nada mais que acrescentar a este respeito. Todavia, havemos de observar o que se segue a isto. O que em nós vê é o intelecto, e é necessário que nos livremos de suas produções supérfluas. Ora, essas produções supérfluas são as opiniões vãs e o que é feito de acordo com elas. E, quando o intelecto é circuncidado e contém apenas coisas úteis e necessárias, e quando ao mesmo tempo é jogado fora

---

[57] Dt 10,16.
[58] Isto é, o intelecto.

o que quer que provoque o aumento do orgulho, são então com ele circuncidados também os olhos, ainda que, com isso, já não possam ver.

48. (Gn 17, 12) Por que Ele diz "Todo homem, no oitavo dia de seu nascimento, será circuncidado"?

Ele ordena que o prepúcio seja circuncidado. Em primeiro lugar, ordena-se isto em razão de certas doenças, pois é difícil e terrível curar qualquer doença do órgão genital, a qual é semelhante a um fogo para aqueles em que cresce uma pele protetora; mas isso não acontece ao que é circuncidado. Ora, se houvesse algum modo de evitar outras doenças e enfermidades também por meio da extração de algum membro ou parte do corpo, e se com tal remoção não houvesse obstáculo para o funcionamento de suas partes, o homem não seria conhecido como mortal, mas passaria a imortal. E é claro que agradou a alguns o fato de se terem circuncidado graças à presciência da alma sem nenhum efeito maligno, pois que não apenas os judeus mas também os egípcios, árabes e etíopes e quase todos os que habitam as regiões do sul próximas da zona tórrida são circuncidados. E o motivo específico é que nesses lugares, especialmente no verão, o prepúcio do órgão genital, que é a pele que o envolve e cobre, se inflama e se infecciona. Mas, quando é extraído, deixando o pênis nu, este se recupera, e a doença é repelida e expelida. Por isso, não se circuncida nas nações que ficam nas regiões setentrionais e em todas aquelas a que se concedeu parte das regiões tempestuosas da terra. Sim, porque nessas regiões, assim como o calor do sol é brando e diminuto, assim também é o a doença gerada pelo calor na pele do órgão genital. E pode encontrar-se indicação segura da credibilidade disto no período do ano em que a doença é especialmente forte; tal nunca ocorre no inverno, e a doença viceja e floresce quando surge no verão, pois ama, por assim dizer, espalhar-se como fogo nesta estação do ano. Em segundo lugar, não foi apenas por causa da saúde que os antigos devotaram pensamento a este assunto, mas também por causa da abundância de habitantes: com efeito, vemos que a natureza é algo vivente e está muito bem ordenada ao homem. Ora, como homens sábios eles sabiam que, porque muitas vezes o esperma escorre pelas dobras do prepúcio, é provável que se espalhe infrutiferamente; mas, se não há obstáculo para impedi-lo, terá êxito em atingir o lugar apropriado. Por isso, tais nações crescem muito em população quando praticam a circuncisão. Mas nosso legislador,[59] que tinha tal resultado em mente e estava familiarizado com ele, proibiu a circuncisão imediata das crianças, tendo em mente a mesma coisa: que ambos, desejo e circuncisão, [provocam] abundância de população.[60] Por isso, parece-me, os egípcios indicam que em razão da abundância de população é melhor realizar a circuncisão no décimo quarto ano, quando começam os desejos agradáveis de procriação. Mas é muito melhor e mais perspicaz de nossa parte prescrever a circuncisão para crianças, pois talvez o que esteja crescido hesite, por medo, em executar esta ordem por sua própria e livre vontade. Em terceiro lugar, as Escrituras dizem que tal se dá também em prol da pureza nas oferendas sagradas, pois, com efeito, os que adentram as cortes do território sagrado são purificados mediante abluções e aspersões. E os egípcios depilam todo o corpo, removendo os pelos que o ocultam e protegem, a fim de que se apresente brilhante e descoberto. Ademais, a circuncisão da pele pode não ser muito útil, pois alguém pode revoltar-se por ela quando a vê tal como é. Em quarto lugar, há dois órgãos gerativos: os pensamentos [*tá noémata*] são o órgão gerativo da alma, e o do corpo é o órgão do corpo. Ora, os antigos estavam inclinados a considerar o órgão corpóreo parecido com o pensamento, que é a força mais gerativa do coração [*tás kardías*].[61] E isso a nada se assemelha tanto como à circuncisão do coração. Ora, estes são os fatos largamente conhecidos relativos aos problemas que estamos investigando. Mas devemos falar de coisas mais simbólicas, que têm seu próprio estatuto. Diz-se que a circuncisão da pele é um símbolo, como para mostrar que é adequado extirpar desejos supérfluos e excessivos mediante o exercício da continência e da persistência em pontos da Lei. Pois, assim como a pele do prepúcio é supérflua na procriação, em razão da aflição ardente que ocorre com ela, assim também o excesso de

---

[59] Deus ou Moisés.

[60] Segundo o tradutor de Harvard, esta passagem é praticamente ininteligível no texto armênio.

[61] Considerado aqui como o alicerce do intelecto.

desejo é supérfluo e, ao mesmo tempo, prejudicial. É supérfluo porque não é necessário, e prejudicial porque é a causa das doenças do corpo e da alma. Mas, mediante tal grande desejo,[62] as Escrituras aludem também a que se devem extirpar igualmente outros desejos. E o maior dos desejos é o da relação sexual entre homem e mulher, dado que constitui o início de uma grande coisa – a procriação – e provoca nos progenitores grande desejo de prole, porque é muito natural ser carinhoso com esta e gostar muito dela. E isso[63] indica a extirpação não apenas de desejos excessivos, mas também da arrogância, de grandes males e de hábitos semelhantes. E a arrogância, como diz o ditado dos antigos, é a excisão e o retardamento do progresso, pois alguém que pensa bem de si mesmo não admite melhoria – pensa que ele mesmo é a causa de tal [geração]. As Escrituras instruem muito naturalmente os que pensam que são eles a causa da geração, e que não retificam seu intelecto para ver o causador de todas as coisas, pois é Ele o real e verdadeiro Pai. Mas os que somos chamados procriadores somos usados como instrumentos para a geração. Pois, como que por meio de um milagre de imitação, todas as coisas visíveis são inanimadas, ao passo que é invisível o que as ativa como a títeres. Sua causa é a mesma causa dos hábitos[64] e movimentos das coisas. Do mesmo modo, o Criador do mundo irradia Sua potência de um lugar eterno e invisível, enquanto nós somos maravilhosamente movidos como títeres para o que nos pertence, isto é, o sêmen e a procriação. Por outro lado, pode pensar-se que a flauta do pastor se toca por si mesma em vez de destinar-se à produção de harmonia pelo artesão por quem o instrumento foi projetado para este serviço e uso necessário.

49. (Gn 17, 12) Por que Ele ordena que a circuncisão se faça no oitavo dia?
O oitavo dígito revela muitas belezas.[65] Uma delas é, em primeiro lugar, o fato de ele ser um cubo.[66] E a segunda é o fato de em qualquer

---

[62] Trecho obscuro.
[63] O símbolo da circuncisão.
[64] Provavelmente σχέσεις [skhéseis] no sentido aristotélico.
[65] Para outras passagens sobre as propriedades do número 8, ver *QG*, I, 75, 91; II, 5.
[66] $2 \times 2 \times 2 = 8$.

lugar ele encerrar em si as formas da igualdade, porque o número oito é o primeiro a indicar comprimento, largura e altura que são iguais entre si. Em terceiro lugar, a composição do número oito gera harmonia, isto é, o número trinta e seis (a que os pitagóricos chamam "homologia"), já que é o primeiro em que há harmonia do ímpar com o par, pois os quatro números ímpares separados a partir de 1 e os pares a partir de 2 perfazem um total de 36. Os ímpares são 1, 3, 5, 7, e totalizam 16; e os pares são 2, 4, 6, 8, e totalizam 20. A soma dos dois totais é 36; de fato, o número mais produtivo, pois que é quadrangular, e tem por lado a héxada, que é o primeiro número par-ímpar;[67] alguns chamam a isto, corretamente, "harmonia" ou "casamento". Utilizando-o, o Criador do universo fez o mundo, como relata o maravilhoso e sagrada escrito de Moisés. Em quarto lugar, a forma[68] da ogdóada gera o número 64, que é o primeiro cubo e, ao mesmo tempo, quadrado, o padrão de uma substância incorpórea, inteligível, invisível e também corpórea; incorpórea na medida em que gera um quadrado plano, mas corpórea na medida em que gera um sólido cúbico. Em quinto lugar, é aparentado com a sempre-virgem hebdômada, pois quando as partes do número 8 se somam resultam em 7, já que a metade de 8 é 4, um quarto é 2, e um oitavo é 1; e a soma destas partes é 7. Em sexto lugar, a potência[69] do número 8 é 64, que, como dissemos, é o primeiro número que é um cubo e um quadrado ao mesmo tempo. Em sétimo lugar, do número 1 em diante, os vários números duplos, 1, 2, 4, 8, 16, 32, somam 64.[70] A ogdóada tem potências adicionais, sobre as quais falamos alhures. Mas devemos dar razões adequadas à presente investigação, as quais estejam em harmonia com ela e que dependam dos fatos afirmados como fundamentais. Deve dizer-se primeiramente, porém, isto: a nação a que se deu a ordem de circuncidar as crianças no oitavo dia chama-se "Israel" em caldeu, o que em grego se diz "homem que vê a Deus". Ela deseja incluir tanto as [pessoas] naturalmente justas como as que o são por escolha. Segundo o princípio da criação, tal se dá mediante a primeira

---

[67] Cf. *QG*, III, 38.
[68] εἶδος [*eîdos*], no sentido de uma base numeral por elevar a certo poder.
[69] ἡ δύναμις [*he dýnamis*], aqui = poder exponencial.
[70] Para obter 64, deve acrescentar-se o número 1 duas vezes.

hebdômada, que, chegando imediatamente após a criação, o Causador e Criador mostrou claramente ser o festival da criação do mundo,[71] pois que Ele a concluiu no sexto dia. Mas, quanto ao que é por escolha, dá-se mediante a ogdóada, que é o princípio da segunda hebdômada. Assim como o 8 é soma de 7 e 1, assim também a nação adornada é sempre uma nação e recebe esta porção em adição, sendo escolhida por natureza e em conformidade com a vontade e desejo do Pai. Em segundo lugar, o número 8 indica em todos os lugares igualdade, mostrando como iguais, como dito, todas as dimensões, isto é, o comprimento, a largura e a altura. A igualdade gera a justiça, e mediante ela as Escrituras provam primeiro que uma nação que ama a Deus é embelezada pela igualdade e pela justiça, e posta como herdeira. Em terceiro lugar, o número 8 é não só uma medida da completa igualdade em todas as dimensões, mas também o primeiro, dado ser o primeiro cubo. Pois ao número 8, que indica igualdade, se confere o segundo lugar na ordem da série,[72] e não o primeiro. Desse modo, Ele indica simbolicamente que adaptou naturalmente a primeira nação à mais elevada e máxima igualdade e justiça. E ela é a mais notável da raça humana, não pela criação ou no tempo, mas pela prerrogativa da virtude, como se a justiça unida à igualdade fosse parte conatural de tal nação. Em quarto lugar, uma vez que há quatro elementos (terra, água, ar e uma forma de fogo), ao fogo concedeu-se o homônimo de "pirâmide",[73] enquanto o ar é octogonal, a água é icosaédrica, e a terra é um cubo. Portanto, considerou-se que a terra (que estava destinada a ser o lar da virtuosa e estimável raça humana) deveria ter como porção sua um número cúbico, de acordo com o qual toda a terra foi formada igualmente, e que ela deveria dividir as partes da geração. Pois a natureza da terra é muito produtiva e fértil, além de gerar várias e distintas espécies de todos os animais e de todas as plantas.

50. (Gn 17, 12) Por que são circuncidadas tanto as crianças nascidas na família como as compradas?

---

[71] Cf. *De Opif. Mundi*, 89.

[72] Isto é, o número 8 inicia uma nova série depois do número 7.

[73] Fílon joga com a semelhança entre πυραμίς e πῦρ ou πυροειδές.

O sentido literal é claro, pois é justo que escravos imitem seus donos por causa dos ofícios necessários da vida e do trabalho. Quanto porém ao sentido mais profundo, as pessoas nascidas na família são as movidas pela natureza, ao passo que as compradas são as capazes de progredir mediante a razão e a educação. Todas necessitam ser purificadas e podadas como plantas, tanto as que são naturais e autênticas como as que são capazes de dar fruto constantemente; pois plantas bem desenvolvidas produzem muitos frutos supérfluos em razão de sua fertilidade, e tais superfluidades devem eliminar-se. Mas os que são educados por professores eliminam sua ignorância.

51. *(Gn 17, 13) Qual o sentido das palavras "Assim se marcará em vossa carne o sinal de minha perpétua aliança"?*

Ele deseja indicar não só que o homem virtuoso é beneficiado por isso, senão que junto com a alma a palavra divina[74] se fixa também no corpo, para ser, por assim dizer, seu médico, para o qual é uma preocupação circuncidar os impulsos excessivos e prejudiciais da visão, da audição, do paladar, do olfato, do tato, do órgão da fala, do da reprodução e do de todo o corpo, para os quais ter prazer no desejo é sentir dor.

*52. *(Gn 17, 14) Por que Ele prescreve uma sentença de morte para a criança, dizendo: "O varão incircunciso, do qual não se tenha cortado a carne do prepúcio, será exterminado de seu povo por ter violado minha aliança"?*

A lei não declara ninguém culpado de nenhum crime involuntário, já que absolve até o que comete homicídio involuntário, além de especificar as cidades para as quais deve fugir para encontrar segurança. Pois ele se santifica e se torna imune ao refugiar-se ali, e ninguém tem autoridade para tirá-lo dali e pô-lo diante de um tribunal para ser julgado. Mas, se a criança não é circuncidada no oitavo dia após o nascimento, que pecado cometido por ela a torna merecedora de morte? Em conformidade com isso, alguns dizem que a interpretação da lei tem em mira os pais, pois julga que mostram desprezo pelo mandamento da lei. Outros,

---

[74] Ou Logos.

todavia, dizem que ela parece ter imposto uma pena muito excessiva para as crianças, e que os adultos que negligenciam e violentam a lei são merecedores de punição sem arrependimento ou perdão. Este é o sentido literal. Quanto porém ao sentido mais profundo, o intelecto é o que é maiormente masculino em nós. Ele ordena que ele [o intelecto] seja circuncidado na ogdóada,[75] pelas razões que dei anteriormente; e Ele não menciona nenhuma outra parte além da carne do prepúcio, a qual simboliza os impulsos e prazeres sensíveis que posteriormente atingem o corpo. Por isso acrescenta uma razão legítima em Sua afirmação. Pois o intelecto que não é circuncidado, santificado e purificado do corpo, bem como das paixões que aparecem neste, esse se destruirá e não poderá salvar-se. E, uma vez que o argumento não diz respeito ao homem, mas ao intelecto, Ele acrescenta: "aquela alma deverá ser destruída" – não o corpo humano ou o homem, mas a alma e o intelecto. E a partir de quê? "De sua espécie", diz Ele. Pois o gênero inteiro é incorruptível; então, da incorrupção é levado pelo pecado à corrupção.

53. (Gn 17, 15) Por que diz Ele: "Já não chamarás Sara à tua mulher, mas Sarra"?[76]

Mais uma vez algumas pessoas estúpidas podem rir[77] do acréscimo de uma letra (*r*), ridicularizá-lo e troçá-lo, porque são relutantes a dedicar-se aos fatos íntimos das coisas e a perseguir a verdade. Pois o que parece ser acréscimo de uma letra gera toda a harmonia. Em lugar do pequeno ela dá o grande, e em lugar do particular o geral, e em lugar do mortal o imortal. Pois por meio de um *r* ela é chamada Sara, que em tradução significa "meu princípio", ao passo que com dois *rr* significa "soberana". Deve investigar-se de que modo se distinguem entre si. Minha prudência, minha temperança, minha justiça e minha fortaleza imperam apenas sobre mim, e são mortais. Quando eu morrer, elas também morrerão. Mas a própria prudência é uma soberana, e também a justiça mesma, e cada uma das outras

---

[75] Esta é a variação alegórica de Fílon do "oitavo dia" bíblico.

[76] Fílon segue as formas da Septuaginta que aparecem na versão hebraica, como "Sarai" e "Sara".

[77] Cf. § 43 acima, sobre os que ridicularizam a mudança do nome de Abraão.

virtudes; não é meramente soberana sobre mim, mas é ela mesma uma soberana e uma rainha, um poder imortal e supremo. Percebes a grandeza desta dádiva? Ele transformou a parte em todo, a espécie em gênero, e o corruptível em incorruptível. E tudo isso é concedido adiantadamente em razão do futuro nascimento de uma felicidade e de um júbilo mais perfeitos, cujo nome é Isaac.

54. (Gn 17, 16) Por que Ele diz: "Dela Eu te darei filhos, e vou abençoá-lo e ele deverá ser pai de nações, e dele sairão reis"?[78]

Não é adequado inquirir por que Ele usou o plural "filhos" ao falar de seu único filho amado: a alusão é a seus descendentes, dos quais deveriam sair nações e reis. Este é o sentido literal. Quanto porém ao sentido mais profundo, quando a alma tem apenas virtude parcial, débil e mortal, ainda é infecunda. Mas assim que recebe uma porção da virtude divina e incorruptível começa a conceber e a portar a aparência das nações e dos reis. Pois as virtudes e as gerações das virtudes são obrigações majestosas (e ensina-se de antemão, por natureza, o que é soberano e independente).

55. (Gn 17, 17) Por que Abraão se prostrou com o rosto em terra e começou a rir?

Mostram-se duas coisas com prostrar o rosto em terra. Uma é sua prostração por excesso de êxtase divino. E a outra é sua confissão, que é conforme e igual ao que se disse. Pois seu intelecto reconhece que Deus permanece à parte. Mas as coisas que estão sob geração e nascimento, todas recaem em mudança periódica. E recaem com respeito à parte mediante a qual estão acostumadas a ser erguidas e erigidas, isto é, com respeito à face soberana. Ele riu acertadamente em seu júbilo pela promessa e encheu-se de grande esperança, na expectativa de que fosse cumprida; também porque havia claramente recebido uma visão, mediante a qual de modo mais seguro O conheceu a Ele, que sempre permanece firme, e a si, que naturalmente se curva e cai.

---

[78] Ainda aqui Fílon segue a Septuaginta.

56. (Gn 17, 17) Por que ele é incrédulo, por assim dizer, em sua confissão, porque dizem as Escrituras: "Ele disse em seu intelecto: poderia nascer um filho a um homem de cem anos? Seria possível a Sara conceber ainda na idade de noventa anos?"

As palavras "ele disse em seu intelecto" não são acrescentadas inepta ou acidentalmente. Pois palavras indignas ditas pela língua e pela boca se submetem a transgressões e a punições. Mas as que estão no intelecto não são de todo culpadas. Sim, porque o intelecto mostra arrogância involuntariamente quando muitos desejos o atacam de várias direções, e há momentos em que ele resiste a esses ataques e disputa com eles ressentidamente, e procura evitar sua manifestação. Talvez ele tampouco esteja em dúvida, e, ao ser tomado de estupefação em razão do excesso da dádiva, diz: "Vê! Nosso corpo passou da juventude e foi além da idade da procriação. Mas todas as coisas são possíveis para Deus, até transformar a velhice em juventude e levar alguém que não tenha esperma ou prole à procriação e à fertilidade." E então, se um centenário e uma mulher de noventa anos geram filhos, remove-se o elemento dos eventos ordinários, e só a potência e a graça divinas aparecem claramente. Mas agora devemos mostrar que virtudes o número 100 possui. Em primeiro lugar, o número 100 é uma potência da década. Em segundo lugar, a própria miríade é uma potência de tal. E a miríade é companheira da unidade, pois que, assim como 1 x 1 = 1, assim também 10.000 x 1 = 10.000. Em terceiro lugar, todas as partes do número 100 estão em boa ordem. Em quarto lugar, ele é composto de 30 e de 6, de 60 e de 4, que são um cubo e um quadrado ao mesmo tempo. Em quinto lugar, é composto destes vários números ímpares: 1, 3, 5, 7, 9, 11, 13, 15, 17, 19, que totalizam 100. Em sexto lugar, compõe-se de quatro números: um e seu dobro e quatro e seu dobro, 1, 2, 4, 8, que totalizam 15, e dos quatro números 1, 4, 16, 64, que totalizam 85. Ora, há em todas as coisas dupla proporção, a do número quatro e a do número dois, mas o número quatro é o dobro em todas as coisas. Em sétimo lugar, compõe-se de vários "quatros", cada um dos quais tem um somado, isto é, 1, 2, 3, 4, totalizando 10, e de quatro números triangulares, 1, 3, 6, 10, que totalizam 20, e de quatro números quadrangulares, 1, 4, 9, 16, que totalizam 30, e de quatro números pentagonais, 1, 5, 12, 22, que totalizam 40; e todos esses números juntos totalizam 100. Em oitavo lugar, o número cem completa-se pelo cubo dos quatro números separados a começar do número um, pois, dados os números de um em diante, isto é, 1, 2, 3, 4, e seus cubos, 1, 8, 27, 64, temos 100. Em nono lugar, divide-se em quarenta e sessenta, que são, ambos, números muito naturais. E, com respeito às várias décadas na figura pentagonal até o número 10.000, o número 100 ocupa o lugar do meio. Pois o número 100 é o meio da série 1, 100, 1000 e 10.000. Mas é adequado não ignorar o número 90 com respeito a seus elementos visíveis. Parece-me que o número 90 ocupa o segundo lugar depois do número 100, na medida em que se tira deste uma décima parte: a década. Pois na Lei encontro dois dízimos das diferentes primícias, um da produção inteira e um do restante. E, quando se tira a décima parte da produção do cereal ou do vinho ou do óleo, outra décima parte é tirada do restante. Ora, desses dois números o primeiro e inicial é honrando com superioridade, e o que vem depois é honrado com o segundo lugar. Pois o número cem contém os dois tipos de primícias dos anos do homem sábio, pelos quais ele é consagrado, isto é, a primeira e a segunda oferenda, ao passo que o número noventa contém as segundas primícias dos anos do gênero feminino, a menor e mais jovem sobra do primeiro e maior dos números sagrados. O primeiro, portanto, é chamado na Lei sagrada "a terra semeada", ao passo que o segundo tem natureza geral, pois o número noventa é gerativo, razão por que também as mulheres são férteis no nono mês. Mas a década é sagrada e perfeita. E, quando esses[79] são multiplicados, forma-se a potência sagrada e gerativa do número 90, que obtém sua geração fértil do número 9, e sua sacralidade da década.

57. (Gn 17, 18) Por que Abraão diz a Deus: "Oxalá Ismael viva diante de vossa face!"?

Em primeiro lugar ele diz: "Nós não desesperamos, ó Senhor, de uma melhor geração, mas eu tenho fé em vossas promessas. Porém é uma dádiva suficiente para mim que este, por enquanto, seja um filho vivo, ainda que não seja um filho por descendência genuína, tendo nascido de uma concubina." Em segundo lugar, o que ele procura agora é um bem adicional,

---

[79] Os números 9 e 10 (com 90 substituído discretamente por 9).

pois não deseja meramente vida para seu filho, mas uma vida "diante de Deus", e nada é mais digno de considerar-se perfeito; uma vida diante de Deus que é de inteireza e salvação, que está no mesmo plano que a imortalidade. Em terceiro lugar, indica simbolicamente não apenas que as leis de Deus ouvidas devem submeter-se à audição, mas ainda que devem passar para a vida interior, moldar e formar sua parte mais soberana, pois esta é a vida aos olhos de Deus, cujas palavras são dignas de tornar-se feitos.

58. (Gn 17, 19) Por que o oráculo divino é uma resolução, uma vez que diz Ele a Abraão: "Sim, Sara, tua mulher, parir-te-á um filho"?

O que se indica é um pouco o que se segue: "Esta resolução", diz Ele, "é algo para Eu Mesmo manter claramente sem recusa. E tua fé não é ambígua, mas resoluta, e participa da modéstia e da reverência. Por isso, o que recebeste anteriormente como destinado a suceder em razão de tua fé em Mim, isso deve ser absolutamente." Pois tal se mostra mediante o "Sim".[80]

59. (Gn 17, 20) Por que Ele diz: "Eu ouvir-te-ei também acerca de Ismael. Eu abençoá-lo-ei [...] ele será o pai de doze nações"?

"Tanto a primeira como a segunda boa coisa", diz Ele, "eu concedo--as a ti, tanto o que vem pela natureza como o que vem pela educação; por natureza é o que vem pelo genuíno Isaac, e pela educação é o que vem pelo Ismael não genuíno; pois a audição, quando comparada à visão, é como o não genuíno ao lado do genuíno, e o que vem pelo ensino não tem a mesma reputação que o que vem por natureza." E "ele será o pai de doze nações" significa a série de estudos escolares, pois o número 12 é um número cíclico no ciclo dos dias e dos anos.[81]

60. (Gn 17, 21) Por que Ele diz: "Mas minha aliança fá-la-ei com Isaac, que Sara te dará à luz dentro de um ano, nesta mesma época"?

Assim como nos testamentos humanos algumas pessoas são inscritas como herdeiras, e algumas são consideradas dignas de receber dádivas

---

[80] É algo obscuro todo este parágrafo.
[81] Dado que o ano é composto de 12 meses, e o dia e a noite de 12 horas cada.

dos herdeiros, assim também no testamento divino ele está inscrito como herdeiro que é por natureza bom discípulo de Deus, adornado de virtudes perfeitas. Mas ele [Ismael], que é apresentado mediante a audição e está sujeito à lei da sabedoria e participa da disciplina dos estudos escolares, não é um herdeiro, senão que recebe dotes conferidos pela graça. Diz-se muito sabiamente que "dentro de um ano" ela dará à luz Isaac, pois este nascimento não faz parte da vida do tempo que existe agora, mas de outra grande, sagrada e divina vida, que possui plenitude abundante, e não como a dos gentios.

61. (Gn 17, 24-25) Por que as Escrituras dizem que Abraão tinha noventa e nove anos quando foi circuncidado, e Ismael, seu filho, treze?

O número 99 põe-se ao lado do número 100. E, em conformidade com este número, está destinado a ser a semente e a progênie de uma geração mais perfeita, que deve aparecer na centena.[82] Mas o número 13 compõe-se dos dois primeiros quadrados, 4 e 5, do par e do ímpar; o par tem lados que são uma forma material dupla, e o ímpar tem uma forma prática. Mediante todos esses vem a tríada,[83] e esta é a maior e a mais perfeita das oferendas festivas[84] que as leis das Escrituras divinas contêm. Esta é uma explicação. Mas é conveniente referir outra, a saber, que a idade de treze anos é vizinha da e associada à idade de quatorze anos, quando os movimentos gerativos são levados à sua semente. E então, para que não seja semeada uma semente estranha, Ele vela por preservar a primeira geração, tomando órgão gerativo por símbolo da geração. Em terceiro lugar, Ele sem dúvida instrui o que está prestes a contrair matrimônio a circuncidar seus prazeres sensíveis e seus desejos sensuais, repreendendo os que são lascivos e luxuriosos, a fim de que possam controlar seus abraços excessivos, que habitualmente acontecem não em razão da procriação, mas em razão do prazer desenfreado.

---

[82] Uma alusão ao nascimento de Isaac no centésimo ano de vida de Abraão.
[83] Aparentemente, Fílon refere-se ao 3 do número 13.
[84] A Páscoa, o Pentecostes e a Festa dos Tabernáculos.